KB068173

건국대학교 아시아콘텐츠연구소
동아시아 모더니티 03

일본의 컨벤션 도시를 가다

국제MICE도시, 국제회의, 전시회

건국대학교 아시아콘텐츠연구소
동아시아 모더니티 03

일본의 컨벤션 도시를 가다

김금향 지음

국제MICE도시, 국제회의, 전시회

알에이치코리아

Asia

범례

1. 본 논문은 본 편(책을 내면서, 1~6부, 책을 마치며) 및 자료편으로 구성되어 있으며, 부와 장 그리고 1, 2, 3 하위제목으로 구분하였다.

2. 연호 표시는 서기(연호)로 표시하였고, 문맥에 따라 한 쪽을 생략하는 경우도 있다.

3. 주는 해당 쪽의 아래에 번호로 기재하였고, 표기방법은 아래와 같다. 존칭은 생략했다.

   ① 단행본 : 저자명(간행연도)『단행본명』출판사명, 해당 쪽

   ② 논문 : 저자명(발표연도)「논문제목」잡지명, 권호, 해당 쪽

   ③ 보고서, 내부자료 : 편저자명 혹은 작성부국명(간행연도)「제목」발행부국명

   ④ 신문 : 『신문명』발행연도, 월, 일

   ⑤ 외국서적 : Family Name, First Name : 제목, 출판사명, 해당 쪽, 간행연도

   ⑥ 단, 편저자명 혹은 작성부국이 출판사명과 동일한 경우에 출판사명은 생략

4. 그림, 표, 사진은 각 장마다 번호를 달았다.

5. 참고문헌은 전체 참고 자료의 리스트를 게재하였다.

1. 연구배경과 목적

컨벤션 산업[1]은 국제교류와 문화교류의 매개로서 주목받고 있을 뿐만 아니라 지역에 커다란 경제효과를 가져오기 때문에 아시아 국가들은 국가전략으로써 컨벤션 유치와 개최지로서의 프로모션을 적극적으로 추진하고 있다. 특히, 컨벤션 개최에는 도시의 인프라 정비 등의 공공투자, 여행, 숙박, 교통, 케이터링, 기념품 등의 관광산업을 비롯하여 회의기획사 (PCO : Professional Congress Organizer), 인재파견, 경비, 음향·조명, 인쇄제작 등의 서비스 산업과 컨벤션 시설, 컨벤션뷰로(이하, 뷰로라고 칭함)와 같은 공공 서비스 제공 조직 등 다수의 관련 산업이 관여하고 있다. 그렇기 때문에 컨벤션 개최도시는 지역경제의 활성화와 고용증대, 국제도시로서의 인지도 향상 등 경제적·사회적·문화적 효과가 기대된다.

그런데 컨벤션 산업은 관광산업과 구분하기 힘들 정도로 밀접한 관계에 있으므로 관광산업의 한 분야로 인식되고 있다. 그것은 관광산업과 컨벤션 산업의 시장이 대부분 중첩되고 있다는 사실에 원인이 있기

---

[1] 「컨벤션」이란, 국내외에서 다수의 사람들이 참가하는 국제·국내회의, 콩그레, 학회, 기업 미팅, 박람회, 전시회 등의 총칭으로 MICE(Meeting, Incentive, Convention, Exhibition)라고도 불리고 있다. 국제회의는 협의의 컨벤션을 의미한다.

때문으로 생각된다. 더욱이 기존의 관광대상이 자연관광자원과 인문관광자원에서 박람회와 올림픽, 페스티벌 등의 이벤트 참가와 국제회의 또는 비즈니스 컨벤션 참가까지 확대되어 명확하게 영역을 구분하는 것은 어렵다. 최근 수요를 인위적으로 창출하는 이벤트와 컨벤션은 기존의 순수한 관광객뿐 아니라 비지터(업무내방자)까지 폭넓게 수용할 수 있으며, 이러한 참가자의 호기심을 자극하여 관광행동을 유발한다는 점에서 관광자원으로 인식되고 있다.

일본의 컨벤션 산업은 1964년 동경올림픽과 1970년 일본만국박람회(오사카박람회)의 개최를 계기로, 비약적으로 발전한 관광산업과 인바운드의 진전과 함께 국제교류의 일익을 담당하는 산업으로써 가능성을 갖고 있다. 고도경제성장에 의해 레저와 여행이 국민생활에 침투하였고, 교통망과 숙박시설의 확충과 함께 컨벤션 관련법의 제정 및 전국에 컨벤션 전용 시설의 건설과 뷰로의 설립이 이루어지는 등 하드웨어와 소프트웨어가 정비되었다.

컨벤션 산업에 있어서 일본은 아시아에서 싱가포르와 나란히 선진국으로서 자리매김을 하였고, 아시아 국가들로부터는 선진사례로써 참조대상이 되고 있다. 또 컨벤션의 역사가 긴 유럽과 미국의 컨벤션 산업과 비교해도 일본의 컨벤션의 시작은 늦었다고 볼 수 없다.[2]

그런데 일본의 컨벤션 산업은 하나의 산업으로 정착되지 못하고 오

---

2) 梅澤忠雄(2000)『コンベンション都市戦略論』도쿄대학 박사논문에 의하면, 1947년 하노버메세, 1960년 맥코믹플레이스(시카고), 1986년 뉴욕컨벤션센터와 매리엇 월드센터(올랜드)가 오픈하는 등 많은 컨벤션 시설이 1980년대에 건설되었다. 일본도 1980년대부터 많은 컨벤션 시설이 건설되기 시작했다.

늘날에 이르고 있다. 그것은 관광의 일부분으로서 인식되었기에 컨벤션 유치를 위한 예산이 편성되지 않았다는 점과[3], 컨벤션 지원기관과 전문시설, PCO 등 직접적으로 컨벤션 사업에 관여하지 않는 한 「컨벤션」에 관한 지식의 습득이 어려워 관련 관계자가 적다는 점 등에서 컨벤션의 인식이 높지 않음을 알 수 있다. 즉, 컨벤션 업계에서는 「컨벤션」의 개념과 역할이 명확하게 이해되지 않은 상태에서 컨벤션 사업에 뛰어든 도시 및 관계자가 많으며, 민간기업뿐 아니라 중앙 및 지방의 컨벤션 관계자도 동일하다. 더욱이 일본 전국에 52개의 국제회의관광도시[4]와 60여 개의 뷰로가 존재하는 등 컨벤션 산업이 지속적으로 성장해 온 반면, 실제로는 컨벤션 유치에 있어서 도시 간 경쟁이 심화되었다는 결과를 나았다.

한편, 컨벤션 시설과 조직이 설치되었음에도 불구하고 일본의 컨벤션 산업의 학문적 연구는 별로 이루어지지 않았다. 그로 인해 일본 컨벤션 산업에 남아 있는 다양한 과제, 즉 컨벤션의 인식 향상, 인재육성, 유치전략 마케팅, 컨벤션 시설과 뷰로의 운영문제 등이 오늘날까지 해결되지 못하고 있다. 이와 반대로 국가의 지원을 받아서 컨벤션 유치를 추진하고 있는 싱가포르, 한국, 중국, 태국 등의 아시아 국가들은 국제 컨벤션 유치에 성공함으로써 일본을 추월하고 있다.

본 논문에서는 일본 컨벤션 산업의 역사적 변천을 짚어가면서, 오늘

---

3) (독)일본국제관광진흥기구(JNTO)는 일본관광정부기관으로 국제회의의 일본 유치를 비롯하여 인바운드 사업을 담당하고 있다. 외국인 유치를 위해 실시하고 있는 VJC(Visit Japan Campaign)의 예산이 주로 인바운드 사업에 사용되고 있다.
4) 컨벤션법에 의한 지정도시로서, 컨벤션 진흥에 적합하다고 인정된 시정촌을 국토교통부 장관이 인증한다(제3부에서 후술함).

날까지 해결되지 못한 컨벤션 산업과 정책의 과제들을 명확히 하는 것을 목적으로 한다. 일본 컨벤션은 관광사업의 하나로 취급되어 왔기에 본 논문에서도 관광학적 시점에서 고찰을 진행함과 동시에 아래의 4가지에 초점을 맞춰 연구하고자 한다.

① 일본 컨벤션 산업은 왜 확대되지 못했는가
② 일본 컨벤션 산업은 어떻게 성장해 왔으며, 각 지역에서는 어떤 역할을 하였고, 그리고 과제는 무엇인가
③ 일본 컨벤션 정책은 어떻게 진행될 것인가
④ 일본 컨벤션의 미래는 어떻게 그려지게 될 것인가

이상의 고찰은 관계자뿐 아니라 중앙정부에게 있어서도 컨벤션 산업의 문제점에 대한 개선책을 모색하는 데 중요한 단서가 되리라 생각된다.

2. 선행연구와 본 연구의 의의

일본에서 컨벤션 연구가 이루어지지 않았다는 점은 지금까지 박사논문이 필자를 포함해 두 편만 있다는 점에서 알 수 있다.[5] 컨벤션 연구의 대부분은 1980년대부터 시작되어, 거의 경제학과 도시론의 분야에서

---

5) 2011년 5월 기준으로 일본국립국회도서관 검색에 의하면, 논문은 약 57건(학술논문은 23건, 일반논문은 34건)이며, 2000년 이후의 논문은 24건(학술논문은 17건, 일반논문은 8건)으로, 컨벤션 산업에 관한 관심은 2000년 이전이 높았다고 할 수 있다.

진행되어 왔다. 사례로는 미국의 컨벤션 도시가 인용되었고, 이 시기에 유럽 및 미국의 컨벤션 개념이 일본으로 도입되었다고 보여진다. 연구의 논점은 컨벤션 도시 구상에 의한 지역 활성화와 경제적 파급효과에 관한 것이 대부분이었는데, 특히 컨벤션 도시가 되는 것은 지역의 밝은 「미래의 보증」과 같이 여겨졌으며, 그 중심 역할을 하는 컨벤션 시설의 건설이야말로 반드시 필요하다고 주장되었다. 이러한 조류는 1990년대를 석권하였고, 각 지역에서 컨벤션 시설의 필요성과 중요성에 관한 보고서가 계속적으로 간행되었다. 그 후 구루메(久留米)시와 후쿠오카(福岡)시, 오사카(大阪)시, 치바(千葉)시 등의 지역을 대상으로 한 사례 연구가 다수 발표되었다.

선행연구는 분야별로 명확하게 구분하는 것은 어려우나, 여기서는 경제학적 · 도시학적 · 관광학적 측면에서 검토하고자 한다. 연구분야는 아래의 〈표-1〉과 같이 요약할 수 있다.

경제학적 측면에서는 다카기(高嵜/1983)가 컨벤션 경제효과를 소득창조효과, 고용정착효과, 사업 · 시설 수지효과, 재정수지효과 등의 측면에서 상세히 분석하였다. 또 마에시로(眞栄城/1995)는 센다이, 가나자와, 오키나와, 후쿠오카에 대한 사례 연구를 하였으며, 혼다 외(本田 외/1996)는 컨벤션의 지출에 관한 분석을 하였다. 그 외에도 마쓰오(松尾/2008)는 구루메 지역에서 개최된 컨벤션을 활용한 경제파급효과를 분석하였는데 그 내용에는 이벤트를 포함하고 있어, 컨벤션의 개념을 폭넓게 수용했다고 보여진다.[6]

---

6) 高嵜昇三(1983)「컨벤션의 경제효과」『도시정책』통권 3호, 栄城守定(1995)「컨벤션 경제효과에 관한 고찰」『류큐대학 교육학부기요』제46집, 本田義明 외 2명(1996)「컨벤션 개최의 경제효과에 관한 연구」『후쿠이대학 공학부 연구보고』제44권, 松尾匡(2008)「구루메지역의 컨벤션 경제파급효과」『구루메대학 산업경제연구』제48권 제4호.

표-1 | 일본의 컨벤션에 대한 선행연구 동향

연구내용	연구자
컨벤션의 경제적인 효과	高寄(1993), 真栄城(1995), 本田(1996), 松尾(2008)
컨벤션 도시의 현황 및 활성화 방안, 전략	「도시정책」 논문집(1982년도) : 11편, 「도시문제」 논문집(1988-1995) : 3편, 東野(1983), 石神(1985), 清成(1985), 金崎(1986), 梅沢(1986), 大塚(1992), 真栄城(1993), 駄田(1995), 南条(2000), 梅澤·杉山(2005)
컨벤션 시설	梅沢(2000), 김금향(2005, 2006)
컨벤션뷰로	松井(1983), 井上(2000), 김금향(2007)
해외사례 연구	Mabel(1986), 崔(1999), 井上(2000), 淡野(2001), 佐藤(2002), 小西·中鉢(2003), 藤原(2003), 藤原·田沢(2003), 野崎(2004)

자료 : 2009년까지 발표된 학술논문을 중심으로 필자가 작성.

　도시학적 측면에서는 『도시정책』(11건 · 1982~1992)[7], 『도시문제』(3건)[8] 등의 논문집이 있다. 이들 논문은 1980년대에 개최된 컨벤션이 도시 활성화에 크게 공헌했다고 주장하고 있다. 테마로는 컨벤션 도시의 조건, 현상과 문제 및 전망 등이 많으며, 사례로는 북해도 지역, 가나자와시, 구

---

7) 『도시정책』 1982년도 논문(3편) : 阿久津成一郎 「컨벤션 시설의 관리와 운영」 27호, 鈴木謙一 「컨벤션 도시의 가능성」 27호, 野勢伸一 「도시와 문화개발―그것의 경제효과」 27호. 1983년도 논문(8편) : (財)神戸都市問題研究所 「컨벤션 도시의 정책」 33호, 佐久間健治 「일본의 국제회의관련 과제」 33호, 高寄昇三, 앞 게재, 33호, 種村諄三 「북방권 구상과 컨벤션」 33호, 是常福治 「고베·컨벤션 도시의 현황」 33호, 新野幸次郎 「산업구조의 컨벤션」 33호, 松井澄 「컨벤션 도시와 콘그레스 오거나이저」 33호, 大塚辰美(1992) 「국제 컨벤션 도시의 전개」 68호.
8) 『도시문제』 : 清成忠男(1988) 「컨벤션 도시의 과제」 79호, 田村紀男(1988) 「컨벤션 도시의 조건」 79호, 内藤嘉昭(1995) 「컨벤션을 둘러싼 문제와 장래성」 86호.

루메시 등이 거론되었다.[9] 또, 미국의 라스베가스과 싱가포르를 사례로 든 논문[10]에서는 컨벤션 동향 및 정책에 관한 고찰이 이루어졌다.

컨벤션 산업을 주제로 한 논문[11]은 세키신(石伸/1985)의 컨벤션 도시론, 마에시로(真栄城/1993)의 컨벤션 산업의 연쇄성과 경제효과에 관한 고찰, 최(崔/1999)의 한국을 사례로 한 논문이 있으며, 그 외에 필자의 오사카회의장과 치바컨벤션뷰로의 실태에 관한 연구 논문 등을 들 수 있다.

그 중에서 컨벤션 시설에 관한 연구에서는 주로 도시의 기반시설로서 취급되었으며 대부분의 내용은 시설의 규모와 기능, 현상의 소개 등으로 이루어져 있다. 특히,『도시정책』에서 아쿠스(阿久津/1982)는 고베 포트아일랜드의 고베국제회의장과 전시장을 사례로 들어, 그 운영 및 관리에 관하여 구체적으로 제시하고 있으며 사용료의 저렴화, 시설 이용의 편리성, 높은 수준의 서비스 등이 중요하다고 제안하고 있다. 또한 『도시문제』에서 다무라(田村/1988)는 미디어라는 시점에서 지역의 컨벤

---

9) 金崎肇(1986) 「컨벤션 도시 구상은 가나자와 활성화의 기폭제가 될 수 있는가」『일본해학회지』 제10호, 大塚辰美(1992) 「국제컨벤션 도시의 전개」『도시정책』 통호 68, 梅澤忠雄(1986) 「컨벤션 도시전략」『도시문제연구』 38호, 梅澤(2000), 앞 게재, 도쿄대학박사논문, 南条道昌(2000) 「국제컨벤션 도시의 조건」『URC도시과학』 후쿠오카도시과학연구소.

10) 井上博文(2000) 「관광지 경영에 관한 연구―구미의 상업회의소 및 컨벤션비지트뷰로」『동양대학 단기대학 기요』 제32호, 淡野民雄(2001) 「라스베가스의 엔터테인먼트도시로써의 무대 만들기에 관한 연구」『세이부문리대학 연구기요』 제2호, 小西龍一郎・中鉢令児(2003) 「싱가포르의 관광진흥에 있어서 컨벤션 정책의 역할에 관한 연구」『도시학연구』 통호 40호.

11) 真城守定(1993) 「컨벤션 산업론서설」『류큐대학 교육학부기요』 제43집, 崔東日(1999) 「한국의 컨벤션 현상과 발전 과제에 관한 연구」『오비린국제학논집』 제4호, 金錦香(2006) 「컨벤션 시설의 운영과 과제」『도시문화연구』 오사카시립대학 도시문화연구센터, 제8호, 金錦香(2007) 「(財)치바국제 컨벤션뷰로의 매니지먼트」『일본관광연구학회 제22회 전국대회논문집』.

션 시설의 기능에 대하여 분석하였으나, 컨벤션 시설의 구체적인 사례는 들지 않았다.

우메자와(梅澤/2000)는 도시계획의 측면에서 컨벤션 시설에 관하여 상세히 거론하고 있다. 실제로 우메자와가 구상부터 관여했던 마쿠하리메세를 주요 연구대상으로 하여 일본 전시장의 현상을 고찰하면서, 시설의 계획부터 운영, 건설 후의 평가까지 상세히 논하고 있다. 특히, 시설의 관리운영에 있어서 아쿠쓰의 의견을 수용하면서 더 나아가 패키지요금의 설정에 의한 유연한 요금체계, 수용체계 및 운영 · 관리 자세까지 상세히 제안하고 있다. 이상의 컨벤션 시설에 관한 연구와 보고서는 시설의 건설 전의 연구가 많으며 건설 후의 운영 · 관리와 평가에 관한 것은 많지 않다.

관광학적 측면에서 컨벤션이 관광의 일부분으로 인식된 논문[12]으로는 노자키(野崎/2004)가 관광이벤트의 한 분야로서 컨벤션을 들고 있으며, 미국의 샌디에이고와 라스베거스를 사례로 들면서 경제효과에 관해 논하고 있다. 사토우(佐藤)는 「관광수용 전체 중에서 MICE가 일부를 구성하고 있다」고 하면서 유럽의 견본시에 대하여 상세히 서술하였다.

이상의 연구에서는 일본의 컨벤션 역사, 특히 1970년에 관한 언급은 거의 찾아볼 수 없다. 연구대상으로서 1970년대 이후에 많은 관심을 받

---

12) 野崎四(2004) 「관광 · 컨벤션 미국의 사례와 경제효과」『산업종합연구조사보고서』10호, 藤原英喜(2003) 「미국 관광산업에 있어서 컨벤션사업」『북방권』여름, 佐藤哲哉(2001) 「일본의 컨벤션 특징과 추이」『일본관광연구학회 제16회 전국대회논문집』, 佐藤哲哉(2002a) 「세계 컨벤션 시장의 동향」『릿교대학 관광학부기요』제4호, 佐藤哲哉(2002b) 「컨벤션 분야의 수요와 공급의 제측면-유럽의 견본시 시장」『큐슈산업대학 상경론총』43호.

은 이유는 1970년 오사카박람회, 1972년 삿뽀로올림픽, 1975년 오키나와해양박람회 등의 개최와 함께 국제회의의 개최 증가로 관심을 모았기 때문으로 보여진다. 당시 일본에서 개최된 국제회의 개최건수는 200건을 넘었다.

한편 연구사를 연대별로 개관한다면, 1980년대는 컨벤션 도시만들기, 1990년대는 컨벤션에 관한 경제적 효과, 2000년대는 해외 및 국내 사례를 중심으로 한 사례연구와 전략론 등으로 컨벤션 산업을 바라보는 시점이 변화하고 있음을 알 수 있다. 따라서 일본의 컨벤션 산업은 1980년대에 컨벤션 붐을 계기로 발아되었으나 1990년대 중반에 경제침체로 인해 컨벤션 산업은 빛을 발하기 전에 정체기를 맞이하게 되었고, 그것은 산업뿐만 아니라 학문적인 연구에까지도 연결되었다고 사료된다.

이상의 선행연구를 고찰한 결과, 컨벤션이 시작된 초기에는 「컨벤션」 자체에 관한 충분한 연구보다는 컨벤션의 파급효과에 주목이 집중되었다. 또한 각 지역에 관한 사례연구가 이루어지긴 하였으나, 일본 컨벤션 산업이 시작된 배경과 경위에 관한 연구 및 컨벤션 관련 조직과 정책에 관한 연구는 오늘날까지 이루어지지 않고 있다. 다시 말해, 학문영역에 있어서 컨벤션은 아직 주목을 받지 못한 채 현재에 이르고 있다. 그 이유는 컨벤션 사업과 관광산업은 관련 기관과 사업분야의 중복이 많으며 그것을 명확히 하기 어렵기 때문이다. 그러므로 본 연구의 의의는 다음과 같은 점에 있다고 할 수 있다.

첫째, 일본 컨벤션 산업을 총괄적으로 연구한 첫 논문이라는 점이다.

즉, 일본 컨벤션 산업의 정책, 조직, 시설, 뷰로 및 PCO 등 관련 기관 전체에 관한 연구를 실시한 논문이라 할 수 있다.

둘째, 이 연구에 있어서 문헌조사뿐 아니라 실태조사를 실시하여 그 결과를 반영하였다는 점이다. 실태조사란 연구대상이 되는 각 지역의 컨벤션 시설과 뷰로, PCO를 대상으로 인터뷰조사를 실시하여 그 결과를 반영하였다.

셋째, 컨벤션 연구에 있어서 문헌과 자료의 소재 등을 분명히 했다는 점이다. 컨벤션 자료는 각 지역에 분산되어 있으며, 보존도 불분명하므로 문헌과 자료 찾기는 쉽지 않다. 따라서 어떤 지역의 기관이 어떤 자료를 보관하고 있는지 명확히 하였다.

넷째, 일본 컨벤션 산업의 변천을 명확히 했다는 점이다. 일반적으로 컨벤션의 시작을 1965년 일본컨벤션뷰로의 설립으로 보고 있으나, 「컨벤션」이라는 어휘가 도입되기 이전까지 거슬러 올라가 그 연원을 찾아 컨벤션의 역사를 서술하였다.

3. 컨벤션 연구의 방법

본 논문의 연구대상은 일본의 정령지정도시(政令指定都市/인구 50만 명 이상의 시)와 중핵도시(中核都市/인구 30만 명 이상의 시) 및 기타 도시로 하였다. 전자는 삿뽀로시, 센다이시, 도쿄(23구), 요코하마시, 치바시, 나고야시, 오사카시, 교토시, 고베시, 히로시마시, 후쿠오카시 등이며, 그 도시는 컨벤션 업계에서는 컨벤션 사업에 성공을 하였다고 평가되고 있다. 후자는 가나자와시와 마쓰에시로, 컨벤션의 규모는 작으나 도시의 수용체제에 맞춰 컨벤션 사업을 추진하고 있다. 이상의 도시의 컨벤션 시설과 뷰로를 주요 연구대상으로 하면서, 컨벤션 정책과 관련되는 국토교통성, 문부과학성, JNTO, 컨벤션 운영을 담당하는 PCO사를 연구대상으로 하였다.

연구조사로는 문헌조사와 인터뷰조사에 근거한 실태조사를 실시하였다. 문헌조사에서는 「컨벤션」, 「국제회의」, 「견본시·전시회」, 「컨벤션 정책」에 주안점을 두었다. 컨벤션 관련 문헌과 자료에는 크게 관련 기관인 정부기관이 발행한 보고서와 각 도시가 발행한 보고서로 분류된다. 전자는 국립국회도서관과 국토교통성 도서관을 비롯하여 관계 정부기관의 부서 등에 보관되어 있는 경우가 많으나, 자료 전부가 보관되어 있다고 볼 수 없다. 한편 후자는 각 도시에 직접 방문하여 찾아보지 않으면 안 되며, 거기다 담당자의 교체가 빈번히 이루어지기 때문에 자료의 소재가 불분명한 경우가 허다하다. 그러므로 컨벤션 관련 자료의 수집에 시간과 노력이 상당 부분 필요하다. 그 밖에 박사논문과 업계 잡지 및 전문 잡지 등은 국립국회도서관에 보관되어 있으나 석사논문은 해당 대학에 직접 문의를 해야 한다.

신문기사의 조사에 있어서는 오사카시립대 학술정보종합센터 소장의 『오사카마이니치신문과 오사카아사히신문』(1929년~1930년, 1935년, 1943년, 1945년~1969년) 및 『아사히신문, 도쿄판』(1945년~1969년)에서 「국제회의」, 「견본시」에 관한 기사를 수집하여 고찰하였다. 일반적으로 사용되고 있는 JNTO의 컨벤션 통계(1966년~2007년)에는 기업이 주최하는 컨벤션 통계 데이터가 포함되어 있지 않다. 또한 관광백서, 숫자로 보는 관광 등도 참고하였다.

해외사례의 검토에 있어서는 해당 외국서적을 활용하였다. 특히 2000년부터 2006년 사이에 발행된 영국, 호주, 미국, 한국의 출판물과 보고서, 홈페이지 등을 참고로 하여 구미 및 아시아의 컨벤션 역사 및 현상에 대하여 고찰하였다.

반면, 인터뷰조사는 국토교통성과 JNTO의 컨벤션 담당자, 각 지역의 뷰로와 컨벤션 시설의 담당자를 대상으로 하였다. 그 내용은 컨벤션 사업을 추진하는 데 있어서 각 도시의 컨벤션 현황과 관련 기관의 역할, 전략, 과제, 관리운영 및 조직에 대한 것이다. 그 결과를 분석해서 각 도시의 컨벤션 사업의 특징을 찾아낼 수 있으리라 생각된다.

상술한 바와 같이 컨벤션 관련 문헌조사를 위해서는 관련 기관과 각 도시에 직접 방문을 해야만 한다. 특히, 국토교통성과 JNTO가 발행하는 보고서의 열람도 쉽지 않아 국토교통성 도서관을 이용하지 않으면 안 되며 JNTO와 JCCB[13]가 실시하는 컨벤션 세미나의 보고서 열람도 어려운 상황이다.[14]

한편 각 도시의 경우, 담당자에 의해 자료의 보관 상태가 상당히 다르다. 비교적 자료의 보존에 심혈을 기울인 곳은 (재)치바국제교류뷰로, (재)센다이관광뷰로, (재)고베국제관광뷰로, (재)가나자와뷰로 등이다.

---

13) 일본 콩그레스 · 컨벤션 · 뷰로(JCCB)는 국토교통성을 비롯하여 JNTO, 컨벤션 추진 기관, 회의시설 등의 컨벤션 관계자가 컨벤션 진흥을 도모하기 위해 설립한 임의단체이다. 일본 유일의 컨벤션 견본시인 「국제 미팅엑스포(IME)」를 주최하고 있다.
14) 자료가 보관되어 있는지의 확인은 불가능하나, JNTO 관계자로부터는 자료가 없다는 회신을 받았다.

그 중에서 (재)치바뷰로는 전문가인 담당자가 컨벤션 관련 자료를 연구자에게 열람을 허가해주었다. 또한 민간회사인 PCO사의 ㈜ICS컨벤션 디자인은 컨벤션 종합연구소를 설립하여 컨벤션 관련 잡지를 발행하고 있다. 연구소의 자료실에는 국토교통성 도서관에서도 찾을 수 없는 귀중한 자료를 다수 보관하고 있다.

이상에서 컨벤션 추진 기관은 자료의 수집, 정리, 분석 등이 향후 사업에 있어서 얼마나 중요한 기초가 되는지에 대한 인식이 없다는 점을 알 수 있다. 그러므로 JNTO와 JCCB라는 컨벤션 담당기관에 의한 컨벤션 관련 문헌과 자료 등의 수집 및 정리가 필요할 것으로 보인다. 이러한 작업은 각 도시의 컨벤션 전략에 맞는 지원과 정책의 수립에 연결될 것으로 생각된다.

4. 본 연구의 구성

여기서는 본 연구의 배경과 목적, 일본 컨벤션에 관한 선행연구 및 본 연구의 의의를 밝혔다. 그리고 컨벤션 연구를 위하여 일본 전국에 산재해 있는 자료의 소재에 관해서도 밝혔다.

본 연구의 구성은 아래의 그림과 같이 구성되어 있다.

제1부에서는 컨벤션 산업에 관한 일반적인 논의, 즉 컨벤션의 정의와 구성 요소, 특징, 파급효과 등에 관하여 개관하였다. 또한 최근의 세계 및 일본의 컨벤션 개최 동향에 관하여 고찰하였다.

제2부에서는 초기의 컨벤션과 관련이 있다고 생각되는 「시장(市)」과

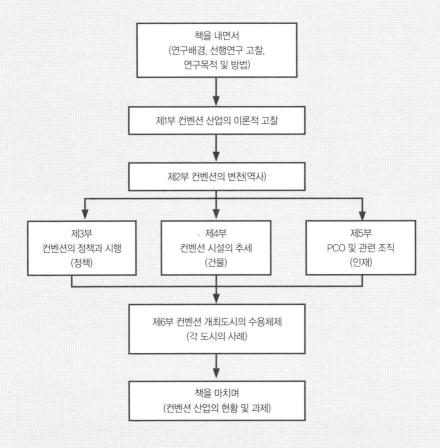

```
        책을 내면서
    (연구배경, 선행연구 고찰,
      연구목적 및 방법)
            │
            ▼
   제1부 컨벤션 산업의 이론적 고찰
            │
            ▼
    제2부 컨벤션의 변천(역사)
```

제3부	제4부	제5부
컨벤션의 정책과 시행	컨벤션 시설의 추세	PCO 및 관련 조직
(정책)	(건물)	(인재)

```
   제6부 컨벤션 개최도시의 수용체제
        (각 도시의 사례)
            │
            ▼
        책을 마치며
   (컨벤션 산업의 현황 및 과제)
```

견본시의 관계, 국제회의의 기원에 대하여 고찰하면서 어떻게 컨벤션이 정착하게 되었는지 검토하였다.

제3부에서는 컨벤션 정책의 수립에 있어서 배경과 시행의 평가에 초점을 맞춰 고찰함과 동시에 향후 기대되는 정책에 대하여 서술하였다.

제4부에서는 일본 컨벤션 시설의 역사를 고찰하면서 각 시설의 관리운영의 상황, 영업활동과 전략에 대하여 검증을 실시하고, 컨벤션 시설의 과제에 대하여 논하였다.

제5부에서는 컨벤션 사업과 관련된 조직의 역할에 대하여 고찰하였다. 즉, 중앙기관인 국토교통성, 외무성, 문부과학성, JNTO를 비롯하여, 컨벤션의 현장에서 활동하고 있는 각 도시의 뷰로, 민간 PCO사 등이다. 특히, 뷰로의 설립 역사를 파악하면서 각 도시의 뷰로를 대상으로 실시한 인터뷰조사에 근거하여 현황 및 과제를 명백히 하였다.

제6부에서는 컨벤션 도시 중에서 정령지정도시와 중핵도시 및 기타 도시의 컨벤션 사업을 사례로 들어 각 도시의 컨벤션 사업의 추진 동향을 고찰하였다.

마지막 책을 마치며에서는 본 논문의 정리와 함께 연구를 통해 드러난 일본 컨벤션 산업의 현상과 과제를 명확히 함과 동시에 본 연구의 한계점을 명백히 밝혀 향후 연구과제로 제시하고자 한다.

제6부   일본 컨벤션 도시의 현황

제1부
컨벤션 산업이란

여기서는 컨벤션 산업을 개관하면서 컨벤션에 관한 다양한 정의를 살펴봄과 동시에 구성요소와 특징, 파급효과 등에 대하여 고찰하고자 한다. 또한 세계 및 일본의 컨벤션 산업의 현상을 분석하는 것을 목적으로 한다.

제1장

컨벤션의 개괄

1. 컨벤션의 정의

컨벤션에 관한 일반적인 정의는 국내외에서 많은 사람들이 참가하는 국제회의, 콩그레, 학회 등의 총칭으로 인식되고 있으며, 최근에는 이것에 기업 미팅, 전시회, 이벤트를 추가하여 MICE[15]라고도 칭하고 있다. 원래, 컨벤션은 국제회의라는 협의의 의미로 인식되었는데, 최근에는 전시회와 견본시가 국제회의와 함께 개최되는 경우가 증가함으로써 정의의 범위가 확대되었다.

용어에 있어서 컨벤션(Convention)과 콩그레스(Congress), 컨퍼런스 (Conferences), 미팅(Meeting)은 회의·대회라는 동의어이지만, 국가에 따라 사용되는 용어가 조금 상이하다. 즉, 유럽에서는 「컨퍼런스[16]」, 미국에서는 「컨벤션 또는 미팅[17]」, 아시아 태평양에서는 「컨벤션 또는 MICE[18]」로 사용되고 있다. 단, 콩그레라는 어휘는 미국에서 의회를 의

---

15) MICE는 Meeting(기업미팅), Incentive(포상여행), Convention·Congress·Conference (국내·국제회의), Event·Exhibition(전시)의 총칭임.

16) Rogers Tony : Conferences, NewYork, Addison Wesley Longman. 2003. Davidson Rob & Cope Beulah : Business Travel, Edinburgh, Pearson Education Limited. 2003. Davidson Rob & Rogers Tony : Marketing Destinations and Venues, Oxford, Butter worth-Heinemann. 2006.

미하므로 국제회의를 의미하는 용어로서는 사용하지 않고 있다.[19]

컨벤션은 「유럽의 메세(Messe)[20]」와 「미국의 컨벤션(Convention)」으로 대별할 수 있다. 즉, 유럽의 메세는 중세 독일의 도시가 중심부에 교회와 시청을 설치하고 교회의 미사(Messe) 때마다 모이는 사람들이 서로 물물교환을 했던 것이 발전하여 「시장(市)」이 열리게 된 것에 기인한다. 이것이 수백 년을 거쳐 규모의 확대와 대상이 유럽 전역으로 확장되어 견본시(Messe)로 발전했다. 한편, 미국의 컨벤션이라는 단어는 본래 정치용어로 사용되었는데, 특정한 역할을 부여받은 사람(현재의 위원회의 위원)을 모아서 회의를 여는 것을 의미하였다. 그것이 최근에는 신기술의 소개, 업계 간과 전문가 간의 다양한 정보교류와 문제해결을 위한 회의, 기업의 연구회 등의 목적을 가진 커뮤니케이션의 장으로서의 성격을 띠게 되어 컨벤션은 많은 기업과 학회에서는 중요한 의미를 갖게 되었다.[21]

그런데 근래 유럽과 미국의 교류가 빈번해짐에 따라 유럽의 메세에

---

17) Weber Karin & Chon Kaye : Convention Tourism, NewYork, The Haworth Press, 2002. Nelson Robert R. : Current Issues in Convention and Exhibition Facility Development, NewYork, The Haworth Press. 2004.(이 서적은 Journal of Convention & Event Tourism, Vol.6을 정리한 것임).

18) McCabe Vivienne & Poole Berry & Weeks Paul & Leiper Neil : The Business and Management of Conventions, Sydney, John Wiley & Sons Australia, Ltd. 2000.

19) 본 논문에서는 국내외의 회의와 대회를 컨벤션에 포함함.

20) 독일어에서 유래한 산업견본시를 말함. 독일 영업법에서는 견본시(Messe · 독)와 전시회(Ausstellung · 독)를 구별하고 있으며, 메세란 규칙적이며 반복적으로 개최되는 것이 명문화된 상담의 장으로, 내장자를 전문업자로 한정한다. 하노버메세와 프랑크푸르트메세 등 독일 국내에서는 대규모 견본시회장이 있다(『관광학사전』同文館出版(株), 2002년, 93쪽).

21) (株)UG도시설계(1984) 『가나자와 컨벤션 도시 기본조사 보고서』 6쪽.

컨퍼런스(Conference)[22]가 추가되는 반면, 미국의 컨벤션에 트레이드쇼(Trade Show)와 같은 견본시가 추가됨에 따라 메세와 컨벤션은 점차 통합되고 있다. 이러한 경위에 의해 컨벤션의 정의는 서서히 확대되고, 명확한 구분이 혼용되는 현상이 나타나고 있다.

컨벤션의 정의는 다음과 같이 다각적인 관점에서 규정할 수 있다.

표 1-1 | 컨벤션의 정의[23]

분류	주체	상세 내용
사전적 개념	영영사전(1970)	일반적인 목적를 위해 사람이 모이는 행위로, 특정의 정치적, 사회적, 종교적 문제를 심의 또는 토론하거나 입법하기 위한 집회
	Lawson[24](1981)	어떤 특별한 목적을 달성하기 위한 사회단체 및 정당 회원간의 회의, 사업 및 무역에서의 회의, 정부 또는 수뇌간 회의
	관광학사전(1997)	해외에서 다수의 참가자가 참가하는 회의, 학회, 연구회 등을 말한다. 일정 규모 이상의 국제회의는 통상 회의와 함께 리셉션, 시찰여행, 포스트컨벤션투어(국제회의 후의 관광여행) 등 관광·교류 프로그램이 예정되어 있으며, 관광과 지역경제의 진흥에 연결된다.
법률적 개념	일본(국제회의등의 유치촉진및개최원활화등에의한국제관광진흥에관한법률)[25]	「국제회의」는 「회의, 토론회, 강습회 기타 이것들과 유사한 집회(이것에 부수해서 개최되는 전람회 포함)로, 해외에서 상당한 외국인이 참가하는 것」 외에 「이것들과 병행하여 개최되는 관광여행 기타 외국인을 위한 관광 및 교류를 목적으로 한 행사」를 포함함.

---

22) 컨벤션과 동일한 의미를 갖는 용어로 주로 전문적인 회의가 다수 개최된다.

23) 金錦香(2005) 『PCO동향에서 본 컨벤션 과제에 관한 연구 – 오사카국제회의장을 사례로』 大阪市立大学大学院, 석사논문, 7-8쪽.

24) Lawson : *Conference, convention and Exhibition Facilities*, 1981.(참고: 이은혜/2003/『컨벤션 산업의 활성화 방안에 관한 연구—PCO를 중심으로』 경기대학 서비스경영전문대학원, 8쪽).

25) 藤原威一郎(1994) 「컨벤션법, 제2조」 『시간의 법령』 大蔵省, 34쪽.

	한국[26]	상당수의 외국인이 참가하는 회의(세미나, 토론회, 전시회 등 포함)로써 대통령령이 정한 종류와 규모에 해당하는 것
중앙 기관	국토교통성	비일상적인 사람들의 모임을 중심으로 물건, 정보 등의 교류를 위한 집회로, 어떤 국가나 지역으로 사람, 물건, 지식, 정보 등을 불러모으는 시스템
	관광청	Meeting(기업미팅), Incentive(포상여행), Convention(국내·국제회의), Event·Exhibition(행사·전시) 등의 MICE
	(독)국제관광진흥기구(JNTO)	국제기관·국제단체 또는 국가기관·국내단체가 주최하는 회의로, 참가자 수 50명 이상, 참가국 일본을 포함 3개국 이상, 회기 1일 이상
	한국관광공사	국제기구의 본부 주최, 또는 국내단체가 주최하는 회의로, 참가국수 3개국 이상, 외국인 참가자 수 10명 이상, 회기는 2일 이상
국제 기구 및 단체의 개념	국제협회연합 (UIA[27])	국제기관 및 단체의 본부가 주최 또는 후원한 회의, 또는 국내단체 혹은 국제단체의 지부가 주최한 회의로, 참가자 총수가 300명 이상, 참가자의 40% 이상이 외국인, 참가국 수가 5개국 이상, 회기가 3일 이상인 조건에 맞는 회의
	국제회의협회 (ICCA)	정기적인 회의이며, 최소 4개국 이상을 순회하면서 개최하고, 참가자 수가 50명이 되는 회의
	아시아컨벤션뷰로협회(AACVB)	공인된 단체 또는 법인이 주최하는 단체회의, 학술심포지움, 기업회의, 전시·박람회, 인센티브 관광 등으로 참가자 수 중 외국인이 10% 이상으로 방문객이 1박 이상 상업숙박시설을 이용하는 행사
	(사)일본이벤트 산업진흥협회[28]	국내외에서 다수의 사람들이 참가하는 국제회의, 콩그레, 학회, 기업미팅, 박람회, 전시회 등의 총칭으로 거기에 참가하는 사람과 사람이 직접 정보의 수신·발신을 행하는 이벤트

---

26) 국제회의산업의 육성에 관한 법률(1996.12.30에 제정, 2001.3.28에 개정).

27) Union des Associations Internationales : 1907년에 벨기에·브루셀에 설립된 비영리·비정부단체로, 6만을 넘는 조직단체에 관한 정보의 조사·수집·분석을 하며, 세계 각국이 동 기관의 통계를 참고로 하고 있다.

28) (사)일본이벤트산업진흥협회(2004)『이벤트·매니지먼트』23쪽.

	마에시로(1993)	지역발전을 위해 해당 지역이 주체가 되어 개최하는 외국인 유치 수단·방법으로써의 「회합」
연구자 들의 개념	다베이(1997)· 우메자와(2000)	일정의 목적을 가진 사람이 비일상적으로 모여, Face to Face 커뮤니케이션으로써, 주최자에 의해 계획적으로 조직되고 프로듀스되는 것
	최(1999)	사전에 결정된 일정에 맞춰 진행되는 공식적인 회의, 전시회, 이벤트 등을 수반하는 집회
	사토우(2002)	회의·견본시를 총칭하는 일반적인 컨벤션의 의미를 따름.
	후지하라·다자와 (2003)	우메자와와 다베이의 정의를 포함하며, 특정 목적을 가진 사람들이 Face to Face로 대화하며, 직접 만날 때에 물질적·정신적면에서 인류의 진보를 지향하는 행위

〈표 1-1〉이 나타내는 바와 같이 국제기구 및 단체는 컨벤션을 상세히 구분하고 있으며, 또한 그것은 컨벤션 통계를 집계하는 기준의 정의이기도 하다. 그 외에 포괄적인 개념으로 받아들이고 있음을 알 수 있다.

이상을 통해 본 연구에서 컨벤션은 우메자와의 이론을 계승하여 「어떤 목적을 위해 사람들이 한 곳에 의도적으로 모여, 특정의 조직에 의해 정해진 일정에 따라 물류와 정보의 교류를 도모하는 문화적·경제적으로 유익한 결과를 낳는 것」으로 정의한다.

2. 컨벤션의 구성요소

컨벤션 산업은 다수의 수요측과 공급측으로 구성되어 있다. Rogers는 그것을 수요측, 공급측, 에이전시와 중개자 그리고 기타 중요한 조직 등으로 구분하고 있다.

표 1-2 | 컨벤션 산업의 구조와 구성요소[29]

구조	구성요소
수요측	기업, 협회, 공적기관, 기업가
공급측	시설(컨벤션센터 · 호텔 등의 인프라), 개최지(Destinations), 기타(설비 · 통역 · 운송 · 이벤트 등)
에이전시와 중개자	PCO, 인센티브회사, 여행사, 전시기획자
기타 중요한 조직	컨벤션 관련 협회, 관광관련 중앙기관, 컨벤션뷰로, 컨설턴트, 교육기관

컨벤션은 컨벤션 시설과 호텔 등의 시설 인프라뿐만 아니라 운송 · 통역 · 여행사 등의 민간기업을 포함한 지역 전체를 포괄하는 산업이다. 또 컨벤션의 개최지를 결정할 시에는 수요측인 컨벤션의 주최측이 직접 또는 에이전시나 중개자 혹은 뷰로를 통해 공급측의 정보를 수집하여 개최지를 결정한다. 그 결정에는 다양한 요인이 있는데, 결정적인 요인은 적절한 컨벤션 시설이 있는가, 개최 지역의 지원은 있는가, 회의 운영을 담당할 전문가가 있는가 등이다. 다시 말해, 컨벤션센터와 뷰로, 그리고 PCO를 말하며, 이 세 가지를 본 논문에서는 컨벤션의 기본 요소로 규정한다.

컨벤션의 기본 요소에서 하드웨어면의 중핵 요소는 컨벤션센터이며,

---

29) Rogers Tony : Conferences and Conventions, Oxford, Butter worth-Heine mann, pp.27-62, 2003.

소프트웨어면의 중핵 요소는 컨벤션의 기획 · 운영 · 관리 · 유치의 역할을 하는 뷰로와 PCO로 분류할 수 있다. 컨벤션센터는 일반적으로 공설공영(公設公營) 또는 공설민영(公設民營)으로 지역경제의 「기폭장치」로 인식되어 있고, 기재 등의 설비와 장소의 제공을 하며, 컨벤션 유치와 해외 마케팅 활동에 있어서 뷰로와 함께하는 경우가 많다. 한편, 뷰로와 PCO는 컨벤션 개최에 필요한 지역정보와 서비스를 컨벤션 주최자에게 제공하는 것이 주된 임무인데, 컨벤션의 유치와 조성금 지원 등은 주로 뷰로, 컨벤션의 운영에 관한 서비스 제공은 PCO가 담당하고 있다. 특히, PCO는 주최자를 대행하여 컨벤션 시설과 뷰로와의 의견 조정을 추진하는 등 중개의 역할도 담당하고 있다. 이상의 3자는 컨벤션 개최에 있어서 불가결한 존재이다. 각 부문의 상세한 역할은 다음과 같다.

컨벤션센터(Convention Center)

컨벤션센터는 주최자가 컨벤션 개최지를 선택할 시에 가장 중요한 요소라고 할 수 있다. 센터의 선택에 있어서 시설의 규모가 가장 중요하며, 시설의 유형과 운영에 관한 전문 지식의 유무도 선택 요소이기도 하다.[30] 특히 센터는 지역경제를 담당하는 장치이며, 도시의 이미지 향상뿐만 아니라 지역에 거대한 경제적 파급효과를 가져오는 존재이기도 하다.

유럽의 컨벤션과 메세 등의 전문시설은 부분적으로 행정의 관리하에 있는 독립된 제3차 섹터 형태의 주식회사가 운영하며, 시나 정부가 유

---

30) Fenich George G. : Convention Tourism, NewYork, The Haworth Press, p141, 2002.

력한 주주가 된다. 이 회사는 자기 시설에서 개최되는 주요한 견본시를 많이 주최하고 있다는 점이 시설 대여에 멈추고 있는 미국과 일본의 시설과 비교하여 특징적이다.[31] 공인된 견본시 개최도시로서 프랑크푸르트를 비롯하여 유럽의 여러 도시의 견본시는 개최지 경제의 중요한 유통 채널로서 사회형성과 함께 큰 역할을 수행하며 현재에 이르고 있다.[32]

일본의 컨벤션 시설의 건설은 건물 운영에서 타산을 취하기가 곤란하다는 점과 거액의 자금확보가 필요하다는 점에서 민간기업보다 현(県)이나 시(市)가 중심이 되어 추진된다. 행정부가 컨벤션 사업을 추진하는 이유로 지역경제의 활성화, 산업 및 문화의 진흥, 국제화, 도시의 이미지 향상, 고용기회의 창출, 세수효과 등을 들 수 있다.[33]

그러나 실제로 일본 전국에 걸친 컨벤션 시설의 건설은 컨벤션 유치에 있어서 도시 간의 경쟁을 가열시키는 결과를 초래하였다. 동시에 컨벤션 시설에 대한 과도한 투자와 제3섹터의 방만한 경영에 의한 적자와 책임 소재의 불명확 등이 중첩되어 관리 운영의 개선을 하지 않으면 안되게 되었다. 그 개선책으로 채택된 것이 지정관리자제도이다.

컨벤션뷰로(Convention Bureau)

뷰로는 미국에서 들어온 개념으로, 19세기 중반 지역경제의 활성화를 위해 컨벤션을 유치하려는 움직임에서 시작되었다. 특히, 미국의 초

---

31) 佐藤哲哉(2002b) 「컨벤션 분야의 수요와 공급의 제측면 - 유럽의 견본시시장」 『九州産業大学商経論叢』 43(1 · 2), 128쪽.

32) 앞의 논문, 佐藤(2002b), 150쪽.

33) 田部井正次郎(1997) 『컨벤션-새로운 시대를 위한 가이드』 サイマル出版会, 146쪽.

기 기관은 1896년 11월에 설립된 디트로이트 컨벤션&비지터즈뷰로이다.[34]

일반적으로 뷰로의 설립 형태로는 행정주도형, 제3섹터방식, 민간주도형이 있다.

행정주도형은 주로 지자체가 운영하는 곳으로, 지자체의 조례에 구속되는 결점이 있으나, 자금측면에서는 행정부의 예산이 확보되고, 직원도 행정부에 속한다. 따라서 행정부의 정책이 컨벤션에 힘을 실을 경우에는 예산도 직원도 강화되지만, 그 반대의 경우도 있는 등 정책의 변화에 큰 영향을 받기 쉽다. 이 형태에는 주로 정부기관에 속한 뷰로와 정부관광청 등이 있다.

제3섹터방식은 반관반민(半官半民)형의 비영리단체로, 현이나 시 등의 행정부의 보조금과 기업·단체로 구성된 회원의 회비와 파견(出向)제도로 운영된다. 민간과 행정부의 협력을 얻기 쉬운 반면 자금 확보가 안정되어 있지 않으므로 사업의 지속성의 결여, 직원과 파견직원과의 갈등 등 조직적인 문제가 있다. 일본의 뷰로의 대부분이 여기에 해당된다.

민간주도형은 주로 북미지역에서 많이 볼 수 있는 형태로, IACVB[35]의 조사에 의하면 뷰로는 처음 상공회의소의 소속이었으나, 현재는 독립기관으로 약 60%가 비영리협회, 15%가 상공회의소의 소속 기관, 25%가 공공기관의 성격을 가지며, 호텔의 객실세(53%), 정부의 보조금

---

34) 위의 책, 田部井(1997), 152-153쪽.

35) IACVB(International Associations of Convention & Visitors Bureau, 국제컨벤션뷰로협회)는 미국을 중심으로 한 세계 30개국의 430뷰로가 회원으로 가입함.

또는 일반세(24%), 회비(5%), 기타 수입으로 사업을 실시하고 있다.[36] 창의적인 경영 및 전문가의 참여 활성화가 가능한 반면 정부의 지원과 재정조달, 민간기업의 참여의사의 불명료 등의 단점이 있다. 예를 들면, 2008년 5월에 (사)서울컨벤션뷰로가 「서울관광마케팅㈜」 소속의 뷰로[37]로 재조직화되었다. 서울관광마케팅㈜는 주식회사형의 공기업으로서 서울시로부터 행정적 지원과 민간기업의 효율성 및 역동성을 활용한 기업을 표방하고 있으며, 뷰로는 하나의 팀으로 재편되었다. 아시아에 있어서 뷰로의 민간기업화는 드문 일로 향후 활동에 주목이 집중되고 있다.

한편 (재)고베도시문연구소(1983)에 따르면, 뷰로는 종합적인 정책비전의 추진자로서 뷰로와 시설 관리자, PCO는 각각 보완적이면서 독립된 분야에서의 활동이 필요하다는 것이다. 즉, 뷰로가 중심이 되어 시설관리자와 PCO를 비롯한 컨벤션 관계자를 조직할 때 지역의 이름을 걸고 강력한 유치 · 운영체제를 정비해야 하는 것이다.

우메자와(1988)는 뷰로의 역할에 대하여 다음과 같이 서술하고 있다. 「애프터컨벤션[38]」과 그 도시 특유의 호스피탈리티 등, 개최도시의 매력과 그 도시의 매력 중 하나로서 컨벤션센터의 존재를 널리 알릴 필요가 있다. 이들의 매력을 종합적으로 연출하고 PR하는 데 개인과 관련 산업인 호텔, 여행대리점 등만으로는 역부족이므로, 도시 전체가 백업하는

---

36) 정세환(2000)『국제회의 전담조직의 설립 · 운영 방안』한림대학 국제학대학원 석사논문, 28쪽.
37) 서울마케팅㈜ 홈페이지(2009년 4월 10일).
38) 회의 후에 실시되는 관광을 말하며, 포스트 컨벤션이라고도 함.

체제를 만드는 공적 기관, 즉 각 도시의 뷰로가 그 역할을 담당해야 한다」[39]고 주장하고 있다.

이상과 같이 뷰로는 컨벤션 개최에 있어서 지역정보와 서비스를 컨벤션 주최자에게 제공할 뿐만 아니라 주최자가 만족할 수 있는 컨벤션이 될 수 있도록 서포트해야 한다. 그러기 위해서 뷰로는 단순히 컨벤션을 유치하는 것에 멈추지 않고, 컨벤션 유치 단계부터 마지막까지 기획 및 실행 능력이 필요하다.

PCO(Professional Congress Organizers)

PCO는 회의를 전문으로 기획하는 회사를 말하며, 일반적으로 「회의운영 전문회사」, 「회의운영 대리업자」, 「회의운영회사」라고 불리며, 주로 국제회의와 심포지움 등의 준비·당일 운영, 학술회의 사무국 대행, 통역·번역 업무를 담당한다.

PCO의 역할에 관하여 마쓰이(1983)는 컨벤션의 성공을 뒤에서 받쳐주는 업자로서 PCO의 역량이 중요하다[40]고 말한다. 또 다베이(1997)는 고도의 지식과 경험, 교섭력이 요구됨과 동시에 우수한 어학력이 필요하며, 향후에는 창조력이 있는 인재의 활약이 컨벤션의 유치를 결정한다[41]고 주장하고 있다.

이와 같이 PCO가 해야 할 역할은 컨벤션 개최를 넘어 범위가 확대되고 있다. 이것은 컨벤션의 다양화의 하나로 인한 결과이며, PCO의 활동

---

39) 梅澤忠雄(1988)『컨벤션 도시 최전선』電通出版社, 31쪽.
40) 松井澄(1983)「컨벤션 도시와 콩그레스 오거나이저」『도시정책』통호 33, 32쪽.
41) 앞의 책, 田部井(1997), 6-7쪽.

이 컨벤션의 새로운 확대를 가져오고 있다고 할 수 있다. PCO의 역할은 컨벤션의 종료까지 안정된 운영을 하면서 주최자와 참가자가 최대한 만족을 할 수 있도록 노력할 필요가 있다.

당초 PCO의 역할은 사무국 대행에서 시작되어, 사무국 대행과 준비 및 운영을 주로 담당했는데, 최근에는 각종 기획과 개최의 기본 계획을 비롯해 유치, 마케팅, 매니지먼트 등 컨벤션 전반에 관여하고 있다.

3. 컨벤션의 유형

컨벤션의 유형에는 개최의 목적과 내용, 규모(참가자 수), 참가자 형태에 따라 분류되지만, 많은 국제단체와 각국의 관련 기관은 규모를 기준으로 하고 있다.

다베이(1997)는 컨벤션의 「개최목적」에 따라 아래와 같이 3가지로 분류하고 있다.[42]

① 정보교류형 : 고도의 지적인 정보교환을 도모하기 위한 것(수뇌회의, 서밋, 국제회의, 국내 · 국제 수준의 각종 학술회의)

② 마케팅형 : 효과적인 마케팅과 영업추진을 도모하기 위한 것(전시회, 트레이드쇼, 판매회의 인센티브투어 등)

③ 감동체험형 : 참가체험을 통해 정신적인 충족과 고양을 도모하기

---

42) 앞의 책, 田部井(1997), 18-19쪽.

　　　　　　　　　　　　　　　　　　　1부 컨벤션 산업이란

위한 것(축제, 연극, 콘서트, 올림픽 등)

일본에서 일반적으로 인용되는 분류는 (재)고베도시문제연구소의 「개최 내용」에 따른 것으로 이것은 한국에서도 자주 인용되고 있다(표 1-3).

표 1-3 | 컨벤션의 유형[43]

구분	내역	비고
Convention · Congress · Conference	• 정당 · 종교 · 조합 · 기업의 대회 • 정식 회의 · 학회 등	회의 중에서 참가자 수가 가장 많음
Seminar · Symposium · Forum	• 연구회 · 연수회 · 시찰여행 • 공개토론회 · 심포지움	정부 · 지자체 · 기업 · 단체 등의 개최가 증가 중
Fair · Show · Messe	견본시 · 전시회	경제적 효과가 큼
Event · Festival	스포츠대회 · 축제 · 예술제 · 음악제 · 박람회	국제화 · 대규모화 · 정기화의 경향이 나타남
Celebration · Assembly	축하파티 · 기념회합 · 발표회	사회적 교류의 확대에 의해 증가

한편, 호주의 Vivienne(2000)는 참가자의 형태[44]에 의해 기업회의(사내회의 또는 판매회의 등), 협회회의(협회의 기술 및 실무와 관련한 회의), 정부기관 또는 국제단체에 의한 회의 공적 회의, 인센티브투어, 전시회, 트레

---

43) 神戶都市問題硏究所(1983)『고베 · 컨벤션 도시로의 정책 비전』, 부산광역시(2001)『부산 관광컨벤션뷰로의 설립 · 운영 방안』을 참고로 필자가 재구성함.

44) McCabe Vivienne : The Business and Management of Conventions, Sydney John Wiley & Sons Australia. Ltd, p55, 2000.

이드쇼(관계자만의 견본시), 컨벤션(일반적인 회의), 컨퍼런스(주로 소규모로 짧은 기간에 전문적인 주제로 개최되는 회의), 콩그레스(정기적으로 개최되는 회의로 규모가 큼), 미팅(사람들이 한 장소에 모임)으로 분류하고 있다.

위에서 서술한 바와 같이 컨벤션은 분류기준에 따라 형태의 차이도 있으나 그 내용은 방대한 업계에 걸쳐 있다는 공통점이 있으며, 그것은 컨벤션의 특색이라고도 할 수 있다.

4. 컨벤션의 특징

일반적으로 컨벤션은 충분한 이해를 하지 않은 채로 관광산업의 한 분야로 인식되는 경향이 있다. 그 이유는 컨벤션이 관광산업을 포함하여 다양한 산업과 연관을 맺고 있다는 점과 컨벤션과 관광사업이 뷰로에서 일원화되어 추진되었다는 것에 기인하고 있다고 보여진다.

컨벤션과 관광의 연관성

컨벤션을 유치할 때 개최지의 관광자원은 중요한 요소이며, 관광산업에 있어서 컨벤션은 니치마켓(Niche-Market)이기도 하다. 2008년부터 시작된 금융위기에 의한 경제불황이 원인으로 위축된 관광산업 관련 업계는 개선책으로써 이전보다 컨벤션에 주목하는 등 컨벤션과 관광은 밀접한 관계를 가지며 상호 영향을 주고 있다.

〈표 1-4〉와 같이 컨벤션은 유치의 대상과 방법, 의사결정, 유인력, 참가목적과 개최시기에 있어서 대상이 되는 상대가 이른바 B to B(Business to Business[45]이며, 이에 비해 관광은 일반 고객을 대상으로 한 B to C(Business to Consumer)로 근본적인 차이가 있다.

표 1-4 | 컨벤션과 관광의 유사점과 상이점[46]

항목	컨벤션	관광
유사점	국내외로부터 사람들을 특정 장소에 모이게 하며, 경제적 · 문화적 효과를 기대할 수 있음	
상이점	유치대상	특정의 개최 주체가 되는 사무국	불특정다수
	유치방법	개별협의	선전
	의사결정	기관결정	개인
	유인력	개최 지역의 지원, 회의장, 관광자원 등	관광자원
	참가목적※	교류 및 비즈니스	여가활동
	개최주기※	매년 확정일 · 정기적	부정기적
	개최시기※	1년 중	시즌
	참가자※	전문가	일반인

상기의 표에서 알 수 있듯이 컨벤션은 어떤 특정의 목적을 갖는 기관 및 단체를 대상으로 하여, 개최 지역의 시설을 포함한 지역의 관광자원을 유인력으로 하면서 교류 및 비즈니스를 목적으로 개최된다. 따라서 컨벤션 유치에 있어서 「어떤 특정 목적」을 파악하여 그것에 맞는 마케

---

45) B to B는 기업 간의 거래를, B to C는 기업과 소비자 간의 거래를 말함.
46) 真栄城守定(1993)「컨벤션 산업론서론」『琉球大学教育学部紀要』第43集, 97쪽.
    (※는 필자가 추가한 항목임.)

팅 전략을 세우는 것이 중요하다. 그러나 최근 컨벤션 유치에 있어서 각 도시의 유치 담당자는 보조금과 지원금, 저렴한 경비 등의 조건을 앞세우는 경향이 적지 않다.

방대한 컨벤션 관련 산업

컨벤션의 커다란 특징은 〈그림 1-1〉과 같이 컨벤션 관련 산업이 광범위하기 때문에 경제효과도 다양한 산업에까지 끼친다는 것이다. 특히 아래와 같이 관광산업의 관련 산업인 숙박업 · 음식업 · 운송업 · 여행업 · 관광시설을 포함하여, 회의진행을 위한 PCO(회의기획사), 통역 · 번역, 전시관련 산업, 회의장 등 컨벤션은 많은 산업과 관계하고 있다.

그림 1-1 | 컨벤션 관련 산업

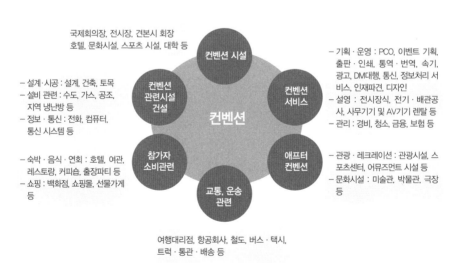

참고 : 日本興業銀行産業調査部編(1995)『컨벤션 비즈니스 현황과 과제』 41쪽.

게다가 컨벤션 참가자는 일반 관광객보다 소비액이 크다. 예를 들면, (재)가나자와뷰로는 2006년 컨벤션 참가자 1인당 소비액이 60,898엔인 것에 비해 일반 관광객 1인당 소비액은 41,345엔이라고 보고하였다. 1일당 1인의 지출액의 항목은 호텔인 숙박비를 비롯하여 레스토랑의 음식비, 엔터테인먼트와 스포츠 등의 오락비, 교통비 등 컨벤션센터 외의 지출이 다양하였다. 이들 경제활동에 의해 지역의 고용이 증가함과 동시에 최종적으로 매출세와 호텔세 등의 형태로 세수가 지방정부로 환원되고 있는 것이다.[47]

5. 컨벤션의 파급효과

컨벤션 산업의 효과란 국제 · 국내회의, 전시회 등을 유치 · 개최함에 의해 지역 또는 국가에서 일어나는 모든 결과를 말한다. 특히, 컨벤션 개최에 의해 지역에 미치는 효과로써 주로 경제적인 효과에 주목이 집중되고 있으나, 그 외에도 정치적 · 사회적 · 문화적 · 관광적 측면의 효과가 나타난다. 다음은 그것을 정리한 것이다.

「정치적인 면에서 긍정적 효과는 보도에 의한 개최국 · 지역의 이미지 향상, 민간외교의 확립이며, 부정적 효과는 개최국의 경제적 부담이다. 또 경제

---

47) (財)自治体国際化協(뉴욕事務所)(2007)『미국의 지방정부소유의 컨벤션 시설의 관리 · 운영의 수법에 관하여』5쪽.

적인 면에서 긍정적 효과는 회의참가자의 소비에 의한 국제수지의 개선, 고용확대, 국제경쟁력의 향상이며, 부정적 효과는 물가상승, 행락유흥업의 성행 등이 있다. 사회 문화적인 면에서 긍정적 효과는 개최지가 정보의 발신지가 되어 관련 분야의 국제 경쟁력 배양, 사회기반시설의 촉진이며, 부정적 효과는 전통적인 가치관의 상실, 컨벤션 개최에 의한 시민생활에 불편이 발생하는 것이다. 마지막으로 관광적인 면에서 긍정적 효과는 대규모 관광객 유치에 의한 지역진흥이지만, 동시에 관광객이 집중함으로 인해 교통정체, 환경오염이라는 부정적 효과도 있다.[48]」

특히, 경제적 효과에 있어서 미국의 컨벤션업계협의회(Convention Industry Council)는 컨벤션 업계의 직접 지출이 1,223억 1천만 달러이며, 2004년 전미국민총생산에 있어서 29번째로 큰 공헌을 했다고 발표했다. 또, 직접 조세효과는 214억 달러로, 전미에서 170만 명의 고용창출과 함께 레스토랑, 교통, 소매업 등 다양한 지역경제에 효과를 미치고 있으며, 컨벤션 참가자는 항공업계의 운영수입의 거의 17%를 점하고 있다[49]고 발표했다.

일본에 있어서 경제적 효과에 대해서는 「치바현의 마쿠하리메세의 경제파급효과[50]」를 참고로 하겠다.

그 보고서는 「2006년 마쿠하리메세 연간 컨벤션 개최 수는 합계 716

---

48) 최승이, 한광종(1995)『국제회의산업론』백산출판사, 87-88쪽.

49) 앞의 보고서, (財)自治体国際化協会(2007), 上掲載, 4쪽.

50) 株式会社幕張メッセ(2007)『2006년 마쿠하리메세 컨벤션 개최에 의한 치바현의 경제파급효과』ちばぎん総合研究所.

1부 컨벤션 산업이란

건, 내장자 수는 약 512만 명으로 이로 인한 치바현의 경제파급효과는 970억 엔이며, 고용창출 효과는 7,269명」이라고 발표했다. 또한 「경제파급효과는 소고백화점(치바점)과 미쓰코시백화점(치바점)의 매출액 합계로 인해 나타나는 치바현의 경제파급효과인 480억 엔의 약 2.0배」에 해당한다. 치바현의 관광객 수에 있어서도 마쿠하리메세(608만 명)는 도쿄디즈니리조트(2,473만 명), 나리타산신쇼지(成田山新勝寺/998만 명)의 뒤를 잇는 집객시설이라고 하며, 치바현에 컨벤션이 미치는 경제파급효과의 중요성을 시사하였다. 국제 컨벤션의 도시별 개최순위에서 치바시는 2006년에 12위인 것을 감안하면, 치바시보다 상위인 도시의 경우 컨벤션의 경제적 효과는 더욱 클 것이라는 추측이 가능하다.

제2장

세계 컨벤션 산업의 동향

여기에서는 세계 컨벤션의 동향과 함께 싱가포르, 프랑스, 미국, 한국을 사례로 들어 컨벤션 산업의 추이에 대하여 고찰하고자 한다.

유엔세계관광기구(UNWTO)에서는 2020년까지 2015년 해외여행자수가 6년 연속 최고치인 11억 8,400만 명을 기록하고 있으며, 2020년에는 15억 6,100만 명에 다다를 것으로 예측하고 있다. 이러한 증가 추세와 함께 국제협회연합(UIA)의 보고에 따르면 국제 컨벤션도 최고치인 12,350건이 개최되었다. 세계 정치와 경제의 영향을 받기 쉬운 국제 컨벤션 개최건수에 있어서 2011년과 2012년에는 마이너스를 기록하였는데, 그 이유로는 2011년 동일본대지진(일본의 9.0규모의 강진)과 계속되는 유럽 재정위기 및 미국의 재정문제 등으로 세계경제의 불확실성이 높아짐에 따른 금융시장의 불안 등을 들 수 있다.

표 1-5 | 세계 컨벤션 개최건수 현황 및 도표

항목	2006	2007	2008	2009	2010	2011	2012	2013	2014	2015
합계	8,871	10,318	11,085	11,503	11,519	10,743	10,498	11,135	12,212	12,350
증감률 (%)	-0.9	16.3	7.4	3.8	0.1	-7.2	-2.3	6	9.7	1.1

그림 1-2 | 세계 컨벤션 개최건수 도표

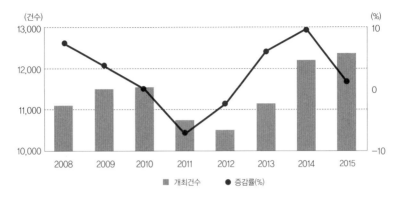

출처 : 「2015년 국제 컨벤션 통계[51]」 통계청.

1. 국가별 세계 컨벤션의 추이

해외 여행자 수의 계속되는 증가에 따라 세계관광시장과 컨벤션 산업도 성장이 지속될 것이라는 낙관도 나오고 있다. 그렇지만 전시 트레이드쇼 분야에서는 그러한 예측을 번복하는 보고가 2005년에 미국에서 다음과 같이 발표[52]되었다.

모든 컨벤션 업계는 이른바 쇠퇴하고 있다. 그 예측은 산업의 계획이 반복되는데 반해 회복 또는 전환이 지역에 있어서 많은 비즈니스 증대를 창조

---

51) UIA데이터를 기준으로 컨벤션 업계가 참고로 하고 있음.
52) The Brookings Institution: SpaceAvailable : The Realities of Convention Centers as Economic Development Strategy, 2005. 브루킹스연구소는 미국의 싱크탱크임.

하고 있다고 볼 수 없다. 더욱이 이러한 쇠퇴는 9ㆍ11테러의 혼란에 의해 더욱 심화되기 시작되었고, 정보 테크놀로지의 진보에 의해 더욱 악화되었다. 현재, 200개의 커다란 트레이드쇼 이벤트의 전체 참가자 수는 1993년대 수준으로 부진하다.

이 보고 후에도 컨벤션의 감소는 계속되었고, 2007년도부터 컨벤션 산업이 회복된 것처럼 보였으나, 2011년과 2012년에 다시 한 번의 위기가 찾아왔고, 2013년부터는 예전 수준의 개최건수를 보이고 있다.

대륙별로 본 국제회의 개최건수에서 1위는 유럽(5,844건), 2위 아시아(3,582건), 3위 미국대륙(1,747건), 4위 아프리카(375건), 5위 아태지역(316건) 등의 순위였다. 유럽ㆍ아태지역은 전년에 비해 하락하였고, 다른 대륙은 증가하였다. 또한 국제회의의 개최건수의 구성비에 있어서 1위 유럽(49.3%), 2위 아시아(30.2%), 3위 미국대륙(14.7%), 4위 아프리카(3.2%), 5위 아태지역(2.7%) 순이었다. 이상과 같이 컨벤션 개최에 있어서 유럽 개최는 이전과 변함없이 높으며, 아시아 개최가 지속적인 증가를 보이고 있으며, 이것은 아시아 국가들의 정부차원의 적극적인 컨벤션 산업의 참여에 기인한 것으로 보인다.

국가별로 개최된 국제 컨벤션의 현황을 보면, 미국(930건), 대한민국(891건), 벨기에(737건), 싱가포르(736건), 일본(634건), 프랑스(590건), 스페인(480건), 독일(472건), 이탈리아(385건), 오스트리아(383건) 순으로, 10위 국가 중 아시아의 3개 국가가 5위 안을 점하고 있다. 특히 싱가포르와 일본은 컨벤션 선진국으로서 아시아에서 가장 먼저 컨벤션 사업을 추진하고 있으며 정책에도 힘을 쏟고 있지만, 개최건수에 있어서 대한

민국에 뒤처진 상태이다.

표 1-6 | 주요 국가별 국제 컨벤션 개최건수 및 순위

국가명	2015년 개최건수	3개년 순위		
		2015년	2014년	2013년
미국	930	1	1	2
대한민국	891	2	4	3
벨기에	737	3	2	5
싱가포르	736	4	3	1
일본	634	5	5	4
프랑스	590	6	6	7
스페인	480	7	8	5
독일	472	8	9	6
이탈리아	385	9	12	10
오스트리아	383	10	7	8

출처 : 「2015년 UIA 국제 컨벤션 통계」 한국관광공사.

아시아의 컨벤션 시장에 있어서 일본은 컨벤션의 강국으로 2003년 까지 매년 1위를 유지하였으나, 2005년부터는 컨벤션 후발국가인 한국, 싱가포르 등에 밀리고 있는 상황이었으나, 2007년부터는 상위 5위를 점하는 등 컨벤션 사업에 힘을 쏟고 있다. 특히, 한국, 싱가포르 등의 아시아 국가들은 막대한 자금투자와 인재육성을 국가차원에서 추진하고 있으며, 이러한 노력은 국제 컨벤션의 유치를 성공시키는 것과 밀접하다고 볼 수 있다.

2. 세계 도시의 국제 컨벤션 사례

2015년 도시별 국제 컨벤션 개최건수(표 1-7)에서 알 수 있듯이 상위
10위 도시 중에 아시아 도시가 4개, 유럽 도시가 6개, 미국의 도시가 한
곳도 상위권에 들어오지 못한 것이 이례적이다. 특히, 개최건수 30위 안
에 포함된 아시아 도시를 보면 부산(11위), 쿠알라룸프(13위), 제주도(20
위) 등으로 일본은 도쿄를 제외한 다른 도시는 순위 안에 들지 못했으
며, 미국의 경우 시드니(22위), 뉴욕(28위), 워싱턴DC(30위)가 포함되었
다. 컨벤션 유치에 있어서 유럽과 싱가포르는 부동의 자리를 점하고 있
다는 점을 알 수 있다.

표 1-7 | 도시별 국제 컨벤션 개최건수

국가명	2015년 개최건수	3개년 순위		
		2015년	2014년	2013년
싱가포르	736	1	1	1
브뤼셀	665	2	2	2
서울	494	3	5	4
파리	362	4	4	7
비엔나	303	5	3	3
도쿄	249	6	6	5
방콕	242	7	9	29
베를린	215	8	11	16
바로셀로나	187	9	8	6
제네바	172	10	10	11

출처 : 「2015년 UIA 국제 컨벤션 통계」 한국관광공사.

특히 아시아 각 도시는 국가가 컨벤션 산업을 국가전략으로 삼고 자금의 지원을 배경으로 컨벤션 유치에 임하고 있으며, 한국의 서울, 태국의 방콕에서의 컨벤션 개최가 성장하고 있다는 것에서 알 수 있다.

아시아에서 세계로 도약하는 싱가포르

2015년 싱가포르의 컨벤션 개최건수(표 1-7)에서 국가별 4위, 도시별 1위를 점하는 등 아시아의 컨벤션 시장에 있어서 싱가포르의 지위는 압도적이며, 컨벤션 유치에 있어서도 높은 수준임을 알 수 있다. 그것은 외국인 유치를 주요 국책사업으로 삼고 있다는 점이 특징이라고 할 수 있다.[53] 특히, 싱가포르 정부는 1964년에 관광업계와 강한 연대를 통해 싱가포르관광청(Singapore Tourism Board : STB)을 설립, 다음 해에는 국가의 기간산업으로서 MICE산업을 추진하는 등 아시아에서는 일찍이 관민이 연대하여 컨벤션 사업을 진행시키고 있다.

정책에서는 조직과 인재의 육성, 세계적인 캠페인의 지속적인 전개, 아시아 최대 · 최신 시설의 정비 등을 추진하고 있다. 게다가 싱가포르 정부는 전시회에 「우수 국제견본시에 대한 인정제도(AIF)」를 설치하고 있다. 이 인정조건은 해외의 출전자 · 내장자가 과반수이며, UFI(국제견본시연맹)의 인정[54] 등의 국제적인 견본시의 개최를 추진하고 있다. 또한 컨벤션센터를 기점으로 기존의 관광자원을 연결함으로써 「매력의 향상」과 「관광자원의 유효한 활용」을 모색하고 있다. 이러한 구체적인 정

---

53) 앞의 책, 田部井(1997), 109쪽.
54) 佐藤哲哉(2001)「일본의 컨벤션의 특징과 추세」『日本観光研究学会』263쪽.

1부 컨벤션 산업이란

비는 「Tourism21」정책에 의해 다른 영역과도 포괄하고 있다.[55]

싱가포르가 국제회의 개최도시로서 선택을 받는 이유에 대하여 다베이는 ① 입지조건, ② 창기국제공항의 정비와 편리한 항공편, ③ 3만 실의 국제급 호텔, ④ 쇼핑, 관광 매력 등의 하드웨어적인 측면, ⑤ 영어의 공용화와 사회 시스템, ⑥ 관민일체의 추진 및 싱가포르 컨벤션뷰로(SECB)의 활동 등을 들고 있다.

또한 컨벤션과 인센티브, 전시회의 주최자 및 관련업자로 구성된 SACEOS(사세오스, 싱가포르 전시 컨벤션 사업협회)는 싱가포르에서 컨벤션을 성공시키기 위하여 회의 운영, 전시, 장식, 호텔, 여행, 운송업의 전문가가 스스로 수준을 높이면서 연계를 하는 등 적극적인 활동을 하고 있다[56]고 서술하고 있다.

이와 더불어 컨벤션 유치의 성공 배경에는 싱가포르 국제컨벤션전시센터(SICEC)가 있다. 이 시설의 특징은 100% 민간 외국자본으로 건설되어 30년의 컨벤션 노하우를 가진 인재가 운영하고 있다. 또한 싱가포르 최대 규모의 주방(센트럴주방)에서는 9,000명 식사의 공급이 가능하다는 점, 지리적으로 유럽과 미국을 연결하는 국제적인 장소로서 국제적인 마케팅 시스템을 구축하고 있다는 점을 들 수 있다.[57]

한편, Singapore Exhibition & Convention Bureau(SECB)는 1974

---

55) 小西龍一郎・中鉢令児(2003) 「싱가포르의 관광진흥에 있어서 컨벤션정책의 역할에 관한 연구」 『都市学研究』 通号 40, 18쪽.

56) 앞의 책, 田部井(1997), 110-111쪽.

57) 金錦香(2005) 『PCO동향에서 본 컨벤션의 과제에 관한 연구』 大阪市立大学大学院文学研究科, 석사논문, 30쪽.

년에 컨벤션 관련업무를 담당하는 조직으로 STB의 한 부서로 설립되었으며 직원은 전원 공무원이다. 주된 업무는 국제회의 · 인센티브투어 유치 및 서비스 제공, 싱가포르 개최 예정의 컨벤션 참가자 증가를 위한 활동, 컨벤션 프로모션 전략 및 홍보물 제작과 배포[58] 등 컨벤션 사업에 전면적 지원을 하고 있다.

이상과 같이 싱가포르 컨벤션 산업은 국가에 의해 일관된 정책의 시행과 적극적인 지원, 다양한 컨벤션 시설의 건설, SECB, SACEOS와 같은 관민이 연계한 조직이 일체화됨으로써 세계적인 수준에 이르게 되었다고 생각된다. 특히, 국가에 의한 장기간에 걸친 일관된 정책과 컨벤션 시설이 단순한 '임대'라는 역할에 머물지 않고 시설 스스로가 이익을 창출하는 기능을 갖고 있음에 시사점이 있다.

파트너의 이익을 우선하는 프랑스관광국(Maison de la France)

세계에서 개최되는 국제 컨벤션이 유럽에서 과반수 이상 개최되는 것은 다채로운 국제기관과 단체의 본부가 유럽에 많으며, 대형 견본시 시설, 호텔 및 회의시설 등의 인프라가 정비되어 있기 때문이다. 거기다 유럽은 세계 여행자의 반 이상이 방문하는 관광지이므로, 교통편이 좋다는 것이 컨벤션 주최자와 참가자에게는 매력적인 장점으로 작용하여 유럽을 선택하는 경우가 적지 않다.

유럽 각 도시는 각각의 전통과 문화를 축적하고 있다. 독일의 하노버

---

58) 노경구(2005)『컨벤션 산업의 국제경쟁력 강화방안에 관한 연구』慶熙大学観光大学院, 석사논문, 47쪽.

1부 컨벤션 산업이란

센터와 같은 견본시 회의장은 규모면에서 다른 국가의 부러움을 살 정
도로 클 뿐만 아니라, 거리에는 전통적인 독일 맥주를 마실 수 있는 상
점과 오페라하우스 등이 있어 관광지로서의 매력도 충분히 갖고 있다.
이렇듯 비즈니스로서의 메세는 '일'과 그 외의 즐거움이 공존하는 것이
유럽 도시에서는 자연스럽다.[59]

유럽 도시는 컨벤션과 전시회 · 견본시의 개최에 있어서 각각 특징적
으로 전문분야가 있다. 예를 들면, 하노버는 세계 최대의 공작기계견본
시를 개최하는 도시, 퀼른은 가구로 세계 최대의 시장을 가진 도시가 되
었다. 또한 밀라노는 패션과 섬유 제품, 구두, 핸드백의 메카가 되었고,
프랑크푸르트는 자동차의 견본시를 확립하여 매년 세계의 신차 발표회
가 열리고 있다.[60]

반면, 유럽의 주요 도시 중에서 집객지원 기관인 뷰로는 지역의 컨벤
션을 운영하면서 시설측과 함께 필요한 소프트웨어 관련 활동을 담당하
고 있는데, 유럽의 경우, 정부관광국 안에 뷰로가 업무를 담당하는 것이
일반적이다. 그 중에서 국가별 컨벤션 개최에 있어서 6위이며, 유럽 여
행자가 반드시 방문하는 프랑스는 강력한 컨벤션 개최 국가이며, 국제
회의와 인센티브의 개최지로서 인기가 있는 곳이기도 하다.

프랑스 컨벤션 사업은 프랑스관광국(Maison de la France) 마케팅부문
산하 비즈니스관광부가 프랑스컨벤션뷰로라는 명칭으로 활동하고 있
다. 당국은 5대륙 26개국 31지사와의 네트워크를 보유하고 있으며, 컨

---

59) 梅澤忠雄(2000)『컨벤션 도시전략론』東京大学, 박사논문, 4쪽.

60) 위의 책, 梅澤(2000), 64쪽.

퍼런스와 인센티브부문에 3명의 상근 스텝을 파리시 본부에 두고 있으며, 또한 런던, 미국, 이탈리아, 독일, 벨기에, 스페인의 사무소에도 전문가를 배치하고 있다. 또한 프랑스 지역에서 개최되는 큰 이벤트를 조직하여 80에서 100정도의 컨퍼런스와 인센티브 에이전시를 초대하는 등 파트너를 위한 지원을 추진하고 있다. 영국 마케팅의 경우, 간행되는 뉴스레터에는 회원을 위해 에이전시의 최신 정보를 매년 갱신시키는[61] 등 파트너의 이익을 우선하고 있다.

특히, 2005년에 파리에서 개최된 국제 컨벤션 참가자는 1인당 1일 소비액이 265.5유로였으며, 파리의 모든 호텔의 숙박 일수에 있어서 비즈니스 관광객의 숙박이 44.4%인 1,490만 일이었다고 발표했다. 한편, 파리뷰로(Office de Tourism et des Congress Paris)는 1971년에 파리시와 상공회의소에 의해 설립된 비영리기관으로서, 총사업비는 양기관의 출자금과 회비로 운영되고 있다. 회원으로 컨벤션센터의 비즈니스 관광분야와 호텔, 레스토랑, 지방관광안내소 등 관광 관련 기업 1,300개 사가 등록하고 있다. 프랑스에서는 컨벤션 유치를 위한 조직은 별도로 조직되어 있지 않으며 모든 뷰로가 단체관광객의 유치활동의 일환으로써 컨벤션 유치를 추진하고 있다.[62]

파리뷰로의 주요 활동은 프랑스관광국과 국내외의 각종 전시회에 참가하여 파리와 근린 지역의 정보제공과 관광지로서의 파리PR이다. 특

---

61) Rogers Tony : Conferences and Conventions, London, Butterworth-Heinemann, pp119-120, 2003.

62) 한국지방자치단체국제화재단(2008) 『유럽의 컨벤션 개최 1위 도시 비엔나의 사례를 통한 국내 컨벤션 산업의 육성방책』 신일문화사, 18쪽.

히, 관광객에게 숙박예약의 수배 등 관광업무만이 아니라 파리의 홍보와 관련된 영화제작·배포에 관한 협력, 컨벤션 시설과 호텔이 연계한 다양한 전시회의 지원활동을 하고 있다. 또한 유명한 지방도시의 관광산업을 활성화하기 위하여 지방의 뷰로와 연계하여 지방의 컨벤션 시설과 호텔의 온라인 예약과 비즈니스 고객 유치를 위한 항공권 할인 등의 알선, 컨벤션 및 전시회와 관련된 협력[63]을 하고 있다.

계속 확장하는 뉴욕의 컨벤션센터

국가별 국제 컨벤션 개최에 있어서 지속해서 1위를 유지하고 있는 미국은 최대의 컨벤션 개최국이다. 특징으로 스즈키(鈴木/1982)는 ① 컨벤션 비즈니스 규모가 크며, ② 시설이 다목적 이용에 적합하여, 회의·전시는 물론 각종 스포츠와 시민을 위한 이벤트에도 사용되고 있고, ③ 뷰로의 전문적 조직적 활동, ④ 주정부와 시당국이 자금면 원조 등 조성금 조치를 취하고 있다는[64] 점을 들고 있다.

게다가 우메자와(梅澤/2005)는 「미국의 컨벤션은 새로운 비즈니스와 신산업을 탄생시키는 '신산업창조의 용광로'로서의 기능을 확실히 갖고 있다[65]」고 주장, 일본 컨벤션과의 차이를 지적하였다.

현재, 미국에는 300개 이상의 컨벤션센터가 있으며, 그것의 건설과 관리운영에 있어서 주와 지방정부가 세수의 일정비율을 출자하고 있다.

---

63) 이승기(2003) 『컨벤션뷰로 운영방안』 경기대학대학원 관광경영학과, 석사논문, 63쪽.

64) 鈴木謙一(1982) 「컨벤션 도시의 가능성」 『都市政策』 通号 27, 5-6쪽.

65) 梅澤忠雄·杉山静夫(2005) 「도시간 경쟁을 돌파하기 위한 컨벤션 도시전략」 『基礎工』 Vol.33, No.1, ㈱総合土木研究所, 53쪽.

세수의 일부는 관광객 및 컨벤션 유치를 담당하는 뷰로의 운영비와 사업비로 사용되고 있다.[66]

컨벤션의 중요한 담당조직인 CVBs(Convention and Visitors Bureaus)는 다양한 방법으로 총괄운영 및 자금 공급을 하고 있다. 그것은 단독의 조직이며, 상공회의소의 부서와 부문에 있거나, 시정부의 한 부문인 경우도 있다. 일반적으로 호텔 객실점유세(5%), 정부보조금, 개인회원, 또는 그것의 조합과 기타 투자방법에 의해 지원되고 있다. CVBs는 관광과 컨벤션이 지역경제에 중요한 위치를 점하는 거의 모든 도시에 설치되어 있다. 그 역할은 정보교환소, 컨벤션 매니지먼트 컨설팅, 도시의 유치사업소로서 해당 도시와 지역의 방문객을 유치하는 것이다. 특히, CVBs는 미팅 매니저와 방문객이 해당 지역에서 제공해야 할 모든 부대 서비스와 각 시설의 최고의 이용방법을 파악하도록 해당 지역의 매력에 관해 사업자가 공부할 수 있도록 도움을 주고 있다.[67]

이와 같이 미국에서는 컨벤션에 관한 경험과 운영 노하우가 풍부한 컨벤션 도시가 많은데, 여기서는 미국의 대표적인 도시 뉴욕에 대해 살펴보고자 한다.

세계도시로 잘 알려진 뉴욕은 전시면적이 전미 14위로, 컨벤션 도시로서의 지위가 높다. 특히 뉴욕의 대표적인 컨벤션센터 'Jacob(Jacob K. Javits Convention Center)'는 노후화된 공장과 창고, 쓰레기폐기장, 철도

---

66) (財)自治体国際化協会(뉴욕사무소)(2007)『미국의 지방정부 소유의 컨벤션 시설의 관리·운영 수법에 대하여』1쪽.

67) 藤原榮喜·田澤佳昭(2003)「컨벤션 개념의 미국에서의 전개」『道都大学紀要』道都大学経営学部, 71-72쪽.

의 차고지가 군집해 있던 곳을 재개발하여 컨벤션 산업의 중핵시설로 건설되었다. Jacob을 이용하는 전시회사의 수는 시카고 다음으로 2번째로 많으며, 트레이드쇼 랭킹에서는 4번째로 가장 성공한 센터로 불리고 있다. 그렇지만 도시의 크기에 비해 대단히 좁은 공간으로 조성되어 있어 새로운 확장 계획이 수립되고 있다.[68]

2004년에 PWC(Price Waterhouse Coopers[69])는 Jacob의 확장에 관한 분석에서 「시설에서는 38%까지 참가자의 증가와 새로운 방문객의 소비액이 도시에 3억 9,100만 달러를 생산시키며, 확장된 Jacob은 기존 고객을 이벤트에 관심을 갖도록 만들 뿐만 아니라, 새로운 쇼를 창출하여 현재의 시설 경쟁에 있어서 고객을 컨벤션과 트레이드쇼에 집중시킬 것이다[70]」라고 호평했다. 그것에 의해 Jacob은 전시면적이 13만m^2를 확보한 시설이 되었으며 전미에서 4, 5번째로 큰 컨벤션 시설이 될 것이다.

한편, 뉴욕의 컨벤션뷰로인 NYCVB(New York Convention & Visitors Bureau)는 관광업계의 민간기구로서 1935년에 설립되었으며, 재원은 뉴욕시와 NYCVB의 회비(각 50%씩)로 운영되고 있다. 시카고와 워싱턴의 국내 지사와 런던과 뮌헨에 해외지사를 설치하였는데, 그 조직은 컨벤션·관광의 판매부문뿐 아니라 여행자 정보국, 컨벤션·관광 서비스부, 커뮤니케이션부 등 총 10개 부서, 약 60명의 스텝이 있다. 업무에 있

---

68) 앞의 논문, 梅澤·杉山(2005), 55쪽.
69) 프라이스워터하우스쿠퍼스는 영국 런던에 있는 매출액 기준 세계 1위의 다국적 회계 감사 기업임.
70) 앞의 책, (財)自治体国際化協会(2007), 2-3쪽.

어서도 뉴욕시의 관광정보와 컨벤션 정보를 비롯하여, 컨벤션 관련 홍보활동과 컨벤션 관련 전시회의 참가, 주요 국제회의의 정보지원 등 다채로운 활동을 하고 있다.[71]

미국의 각 도시는 컨벤션 시설의 확장에 있어서 컨벤션 참가자의 감소라는 현상을 눈앞에 두고도 중지하려는 움직임은 보이지 않는다. 그것은 상술했던 바와 같이 미국의 컨벤션 시설은 단순히 '임대'라는 역할에서 '신산업창출의 장치'라는 인식으로 변화하여 정착된 결과라고 할 수 있다. 거기다 컨벤션의 전문 인재가 풍부하다는 점이 인재난에 놓여 있는 일본과는 큰 차이를 보인다.

한국관광사업의 기반인 한국관광공사

UIA통계에 의하면 2015년 국가별 국제 컨벤션 개최에 있어서 2위, 아시아에서 2위인 한국은 싱가포르와 유사하게 컨벤션 산업이 국가전략사업으로서 위치를 점하고 있으며, 한국관광공사(KNTO)가 중심이 되어 다양한 지원을 추진하고 있다. 특히, 컨벤션 사업에 있어서는 KNTO의 부서인 코리아컨벤션뷰로(이하, 코리아뷰로로 칭함)가 담당하고 있다.

한국에서 컨벤션이 시작된 것은 1915년 4월 조선호텔에서 개최된 "전조선기자대회"이다. 1965년 서울에서 개최된 제14차 「아시아 · 태평양지역 관광총회(PATA)」는 한국 최대 규모의 국제회의로, 그 회의에 의해 국제회의 개최의 필요성이 대두하였다. 그 후인 1979년 PATA총회 개최를 계기로 KNTO에 국제회의부(현 국제협력부)가 설치되어, 1982년

---

71) 앞의 논문, 노경구(2005), 29쪽.

1부 컨벤션 산업이란

아시아 · 태평양 국제잼보리대회, 1988년 미국관광업자협회총회 · UPI 총회 등을 개최함으로써 한국정부는 국제회의산업의 육성에 주목하게 되었다. 1996년 아시아 · 유럽 수뇌회의(ASEM)의 유치를 계기로 최초의 전문국제회의장인 COEX(전신, KOEX)가 확장되었다.[72]

한국의 본격적인 컨벤션 시설인 COEX가 건설되기 전에는 고급 호텔 이외에 국제회의의 개최가 가능한 시설이 없었기 때문에 대규모 국제회의의 개최는 곤란하였다. COEX의 건설에 따라 대형 컨벤션 전문시설의 요구가 전국에서 높아져 「국제회의산업의 진흥에 관한 법률」에 기초한 지원이 추진되고, 지역에서 컨벤션 시설의 건립이 추진되었다. 1993년 지자체시대의 개막에 따라 지자체는 컨벤션이 미치는 파급효과를 인식하여 국제 컨벤션 도시를 지향하며 컨벤션센터를 건설하기 시작하였다.[73] 2015년 현재, 한국에는 COEX(코엑스), BEXCO(부산전시컨벤션센터), 대구EXCO(대구전시컨벤션센터), ICC JEJU(제주국제 컨벤션센터), KINTEX(한국국제전시장 · 한국 최대 규모)를 비롯하여, 대전, 광주, 청주, 창원 등 각 도시에 컨벤션센터가 건설되었다.[74] 센터의 건설은 지역의 개발 가능성과 기존의 수요에 기초한 계획적인 컨벤션 시설개발이라는 논리와는 반대로, 시설의 과대공급에 의한 국내의 컨벤션 유치경쟁의 심화와 대규모 투자의 낭비로 연결되는 결과를 나았다.

또한, 컨벤션 시설의 하드웨어적인 면의 정비가 우선시되어, 컨벤션의 운영이라는 소프트웨어적인 면이 뒤받침이 되지 못한 큰 과제가 대

---

72) 앞의 논문, 이은혜(2003), 16쪽.
73) 앞의 논문, 金錦香(2005), 31쪽.
74) 한국관광공사 홈페이지(http://www.knto.or.kr)

두되었다. 즉, 지자체는 시설의 수익을 고려한 상태에서 얼마나 효율적인 회의장의 운영이 가능한지, 또 컨벤션 유치를 담당하는 뷰로가 그 역할을 할 수 있는지 등의 과제를 안고 있다.

반면, KNTO는 324억 원의 자본금과 면세점 및 골프장 등의 레저시설의 운영을 통해 재원을 확보하고 있으며, 인재도 약 700명 이상이 갖고 있는 조직으로 2009년도 예산을 살펴보면, 수익이 4,537억 원(사업수익 2,893억 원을 포함)이며 사업비용이 3,861억 원이다.[75] 특히, KNTO에서 컨벤션을 담당하는 코리아뷰로는 국제회의 유치 증대 및 개최의 지원, 국제회의관련 조사·조사 등의 업무를 수행하고 있으며, 주된 활동은 다음의 4가지[76]이다.

첫째, 국제회의의 유치증대를 위해 지원책으로 KNTO의 예산에서 보조금의 지원을 집행하고 있다.

둘째, 국가별로 표적 시장을 설정하여, 국제회의와 전시회에 참가하여 컨벤션 개최지로써 한국에 관한 홍보를 적극적으로 실시함과 동시에 컨벤션 관련 전문 잡지와 광고 게재, 해외지사를 통한 컨벤션시장의 개척 등 활동의 범위가 넓다.

셋째, 국제회의산업의 육성에 관한 기본계획의 책정뿐 아니라 전문교육기관과 연계하여 국제회의 인재육성을 지원하며, 또 지자체의 국제회의도시의 지정에 관한 협력을 수행한다.

넷째, 한국을 아시아에 있어서 최고의 국제회의 개최지로 자리매김하

---

75) 한국관광공사 홈페이지(http://kto.visitkorea.or.kr/).
76) 앞의 논문, 이승기(2003), 98-99쪽.

기 위하여 지자체뿐만 아니라 컨벤션 시설, 항공회사, 호텔 등과 공동으
로 유치 추진단체를 구성하여 국내 단체를 대상으로 설명회와 영업을
전개하는 것이다.

제3장

일본 컨벤션 산업의 동향

1. 일본 컨벤션의 추이

2015년도 일본에서 개최된 국제 컨벤션 건수는 전년대비 9.9% 증가한 2,847건이었다. 총 참가자 수는 1,766,798명으로 전년대비 11.5%(228,538명 감소) 감소하였으며, 외국인 참가자 수는 175,033명으로 21%(3,700명 감소) 감소한 것으로 나타났으며, 국내 참가자 수가 1,591,765명으로 변함없이 높은 비율로 차지하고 있다. 따라서 일본 개최의 국제 컨벤션은 일본인 중심으로 외국인 참가자의 유치에 좀더 적극적인 전략이 필요하다고 보인다. 개최일수에 있어서는 평균 2.44일로 일본 개최 일수는 대부분이 2박 3일 회의가 많다고 할 수 있다.

표 1-8 | 일본의 국제회의 개최건수 및 참가자 수 동향

항목	2010	2011	2012	2013	2014	2015
개최건수(건)	2,159	1,892	2,337	2,427	2,590	2,847
참가자 수(명)	1,130,631	1,069,506	1,472,069	1,428,592	1,995,336	1,766,798
외국인 참가자 수(명)	144,968	91,793	156,914	136,553	178,733	175,033
평균 개최일수(박)	2.39	2.41	2.55	2.44	2.50	2.35

출처 : JNTO 「2015년 컨벤션 통계」를 참고로 필자가 재구성함.

한편, 같은 해에 개최된 부문별 국제 컨벤션을 보면 「과학 · 기술 · 자연」이 1,222건(구성비 42.9%)으로 가장 많이 개최되었으며, 「의학」 546건(19.2%), 「예술 · 문화 · 교육」 337건(11.8%), 「정치 · 경제 · 법률」 249건(8.7%) 순이었다. 이상의 4개 분야는 국제 컨벤션 개최에 있어서 과거 10년간 상위를 점하고 있다.

또한 규모별로 본 국제 컨벤션 개최건수에 있어서 참가자 수 100명 미만 회의가 850건(29.9%)으로 가장 많았으며, 100~199명 회의가 743건(26.1%), 200~299명 회의가 334건(11.7%), 2000명 이상 회의가 218건(7.7%) 순이었다. 참가자 수 200명 미만의 회의를 합하면 1,593건(구성비 56.0%)으로 소규모 회의가 다수 개최되고 있음을 알 수 있다. 이러한 경향은 과거 10년간 지속되어 있으므로 대규모 컨벤션 시설이 없는 중소 도시가 주목할 필요가 있다고 생각된다. 2015년에 특이한 점은 2,000명 이상의 회의가 4위를 차지해, 대규모 회의가 많이 개최되었음을 알 수 있다.

2. 일본 도시별 국제 컨벤션의 상황

2015년 도시별 국제 컨벤션 개최건수는 아래와 같이 도쿄(23구)가 583건으로 가장 많았으며, 2위는 후쿠오카시(557건), 3위는 센다이시(221건)가 차지했다. 〈표 1-9〉에서 알 수 있듯이 도쿄는 컨벤션 개최에 있어서 높은 지위를 점하고 있다. 그 이유로는 도쿄는 국제적 도시로서의 인지도가 높고, 컨벤션 시설과 도시 인프라와 교통편의 편리성이 좋으며, 정보와 서비스를 비롯하여 우수한 인재가 도쿄에 집중되어 있어 컨벤션 주최자는 도쿄 개최를 희망하는 경향이 적지 않기 때문으로 보인다.

표 1-9 | 일본 도시별 국제 컨벤션 개최건수

도시명	2015년 개최건수	3개년 순위		
		2015년	2014년	2013년
도쿄(23구)	583	1	1	1
후쿠오카시	363	2	2	2
센다이시	221	3	9	9
교토시	218	4	3	4
요코하마시	190	5	4	3
나고야시	178	6	5	6
오사카시	139	7	6	5
고베시	113	8	8	7
삿뽀로시	107	9	7	8
북큐슈시	86	10	10	10

출처 : 「2015년 일본 도시별 국제회의 개최건수」 JNTO.

또한 상위 10위를 자치하는 도시는 각 도도부현의 정령도시로 대규모 컨벤션 시설과 인프라가 정비되어 있는 대도시이다. 지역별로 보면, 홋카이도의 삿뽀로시, 도호쿠지역의 센다이시, 수도권의 도쿄(23구)ㆍ요코하마시, 추부지역의 나고야시, 간사이지역의 교토시ㆍ고베시ㆍ오사카시, 큐슈지역의 후쿠오카시가 해당되며, 여기서 수도권과 간사이지역의 컨벤션 유치경쟁이 치열함을 알 수 있다.

도시의 컨벤션 체제에 대해서는 제4부의 뷰로, 제5부의 시설, 제6부의 컨벤션 도시의 사례에서 상세히 서술하겠다.

제4장

소결

구미에서 탄생한 컨벤션은 막대한 경제적 효과를 창출한다는 점에서 주목을 받아 하나의 산업으로 자리매김되었다. 그 정의도 처음에는 단순히 국제회의나 전시회를 뜻하였으나, 시대와 함께 그 의미가 확대되어, 국내·국제회의는 물론 학술회의 세미나, 견본시, 박람회까지 확장되었다. 이러한 현상을 고려하여 본 논문에서는 컨벤션의 정의를 「어떤 목적을 위해 사람들이 한 곳에 의도적으로 모여, 특정의 조직에 의해 정해진 일정에 맞춰 물류와 정보의 교류를 도모하며, 문화적·경제적으로 유익한 결과를 만들어내는 것」으로 하였다.

컨벤션의 기본 요소인 컨벤션센터, 뷰로, PCO는 컨벤션 개최 시에 불가결한 존재이며, 컨벤션 산업에는 다양한 산업이 관계를 맺는 것이 특징이라 할 수 있다. 또한 컨벤션은 어떤 특정의 목적을 가진 기관 및 단체를 대상으로 개최지역의 시설을 포함한 지역의 관광자원을 유인력으로 하면서, 교류 및 비즈니스를 목적으로 전문가가 참가하는 것에 반해, 관광은 일반인을 대상으로 여가를 목적으로 관광자원을 유인력으로 한다는 차이점을 명확히 하였다.

많은 컨벤션은 미국과 유럽 도시에서 개최되어 왔는데, 최근 싱가포르와 일본, 한국 등 아시아국가에서의 개최가 증가하고 있으며, 이는 한국, 태국 등 국가차원의 컨벤션 산업의 추진에 의한 컨벤션 유치 경쟁이 점점 심화되고 있음을 나타낸다.

　사례로는 국가에 의해 일관된 정책 시행과 적극적인 지원, 다양한 컨벤션 시설의 건설을 추진하고 있는 싱가포르, 5대륙 26개국에 31개 지사의 네트워크를 갖고 있는 프랑스, 신산업창출의 장치로서 컨벤션 시설을 자리매김하고 전문 인재가 풍부한 뉴욕, 정부관광기관인 한국관광공사의 적극적인 경제지원과 협력을 추진하는 한국을 들었다.

　컨벤션 시장에 있어서 유럽의 개최율은 변함없이 높으나, 아시아 개최가 지속적인 증가를 보이고 있으며, 그것은 아시아 국가들의 정부차원의 적극적인 컨벤션 산업의 참여에 기인한 것으로 보인다. 특히, 도시별 컨벤션 개최에서 상위 10위 도시 중에 아시아 도시가 4개, 유럽 도시가 6개로, 미국의 도시가 한 곳도 상위에 들어오지 못한 상황이 나타났으며, 일본은 도쿄를 제외한 다른 도시는 순위 안에 들지 못했다. 이것은 아시아 각 도시가 국가와 함께 컨벤션 유치를 추진하고 있기 때문으로 보인다.

　한편, 일본 개최의 국제 컨벤션에 참가하는 외국인 수는 일본인 참가자 수보다 훨씬 낮아 일본 컨벤션은 국내 시장으로 형성되어 있음을 알 수 있다. 또한 국제 컨벤션 개최를 부문별로 보면, 「과학 · 기술 · 자연」이 가장 높아 이 분야에 있어서 일본의 수준이 세계적으로 높다는 것을 알 수 있다. 그리고 도시별 국제 컨벤션 개최에서는 도쿄의 개최비율이 타도시에 비해 높은데, 이것은 도쿄가 국제적으로 인지도가 높으며, 컨벤션 시설 및 도시 인프라의 정비의 편리성, 우수한 인재가 도쿄에 집중되어 있기 때문으로 보인다.

　현재 아시아 국가들에게 있어서 국제 컨벤션 유치사업은 도시 차원을 넘어서 국가의 위신을 건 경쟁으로 치닫는 경향이 나타나고 있다. 따라서 국제관광 및 국제 컨벤션의 경쟁력을 높이기 위해서는 국가기관의 적극적인 참여와 구체적인 지원책이 요구된다.

제2부
컨벤션의 변천

본 장에서는 컨벤션의 역사를 되짚어 시간의 흐름에 따라 변화되어 온 컨벤션의 의미와 역할에 대하여 고찰하고자 한다. 먼저, 컨벤션의 발상지인 유럽과 미국의 컨벤션 연혁에 대하여 살펴본 후, 일본 컨벤션의 기원을 살펴보고자 한다. 고찰에 있어서 초기의 컨벤션은 국제회의라는 인식이 있었으므로, 본 장에서는 국제회의를 중심으로 견본시 · 전시회에 관하여 개관하고자 한다.

제1장

구미의 컨벤션 연혁

앞에서 서술하였듯이, 구미에서의 최초의 컨벤션은 메세(견본시)와 국제회의(협의의 컨벤션)로 분류되어 각각 발달하여 왔다. 특히, 사토우 (佐藤/2002b)에 의하면 메세의 막이 열린 것은 고대 로마의 각종 식자재 시장과 관련이 있으며, 710년에는 북프랑스의 생드니에서 견본시가 열려 700명 이상의 교역자가 모였으며, 프랑크푸르트는 11세기에 중요한 견본시 개최도시가 되는 등, 유럽에서는 교역을 위한 견본시가 사회 시스템의 일부로써 확립되었다[77]고 논하고 있다. 그 배경에 대하여 그는 「유럽이라는 지역은 외부에서 본다면 '하나의 지역'으로 보이며, 각 지역의 모자이크 집합체라는 견해도 가능하다. 유럽은 다민족지역으로 다양한 국가와 도시가 존재하며, 다양한 이해가 항상 폭주하고 있었기 때문에 '조정의 장소'가 필요했으며, 언어를 포함한 이질적인 시장이 유럽 대륙에 혼재하고 있었고, 반면 미국은 단일 언어를 사용하는 거대한 동질 마켓이었다[78]」라고 주장한다.

한편 국제회의는 유럽에서 시작되었으며, 베스트팔렌회의(Westphalia Meeting, 1644~1648년)로 최초의 근대적 외교회의로 인식되어 있다. 이

---

77) 佐藤哲哉(2002b)「コンベンション分野の需要と供給諸側面 - ユーロッパの見本市市場」 『九州産業大学商経論叢』43(1·2), 121-122쪽.

78) 위의 논문, 佐藤(2002b), 125쪽.

회의는 30년 전쟁의 종결과 나폴레옹의 유럽 침략에 대한 사태 정상화를 위해 영국, 오스트리아, 프로이센, 러시아의 4개국이 동맹을 체결하기 위해 추진된 회의이며, 그 이후에 정기적인 회의가 계속됨으로써 컨벤션은 발전하여 왔다[79]는 것이 정설이다. 또한 Rogers도 그 출발점을 동일하게 인식하면서, 컨벤션이 확립된 원점은 빈회의(The Congress of Vienna)라고 보고 있다. 이와 더불어 그는 그 시기에 있어서 컨벤션 조직은 독재적인 계층인 것이 특징이며, 북미에서는 다소 상이한데, 미국의 동해안에서는 종교적인 단체뿐만 아니라 다양한 무역 및 전문 단체가 조직되었으며, 그 단체가 정비되었을 때, 그들의 멤버십이 컨벤션의 시작이었다[80]고 주장하는 등 컨벤션의 조직에 대한 유럽과 미국의 차이점을 지적했다.

상술과 같이 컨벤션은 무역이라는 경제적 요구와 국제분쟁의 해결이라는 정치적인 요구에 의해 개최되었으므로, 국제회의를 컨벤션으로 인식하고 있음을 알 수 있다. 한편, 컨벤션 개최에 있어서 경제적·정치적인 면뿐만 아니라 다른 필요성에 의한 컨벤션의 개최도 생각할 수 있다. 왜냐하면 세계 역사의 시작과 함께 정치 및 경제와 더불어 종교도 함께 성장해 왔음에도 불구하고, 그것과 관련된 고찰은 이루어지지 않았기 때문이다. 따라서 여기서는 세계의 역사를 좀 더 거슬러 올라간 지점에서 컨벤션의 기원을 찾아보기로 한다.

---

79) 서승진(2002) 『컨벤션 산업론』 영진닷컴, 21쪽. 한국의 대부분의 컨벤션 관련 논문은 이것을 따르고 있으나, 일본의 경우에는 관련 연구는 아직 발견하지 못함.

80) Rogers Tony : Conferences, New York, Addison Wesley Longman, p2, 2003.

컨벤션의 기원으로써 생각할 수 있는 것은 공의회(Concilium[81] Oecume-nicum)로써, 공의회는 기독교의 종교회의로, 전체 교회에서 주교 및 추기경단, 경우에 따라서는 수도회의 대표와 신도 대표자가 모여, 교리의 결정과 교회법의 제정을 위해 논의를 하는 교회의 최고 회의이다. 전체 기독교계의 대표자가 참석하는 총회의와 지방회의가 있으며, 공의회의 명칭에는 개최지의 이름을 붙여서 불렀으며, 동일 지역에 수차례의 공의회가 열린 경우에는 '제몇 공의회'라고 칭하였다. 제1공의회는 325년 3월 20일 니케아(Nicaea, 현재 터키의 이즈니크)에서 열린 '제1니케아공의회'이며, 이 공의회는 기독교의 역사에서 최초의 전체 교회 규모의 회의였다.[82] 이 의회는 아리우스논쟁[83]을 해결하고 교회의 질서를 확립하기 위해 콘스탄티누스1세에 의해 니케아에서 소집된 회의로, 참가자가 300명을 넘었다.[84]

상기의 공의회가 오늘날의 컨벤션의 정의에 적용 가능한지 검토해보고자 한다. 앞 장에서 서술한 컨벤션의 정의인 「어떤 목적을 위하여 사람들이 한 곳에 의도적으로 모여, 특정의 조직에 의해 정해진 일정에 맞춰 물류와 정보의 교류를 도모하고, 문화적·경제적으로 유익한 결과를 생산하는 것」에 적용시켜본다면, 공의회는 「교회의 결정과 교회법의 제

---

81) 라틴어인 concilium은 concili(화해하다)와 ium(명사어미)의 합성어로, 협의와 회의를 나타냄(小西友七·南出家世編(2001)『ジーニアス英和大辞典』大修館書店).

82) 공의회에 대해서는 「新編西洋史辞典」(京大西洋史辞典編纂会, 東京創元社, 1993년)을 참고함.

83) 아리우스는 고대 교회의 이단자로 「하느님의 아들로서 예수는 영원 전부터 존재했던 것이 아닌 피조물」이라 주장하였는데, 니케아공의회는 「하느님과 예수는 동질」이라는 것을 교회법칙에 넣었으며, 이것을 「니케아신조」라고 부른다.

84) 위의 책, 京大西洋史辞典編纂会(1993), 546쪽.

정을 위하여 전세계 기독교회의 교직자가 한 곳에 모여, 정해진 일정에 맞춰 논의를 하는 회의」라고 할 수 있다. 단지, 문화적 · 경제적으로 유익한 결과를 생산했는지에 대한 검증은 어려우나, 사회적인 측면에서는 민족과 국가의 대립을 넘어 종교의 문제를 해결하고, 어떤 규정을 확립시키는 커다란 활동이라고 할 수 있다. 따라서 현존하는 기록물 중에서 가장 오래된 회의는 오늘날의 국제회의 형태를 띠는 공의회라고 할 수 있으며, '제1니케아공의회'가 국제회의의 원류라고 할 수 있다.

상술과 같이 컨벤션은 유럽에서 발원하였고, 지속적인 진보 속에서 미국의 컨벤션은 유럽과는 상이한 형태로 정착하였다. 즉, 유럽이 교역을 중심으로 하면서 국제분쟁의 중개와 해결을 위한 수단으로 컨벤션이 개최된 것과는 달리, 미국의 컨벤션은 정당의 대회와 선거 등의 정치적 요인에 뿌리를 두고 오늘날에 이르고 있다.

그 근원을 볼 수 있는 것은 1774년 제1회 대륙회의(Continental Congress)이다. 그 이유는 이 회의가 미국 독립혁명기에 13식민지 및 독립 후의 각 지방정부에게 통일된 행동을 군사 · 외교 · 내정에 걸쳐 지도했기 때문이다. 당시 회의는 13식민지 (연방)의 대표로 구성된 외교회의의 성질을 가지며, 각 대표는 출신지의 훈령에 따라 행동하였다. 제1회는 독립을 목적으로 하지 않고, 식민지의 자치와 자유의 회복을 목적으로 하였으며, 대륙연합의 결정을 실시하였으나, 1776년 7월에 독립 선언의 가결 후에 독립 달성을 위한 지도기관으로 전환되어 1781년에 연합규약의 비준에 따라 연합회의[85]가 되었으며, 이 연합회의가 미국 컨벤션의

---

85) 위의 책, 京大西洋史辭典編纂会(1993), 452쪽.

출발점이라 할 수 있다.

따라서 현재의 미국적 컨벤션은 미국의 정치풍토에서 생겨났다. 즉, 대통령 선거에 있어서 축제와 같은 분위기의 정당정치와 매스컴에 의해 대통령과 부통령의 지명 획득을 겨냥한 전국적 운동과, 지명을 결정하는 정치집회를 배경으로 하고 있다. 이 집회에서 지정된 도시는 경제적, 사회적, 문화적 효과를 계산에 넣어 유치 결전을 반복하고 있다.[86] 1960년대에 시카고의 맥코믹플레이스의 건설을 계기로 전미에서 컨벤션센터의 건설 붐이 시작되어, 현재 약 600도시가 컨벤션 도시로 활약하고 있다.[87]

325년에 '제1니케아공의회'라는 국제회의가 탄생한 이후, 전세계에서는 다양한 국제회의가 개최되었다. 특히, 1800년대에는 국가가 직접 관여하는 국제회의, 즉 영토분할의 문제(1814년 빈회의[88], 1878년 베를린회의[89] 등)와 식민지 회의[90](1887년, 1897년) 등 정치적 회의가 다수 개최되었다. 또한 1900년대에 제1차 · 제2차 세계대전의 발발에 의해 국제

---

86) 田村紀雄(1988)「コンベンション都市の条件」『都市問題』79号, 30쪽.

87) 이정록 · 이공철(2000)「미국 도시의 컨벤션센터의 운영실태와 지역경제」『지역개발 연구』32호, 전남대학 지역개발연구소, 219쪽.

88) 빈회의(1814년 9월~1815년 6월) : 나폴레옹 전쟁 후, 유럽의 질서 재건과 영토 분할을 목적으로 빈에서 개최된 열강회의로, 이 회의로 인해 유럽에 장기간 평화가 지속되었다.

89) 베를린회의(1878년) : 러시아제국과 오스만제국 간에 일어난 전쟁의 해결을 위해 독일의 비스마르크가 주최한 국제회의로, 영국은 동지중해의 거점을 확보하고, 러시아는 발칸반도로의 남하정책을 단념, 동아시아 진출을 꾀하게 되었다.

90) 식민지회의는 1880년대 서유럽이 강력한 식민지 쟁탈전을 펼치고 있을 때, 이미 세계 각지에 식민지를 보유하고 있던 영국이 이것을 강화시키기 위해 군사적, 재정적 요청에 의해 거의 정기적으로 런던에서 개최한 회의로, 1887년 영국 정부와 자치식민지 정부의 수상과의 사이에 열렸던 것이 최초이며, 1907년부터 제국회의로 개칭하였음.

연맹과 국제연합과 같은 국제조직이 설립되어, 국제회의 개최건수가 급증함은 물론 국제회의의 대상이 전세계로 확대되어, 회의 분야도 정치를 비롯하여 경제, 사회, 문화, 스포츠, 학술, 관광 등 다방면으로 확장되었다.

이상과 같이 구미의 컨벤션과 메세는 비즈니스와 관계하고 있으며, 특히 메세의 회의장은 상거래의 장으로서 사용된 것이 일반적이다. 아시아 여러 국가가 컨벤션 산업을 비즈니스로서 인식하기 시작한 것은 최근이며, 초기의 컨벤션은 국가의 이미지 향상과 해외 선전으로 활용되는 경향이 강했으며, 일본의 경우도 예외는 아니었다고 생각된다.

그렇다면 일본의 초기 컨벤션은 언제부터 시작되고, 어떤 형태로, 어떤 역할을 해왔는지에 대하여 상세히 검토하겠다.

제2장

일본 컨벤션의 탄생

일본 컨벤션의 시작은 1965년에 국제관광진흥회(현, 독립행정법인 국제관광진흥기구 · JNTO)가 컨벤뷰로(이하, 뷰로로 칭함[91])를 설치할 시에 처음으로 「컨벤션」이라는 어휘가 사용되기 시작했으므로 동 시기를 최초로 보는 것이 일반적이다. 그러나 「컨벤션」이라는 어휘는 외래어이므로, 용어를 기초로 한 컨벤션의 역사를 찾는 것은 쉽지 않으므로, 컨벤션의 협의의 뜻인 「국제회의」와 「전시회 · 견본시」에 초점을 맞춰 역사를 탐색하고자 한다.

1. 견본시의 시작

영어의 'Exhibition, Exposition, Fair, Show'가 일본에서 전시회와 견본시라는 어휘로 번역되는 등 그 구분이 정확하지 않은 상태에서 이어진 경향이 있어, 일본의 첫 전시회 · 견본시를 찾는 것은 간단하지 않다. 일반적으로 전문가만이 참가하는 견본시와 일반인의 참가가 가능한 전

---

91) 컨벤션뷰로는 도시의 교통, 숙박, 컨벤션 시설, 관광시설의 소개 및 관광 상품 관리 등 컨벤션사업의 원활한 운영과 관광사업을 동시에 담당하고 있으며, 일본에서는 비영리조직으로 설립되어 있다.

시회로 구분되었으나, 최근에는 견본시에 일반인 참가가 증가하고 있어 그 경계가 애매해지고 있다.

유럽의 메세가 교역의 장인 '시장'의 발달에 의해 탄생된 것과 동일하게 일본에서도 '시장'의 생성에서 전시회의 역사를 찾을 수 있다. 특히, 이시하라(石原潤)는 '시장'을 매일장(daily market : 매일), 정기장(periodic market : 7일과 10일 주기), 주말장(weekly market : 7일 주기), 대시장(fair : 수개월과 1년 주기)으로 분류하고, 「대시장은 사치품을 취급하거나, 오락적 요소가 강하고, 거래가 대량으로 이루어지거나, 원거리 교역을 지향하고 있다[92]」로 주장, 대시장(fair)이 오늘날의 전시회와 견본시의 원류인 것을 알 수 있다.

일본도 구미와 마찬가지로 '시장'이 예부터 존재하고 있으며, 축제와 연결되어 신사 앞에서 개최되었는데, '큰장'은 발견되지 않고 있다. 특히, '시장'의 역사에 대하여 히구치(樋口)는 다이카시대(大化時代)[93] 이전의 「가루이치(軽市)」와 「아토노 쿠와이치(阿斗桑市)」가 문헌상의 최초의 시장이며, 에이안시대(平安時代) 말에 정기시장이 출현하였고, 가마쿠라시대(鎌倉時代) 말에 영주의 보호와 통제하에서 정기시장의 출점이 상설화되어, 장원(귀족의 사유지) 중심과 신사 및 사찰 앞, 그리고 교통 요지에 시장 마을이 탄생했다. 에도시대(江戸時代)에는 정기시장이 도입되어, 특산물을 취급하는 시장이 형성되는 등 마을의 번영을 돕는 수단이 되었는데, 메이지시대(明治時代)에 들어서는 변두리지역에만 잔존시켜, 도시

---

92) 石原潤(1987)『定期市の研究』(財)名古屋大学出版会, 51-52쪽.
93) 일본의 최초의 연호, 서기 645년부터 650년을 말함.

2부 컨벤션의 변천

상업의 보완작용을 분담하는데 지나지 않게 되었다[94]」고 서술, 메이지시대에 '시장'의 역할이 축소되었다고 해석할 수 있다.

메이지정부는 구미열강의 위협에 대항하기 위하여 부국강병을 국시로 하여 식산흥업정책(殖産興業政策)을 전개하고, 구미로부터 기술을 수용하여 공업화를 추진하는 상황에서 채용된 것이 박람회사업[95]이다. 더욱이 메이지유신 후 영사제도, 영사보고제도의 정비가 시작되어 식산흥업과 직수출정책을 위한 조직적인 해외 경제 정보의 수집, 정보 서비스가 정비[96]되는 등 국내외적으로 준비가 진행되었다.

그 결과로 일본 각지에서 많은 박람회가 개최되었는데, 그 처음은 1871년 10월 10일부터 교토의 니시혼간지 대서원(西本願寺大書院)에서 개최된 교토박람회이다. 당초 박람회라는 어휘가 최초로 사용된 것은 1867년 2번째 파리박람회 개최에서 비롯되었다. 박람회를 계획한 프랑스 황제 나폴레옹 3세가 당시 정부인 에도막부에게 참가를 타진하였는데, 그때 번역을 담당했던 구리모토(栗本鋤雲)가 「Exhibition」을 「박람회」라는 단어를 사용[97]한 것에 기인한다. 따라서 당시에는 박람회와 전시회·견본시의 경계가 불분명하였고, 박람회가 전시회·견본회와 동일하게 인식되었음을 알 수 있다.

세계박람회는 1851년 이후 전시물에 의한 각국의 생산력과 문화의 소개를 중심으로 한 새로운 무역시장의 개척이 기본 목적이었으며, 부

---

94) 樋口節夫(1977)『定期市』學生社, 110-111쪽.

95) 國雄行(2006)『博覧会の時代―明治政府の博覧会政策―』岩田書院, 10쪽.

96) 伊藤真美子(2008)『明治日本と万国博覧会』吉川弘文館, 2쪽.

97) 橋爪紳也監修(2005)『日本の博覧会―寺下勍コレクション』平凡社, 5쪽.

국강병을 지향한 일본은 전시를 이미 정부에 의해 관리통제하였다. 반면, 19세기부터 20세기에 걸쳐 미국을 시작으로 한 선진공업국의 기업은 거대화되고, 기업의 시장은 국내에서 외국으로 확대되어가고 있었다.[98] 다시 말해, 20세기에 들어서서 거래 중심의 국제견본시는 번창하였으며, 그것에 의해 무역시장도 확대되었다. 따라서 세계박람회에서는 더 이상 상품 전시 및 선전으로 충분하지 않게 되었고, 세계박람회의 견본시적 성격은 없어지게 되었다.

일본의 박람회가 다이카시대(大化時代)에서 쇼와시대(昭和時代)에 걸쳐 성황리에 개최되는 중에 일본에서 처음으로 견본시가 개최되었다. 가타기리(片桐祐七郎)는 「1923년 4월 19일과 20일 2일간, 마루노우치(丸ノ内) 도쿄부립상공장려관(東京府立商工奨励館)에서 개최된 '도쿄문방구견본시'가 견본시의 시초이며, 그 견본시는 출품자의 판매자는 도쿄에 한정하고, 구매자는 일본 전국에서 업자 이외의 입장과 즉석 판매 및 소매업을 금지하는 견본시의 형태를 갖춘 것」으로, 이때부터 오늘날의 견본시가 확립되기 시작했다고 할 수 있다. 그 후 같은 해에 '도쿄견본시', 1925년에 '부흥문구견본시', 1926년에 '제1회 도쿄상품견본시', 1927년에 '나사 및 기성복 견본시' 등이 개최되었다. 특히, 「제1회 도쿄상품견본시」는 도쿄상공회의소와 도쿄실업조합연합회의 공동주최로 도쿄부립상공장려관에서 9월 7일부터 9일까지 3일간, 일상용품, 셀룰로이드제품, 완구, 운동용품, 속옷(메리야스), 양복 장식품, 구두류, 가방류, 유

---

98) 吉田光邦編(1985) 『図説万国博覧会史, 1851〜1942』 思文閣出版, 9-10쪽.

2부 컨벤션의 변천

리, 금속물 등이 전시되어 1938년까지 계속 개최되었다.[99]

한편, 간사이지역에서는 쇼와시대(昭和時代)에 들어서면서 견본시의 개최가 시작되었다. 1927년 11월, 교토오카자키권업관(京都岡崎勧業館)에서 '일본염색직품견본시'가 개최되었는데, 그 규모와 시설은 거대하였고, 최종일까지 연회와 관람회 등의 행사가 열렸다. 또, 오사카에서는 1928년 9월에 오사카부립상품진열소(大阪府立 商品陣列所)에서 오사카실업조합연합회의 주최로 '제1회 전국국산견본시'와 '제1회 오사카복장잡화견본시[100]'가 개최되었다. 당시 견본시의 주최는 조합 또는 협회로 정부 직영과 회사조직이 아니었으나, 오사카에서는 오사카후, 오사카시, 오사카상공회의소의 결성에 의해 국제견본시위원회가 존재하고 있었다.[101]

그것을 증명하듯이 『오사카아사히신문(大阪朝日新聞)』은 다음과 같이 기술하고 있다.[102]

「견본시시대」가 온다. 오사카만도 일시에 4곳, 미묘한 신상전술」 숙박업소는 지방상인으로 만원-오사카 상품은 훌륭한 「견본시」의 유행 계절로 시중의 상인 숙소는 어느 여관도 지방상인으로 만원의 성황에 이르고 있다. 상품진열소에는 3일부터 4일간 오사카실업조합연합회가 오사카후와 시의 상과의 후원을 얻어 금속일상용품, 잡화, 양복 장식품, 고무류 등 가장 범위가

---

99) 片桐祐七郎(1969)『見本市50年歩み』見本市伍十年の歩み発行所, 7-8쪽.
100) 위의 책, 片桐祐七郎(1969), 9쪽.
101) 위의 책, 片桐祐七郎(1969), 48쪽.
102) 『大阪朝日新聞』1929년 9월 4일.

넓은 견본시를 열고 있으며, 중앙공회당에서는 오사카 32개 상점이 조직한 복장잡화연맹회가 3, 4, 5일간 3일간 복장견본시를 개최하고 있다. 아사히전람장(朝日展覽場)에는 오사카 「양장백화회」의 견본시가…

상기 기사에서 알 수 있듯이, 오사카에는 견본시를 담당하는 부서가 설치되어 있을 뿐 아니라 상품의 관련 단체가 조직되어 중앙공회당과 아사히전람장 등 견본시 회의장을 확보하고 있다. 당시의 견본시의 특징으로 가타기리는 「소수소량의 견본으로 단기간에, 간소하게, 공정하게 다종다량의 거래가 가능한 것은 상품에 부과되는 비용과 손해가 없고, 모든 상품이 공개적으로 전시되어 부정 경쟁이 방지되며, 중개기관을 통하지 않고 상품의 원가를 저가로 책정하기 때문이며, 당시는 도쿄와 오사카의 견본시를 보지 않으면 분위기를 알 수 없기 때문에 양쪽의 견본시는 성황이었다」고 지적하고 있다.

이상에서 박람회가 국책사업으로서 국외에 대한 일본의 인지도 어필의 역할을 담당하였다. 즉, 요시미(吉見俊哉)의 주장과 같이 「박람회는 각각 자기의 세계상을 향해 대중을 동원하는 유력한 장치[103]」인 것에 반해, 견본시는 무역진흥을 도모하기 위해 각 지방 차원의 사업으로써 그 존재를 확립함과 동시에 「상품에 주목하여 악습적인 거래문화의 개선에 따른 근대적인 거래문화의 정착화에 유효한 장치」로써 소비자보다 기업이 중심이었다.

---

103) 吉見俊哉(1992) 『博覧会の政治学』 中公新書, 220쪽.

2. 국제관광의 개시와 국제회의의 출발

일본에서는 외국인 유치를 위하여 「키힌카이(喜賓会)」의 설치를 비롯하여, 「재팬·투어리스트·뷰로[104]」 (이하, 「JTB」라 함)」의 설치, 1930년에 철도성에 「국제관광국」이 설치되었다. 국제관광사업에 있어서 「키힌카이」의 시기는 민간주도의 「반민반관」, 「JTB」의 시기에는 관주도의 관민 공동, 국제관광국 시기부터는 관 산하에 민간단체가 속한 관주도로, 관광정책도 국내관광보다 국제관광 중심으로 시행[105]되는 등 관민의 구별이 명확하지 않음을 알 수 있다.

「키힌카이」는 일본에 있어서 최초의 외국인 유치 알선기관으로 1893년에 설립되었다. 이곳은 시부사와(渋沢栄一)와 마쓰다(松田考)가 1867년 파리박람회에 참가했을 당시에 구미인이 많을 것을 보고 일본으로의 외국인 유치의 중요성을 느낀 것이 발단이다. 임원들은 서양문화에 관심을 갖고 구미의 선진문명 도입에 적극적인 실업계의 중요 인물로 구성되어 있었다.[106] 이 기관의 목적은 여관의 설비 개선 및 안내자의 감독 장려, 관광시찰 시의 편의 도모, 각 명소의 소개, 안내서 및 지도 간행[107]이다. 그 밖에 궁내성과 외무성의 공식 행사에 초대된 귀빈에게 사적 행사 준비에서의 통역 수배를 담당[108]하였는데, 후에 재정의 문제로

---

104) 1912년에 설립되었으나, 전후(戦後)에 일본교통공사로 개칭하였다. 1963년에 여행부문의 주식회사 일본교통공사(현, ㈜JTB)와 연구조사부문의 재단법인 일본교통공사로 분리되었다.
105) 中村宏(2006)『戦前における国際観光(外客誘致)政策』神戸学院法学 第36巻 2号, 110-111쪽.
106) 白幡洋三郎(1996)『旅行のススメ』中央公論社, 18-19쪽.
107) 위의 책, 中村(2006), 113쪽.
108) 위의 책, 白幡(1996), 30쪽.

이 기관의 역할을 포함한 사업을 JTB가 행사하게 되어 해산에 이르게 되었다.

「키힌카이」의 뒤를 이어 창립된 JTB는 1912년에 철도원을 중심으로 일본우편선공사, 남만주철도회사, 동양기선회사, 제국호텔을 설립하고, 그 경영에도 철도원의 출자금을 중심으로 회원인 기선, 사철, 호텔, 여관, 상사 등의 회비로 충당되었다. 당초의 사업은 외국인 유치를 위한 선전뿐만 아니라 내방객의 알선, 여행정보의 제공 등을 모두 무료로 제공하였고[109], 후에 일본국내관광의 알선이 추가되었다. 따라서 JTB는 행정조직이 아니지만, 그 업무는 국내외 관광사업의 전반을 담당하는 조직, 이른바 외곽단체라는 성격을 갖게 되었다.

JTB의 사업은 지점이 본토는 물론 식민지였던 조선, 대만, 만주까지 설치됨으로 관광사업에 있어서 영업활동의 영역이 확장되었다. 그 외에도 다양한 국제대회 관련 사업에도 직접적으로 관여했다. 즉, 일본 최초의 국제회의라고 불리는 「제8회 세계일요학교 도쿄대회」가 개최되는데 커다란 역할을 수행했다. 이 대회는 1920년 10월에 개최되었는데, 해외 32개국에서 1,212명을 포함한 2,590명의 대표가 참가하였고, 이때 히비야공원에서 「학생대회」가 동시에 개최되어 약 2만 명이 참가했다.[110] 이 대회가 개최된 계기는 1913년 스위스 취리히에서 개최된 제7회 세

---

109) 日本交通公社(1962) 『50年史, 1912-1962』 59쪽.

110) 1907년 5월에 일요학교운동의 추진을 위하여 일본일요학교협회(NSSA)가 발족하여, 매년 「전국일요학교대회」가 개최되었고, 각지의 일요학교와 연대하면서 커리큘럼 연구와 개발, 월간지 『일요학교』와 『일요학교 찬미가』의 편찬 · 발행을 실시함. 현재는 일본기독교협의회(NCC) 교육부로 전환됨(기독교신문기사 : http://www3.ocn.ne.jp/~mattsun/nikki.tokusyu-NCC-bouryoku.html#top, 2006년 6월 9일).

2부 컨벤션의 변천

계일요학교에 출석을 하러 가던 중, 일본시찰을 위해 미국대표 하인즈 일행 48명을 50일간 관광, 시찰여행의 편의를 도모한 것이다. 당시, 이 일행을 위하여 시부사와(渋沢栄一)와 아사노(浅野総一郎)를 비롯한 재계의 명사 회원과 만찬회 및 오찬회를 개최하였고 당시의 수상(大隈侯)이 다음 대회의 도쿄 개최를 제안하였는데, 일본에 대해 호감도를 갖고 있던 하인즈는 기존의 극동에서의 대회개최에 대한 불안감을 불식시키며 [111], 도쿄개최를 주장한 결과, 시행이 가능하게 되었다.

그 후 만주사변(1931년), 상해사건과 국제분쟁(1932년), 국제연맹의 탈퇴(1933년) 등 국내외 악조건에서 방일 외국인 수의 증가는 둔화하였으나, 1934년에 들어서자 세계적 공황에 의한 호전으로 엔화가 폭락하여 방일 외국인이 급증하였다. 이러한 상황 속에서, 일본에서는 3개의 대규모 국제회의가 동시에 개최되었다. 하나는 1929년 10월 28일부터 13일간 개최된 「제3회 태평양문제조사회대회(태평양회의)」이다. 이 대회는 일본조사회평의회의 주최로 교토의 미야코호텔에서 개최되었다. 회의의 목적은 태평양의 평화문제와 여러 국가의 장래 발전에 대한 심의이며 영국, 미국, 중국, 호주, 캐나다, 뉴질랜드에서 정치가, 기업가, 전문가 200여 명을 포함한 총 800여 명이 참가하였다. 이 대회는 일본에게 큰 의미를 갖는 회의였다. 그것은 각국의 수뇌인 후버 미대통령, 맥도널드 영국수상 등이 참가[112]한 일본 최초의 국제회의로, 본격적인 국제 컨벤션이라는 점이다. 특히, 회의의 내용이 태평양 각국의 평화적 협조하

---

111) 위의 책, 日本交通公社(1962), 74쪽.

112) 『大阪毎日新聞』1929년 10월 24일~11월 10일의 기사를 참고로 함.

에서 정치를 비롯해 군축, 학술, 문화, 산업, 사회 등 모든 문제의 조사 및 해결방법을 찾는 것으로 유럽의 초기 컨벤션과 동일한 형태였다. 또한 당시의 유일하게 『오사카마이니지 신문(大阪每日新聞)』만이 10월 24일인 회의의 마지막 날까지 큰 지면을 할애하면서 매일 기사를 게재하는 등 국제회의에 대한 높은 관심을 나타냈다.

동 시기에 도쿄에서는 「만국공업대회부회(공업회의)」와 「세계동력회의 도쿄 부회(동력회의)」라는 국제회의가 개최되었는데, 전자는 개회식에 지치부노미야(秩父宮) 친황이 출석하였다. 동 회의는 27개국의 대표와 그 가족을 포함해 600명, 일본 참가자 2,500명이 참가한 최대의 국제회의였으며, 후자인 동력회의의 규모도 동일했다. 양 회의는 상호 중복되는 부분이 많고 토의의 내용도 관련이 있었기에 동시에 같은 장소(중의원 홀)에서 개최되었다. 전자는 동력에 관한 기술적 문제만을 다루었고, 후자는 동력에 관한 경제적 문제만을 토의하여 중복을 피하여 개최되었다.[113] 이들 회의를 바탕으로 공업과 관련한 일본철강협회, 토목학회, 조선협회, 건축학회 등 12학회가 「공학회」로 통합하는 한편, 동력에 관한 부문에 있어서 일본국내에서는 영구적 기관으로서 「동력회의의 국내위원회」와 「일본동력 협회」가 설립되었다.

또한 본토만이 아니라 식민지에서도 컨벤션이 개최되었음을 알 수 있다. 1929년 9월 12일부터 10월 31일에 걸쳐 경성의 경복궁에서 개최된 조선박람회에서 일본 신문협회 제17회대회, 전국교육대회, 전국수산대회 등 일본 각지에서 관계자가 참가하는 각종 대회가 개최되었다. 또

---

113) 『大阪每日新聞』 1929년 10월 30일과 31일을 참고로 함.

한 조선청년단대회, 조선축산대회, 조선금융조합대회 등 조선지역에 한정된 조직의 대회도 열렸다.[114]

1935년 5월 2일부터 5일간, 관광국 창립 5주년 기념사업으로 「제1회 동양관광회의」가 도쿄에서 열렸다. 이 회의에는 인도, 실론(현, 스리랑카), 네덜란드령 동인도, 프랑스령 인도차이나, 샴(현, 태국), 홍콩, 필리핀, 중화민국, 만주국, 소련 등의 관광사업 관련 기관과, 동양과 관계를 맺고 있는 영국, 미국, 독일, 프랑스, 이탈리아, 네덜란드 등의 기선회사, 여행알선기관의 대표자 80여 명이 참가하였다. 이 회의는 세계경제의 호전에 따른 미국인의 동양에 대한 관심 조장과 촉진을 위하여 일본뿐 아니라 동양 여러 국가가 긴밀한 제휴를 맺으면서 상호 발전을 꾀하는 것을 목적으로 국제관광국이 중심이 되어 개최되었다.[115]

동 시기인 5월 4일부터 6일까지 「국제로터리 제70구 제7년 연차대회」가 교토아사히 회관에서 열렸다. 대회의 개최지인 교토에는 본토를 비롯하여 조선, 대만, 만주국의 25개의 클럽 회원 및 가족 800만 여 명이 모였다. 당시의 아사야마(浅山) 교토시장은 초대 파티에 히가시쿠니노미야(東久邇宮) 친왕의 참석을 고려해 헤이안진구신엔(平安神宮神苑)에서 성대 개최[116]하는 등 교토대회의 성공적인 개최를 위해 정성을 쏟았다. 또한 1936년 8월 2일부터 7일까지 5일간 800여 명이 참가한 도쿄개최의 「제7회 세계교육회의」도 열렸다.[117]

---

114) 山路勝彦(2008)『近代日本の植民地博覧会』風響社, 131쪽.
115) 앞의 책, 日本交通公社(1962), 135-136쪽.
116) 『大阪毎日新聞』1935년 5월 5일과 『大阪朝日新聞』1935년 5월 5일을 참고로 함.
117) 앞의 책, 日本交通公社(1962), 171쪽.

그러나 1937년 7월 중일전쟁의 발발과 함께 지금까지 향락적 여행이라는 인식이 전시국에 의해 심신을 단련하는「국책여행」이라는 성격으로 전환되었다.[118] 그에 따라 당시의 여행이라는 것은 청소년 도보여행의 장려와 전승기원, 부상병위문 등의 여행이었다.[119] 특히, 전시하에서는 일본의 국정, 국력을 알리기 위해, 그리고 일본의 대동아건설 사업의 진의를 이해시키기 위해, 방일하는 외국인을 대상으로 의견교환을 실시하는 선전에도 힘을 기울였다. 그 사례로는 1943년 8월에 도쿄에서 개최된「대동아문학자대회」의 참가자 50명에 대하여 간사이방면의 견학 여행 경비의 부담, 일본과 인도의 교환교수의 초대, 도쿄개최의 「대동아신문기자대회」의 참가자 70명의 견학 여행 경비의 부담[120] 등을 들 수 있다.

메이지시대(明治時代)의 해외박람회의 참가를 계기로 하여 국제관광의 담당 기관이 설치되고, 외국인 유치 사업을 실시하였으나, 일본에서의 여행 혹은 관광이라는 개념은 확립되지는 못했다. 당시 기관은 일본을 방문하는 외국인을 대상으로 국내관광을 알선하는 역할에 머물렀으며, '유치'와는 거리가 있었다. 게다가 회의 컨벤션의 시작은 도쿄와 교토를 중심으로 중의원 홀과 호텔 등에서 대규모 국제회의가 개최되었고, 국제회의의 성공적인 개최를 위해 정재계의 협력과 황족들의 적극적인 참여가 눈에 띤다. 1943년에 동아시아 국가를 중심으로 10개국 이상이 참가한 대동아국제회의가 열리는 등 국제회의가 열리기는 하였으

118) 日本交通公社社史編纂室(1982)『日本交通公社七十年史』日本交通公社, 66쪽.
119) 위의 책, 日本交通公社社史編纂室(1982), 76쪽.
120) 위의 책, 日本交通公社(1962), 254쪽.

나, 일본 및 세계정세가 격심하게 변화하는 속에서 지속적인 개최는 일어나지 않았다.

제3장 ━━━━━━━━━━━━━━━

전후 일본 컨벤션의 변천

여기서는 전후(戰後)의 일본경제성장 속에서 컨벤션이 어떠한 형태로 성립되고, 일본산업에 어떤 영향을 미쳤는지에 대하여 상세히 서술하고자 한다. 컨벤션 시대 구분이 명확한 문헌의 발견이 어려우나, 지카나미(近浪)가 자서전에서 컨벤션의 시대구분을 시도하였다. 컨벤션 전사(前史)는 메이지시대(明治時代)부터 전시(戰時)까지로, 컨벤션 활동의 본격화 시기는 1960년 후반부터 1970년대까지, 컨벤션 체제정비의 시기는 1980년대부터 1990년대 초기까지, 컨벤션과 국제교류의 시기는 1990년대 중기부터 2000년 이후까지[121]로 분류하고 있다. 이 구분은 정책을 바탕에 둔 것으로써 컨벤션 시설과 뷰로의 설치 등 컨벤션 시장의 변화를 반영한 구분이라고 할 수 없다. 따라서 전후(戰後)부터는 일본 컨벤션 산업에 큰 변화를 가져 온 빅이벤트와 컨벤션 정책의 정비, 시설의 건설, 조직의 설치 등 변화를 고려한 시대 구분을 시도하고자 한다. 따라서 여기서는 전후 1945년부터 1950년대까지는 컨벤션의 개막기, 도쿄올림픽과 일본만국박람회가 개최된 1960년대부터 1970년대까지는 컨벤션의 도약기, 컨벤션 시설의 건설과 관련 조직의 설치가 왕성했던 1980년대부터 1990년대까지는 컨벤션의 성숙기, 2000년 이후는 컨벤션 산업의 확대

---

121) 近浪廣(2001)『裏方は花道つくりて花を見ず』日本コンベンションサービス.

화 시기로 구분하고자 한다.

1. 컨벤션의 개막기 : 1945년~1950년대

1945년 8월, 일본은 패전에 의해 모든 국력을 거의 잃어버려 연합국 총사령부(GHQ)에 의한 점령시대가 시작되었다.

패전 직후, 폐허 속에서 사회경제의 재건이 최우선시되었던 일본은 관광정책에 눈을 돌릴 여유가 없었다. 전후, 국제관광사업이 외화획득의 유효한 수단이며, 일본경제 부흥의 자립 달성을 위한 방책으로 주목받게 되어 관광을 소관하는 운수성은 관광 관련 법령을 정비함과 동시에 기구·조직을 개혁하고, 1949년에 관방장관 아래에 관광부를 설치하였다. 나중에 관광부는 1955년 관광국으로 승격되었다.

1950년 한국전쟁에 의해 일본경제는 불황에서 특수경기 붐의 시기를 맞이한다. 즉, 1951년 6억 달러, 52년·53년은 각 8억 달러 이상을 넘는 거액의 특수수입과 세계의 군비확장의 분위기가 반영된 수출에 의해 일본경제는 생산·고용·기업이윤이 급증[122], 이것이 계기가 되어 일본경제의 부흥재건이 진행되었다.

그렇지만 1953년에 들어서 내수의 확대를 동반한 수입의 급증으로 국제지수가 3.8억 달러의 적자를 기록함과 동시에 외화준비고는 1954년에 약 6억 달러로 감소하는 등 외화위기를 맞이하게 되었다. 그로 인

---

122) 運輸省50年史編纂室(1999)『運輸省伍十年史』72쪽.

해 일본은 국제지수의 개선이 중요한 경제정책의 하나가 되었고[123], 무역적자의 해소라는 경제정책의 일환으로 국제관광과 외국인 유치에 힘을 기울여, 해외관광선전기구의 확충·강화를 꾀하였다.

전후 외국인을 대상으로 한 주요 업무는 주둔군 장병과 그 가족, 군 관련의 알선에서 시작되었는데, 1953년 8월에 민간무역이 재개되어 미국인 무역대표가 내방하게 되었다. 또한 APL(American President Lines) 기선의 요코하마 입항 시마다 도쿄, 가마쿠라, 하코네 등의 지역 유람이 실시되어, 1948년 8월 이후에는 APL의 세계 일주 선박에 한해 고베항의 입항이 허가됨에 따라 오사카, 고베지역에 일시적 상륙 유람이 허가되었다.[124]

일본 개최의 국제회의의 개막

패전 직후에 일본인 해외도항은 원칙적으로 금지되었으나, 1947년 4월부터는 GHQ가 지정한 개인에 대하여, 그리고 1949년 8월부터는 일본인 기술자의 해외도항이 GHQ의 허가에 의해 점차적으로 인정되기 시작하였다.[125] 그에 따라, 드디어 해외에서 개최되는 첫 국제회의의 참가가 가능하게 되어, 1949년 5월 18일 제네바 개최의 제3회 지역무선회의에 참가하게 되었다. 그 후 6월 4일부터 스위스에서 개최된 '도덕부흥운동(MRA)세계대회'에 초대를 받아 출석하였고, 6월 8일부터 제네바에서 개최된 '국제노동기구(ILO)연차대회'에는 옵저버로 참가할 수 있

---

123) 위의 책, 運輸省50年史編纂室(1999), 73쪽.

124) 앞의 책, (財)日本交通公社(1962), 314쪽.

125) 多方一成·田渕幸親(2001)『現代社会とツーリズム』東海大学出版会, 2쪽.

었다.

　당시에는 일본산업의 진흥을 위해 외화획득이 급선무였기에 실제로 외화를 소지하고 해외도항이 허락된 사람들은 외교관이나 국제회의에 출석하는 공무원, 수출관련 상사 관계자, 도항비용이 보증된 유학생 등이었다.[126)

　한편, 해외 국제회의의 일본참가와 일본에서의 국제회의 개최가 사실상 가능해진 것은 1951년 12월 출입국 관리령에 의해 일본정부가 GHQ의 허가 없이 여권 발행이 가능하게 된 이후이다. 다음 해 4월에 샌프란시스코강호조약의 발효와 함께 점령이 종결되어, 출입국관리령이 법률로서 효력을 갖게 되었으며, 일본의 출입국에 관한 주권이 회복되었다. 그러나 아래의 1950년 2월 26일자 『朝日新聞』(東京版)의 기사에 따르면 사실상 해외 국제회의에의 일본 참가는 1950년부터 인정되었음을 알 수 있다.

　　자기판단 및 그 보유하는 권한에 의거하여, 일본이 참가, 가입, 출석의 초청을 받고, 또한 총사령관이 점령에 도움이 된다고 생각되는 전문적 국제협정, 협약 및 회의 등에 참가하는 것을 허락해야 한다.

　이 기사는 미국정부가 총사령부에 통보한 내용으로, 이 시기에 이미 일본의 출입구에 관한 권리의 허락이 결정되었음을 알 수 있다.

　이상의 배경에서 일본을 방문한 외국인 수(표 2-1)는 1950년대부터

---

126) 앞의 책, 多方一成·田淵幸親(2001), 3쪽.

큰 폭으로 증가를 계속하고 있다. 특히, 1958년을 기준으로 한 방일외국 관광객을 국가별로 보면 총 14만 8,630명 중 북미(미국 · 캐나다)는 7만 7,854명으로 전체의 반을 차지하고 있으며, 그 비중이 크다. 다음으로 아시아 국가가 3만 2,753명, 유럽이 2만 5,276명 순이었다.[127] 한편 국 내의 국제회의는 1953년부터 개최되어 같은 해 9월에 도쿄 마루노우치 도쿄회관에서 개최된 「제2회 ILO(세계노동기구)아시아지역회의」가 전후, 일본의 첫 국제회의가 되었다.[128]

표 2-1 | 방일 외국인 수와 국제회의 개최현황(1945년~1950년대)[129]

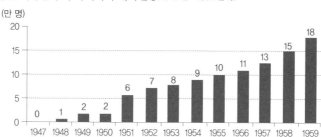

연도	개최건수	회의참가 외국인 수	개최도시 수
1956	20	-	4
1957	21	-	7
1958	29	-	4
1959	14	-	6

127) 入沢文明 · 秦正宣(1960)『観光事業』有斐閣, 49쪽.
128) 『朝日新聞』東京版, 1953년 8월 13일자. 田部井는 1957년에 도쿄에서 열린 「국제펜클 럽 총회」가 일본 최초의 국제회의라고 주장하고 있으나, 그보다 빠른 1953년에 「제2회 ILO(국제노동기구) 아시아지역회의」가 도쿄에서 개최되었다.
129) 방일 외국인 수와 국제회의 개최현황은 『관광백서』와 JNTO의 국제회의 통계(1956년 부 터 시작)을 참고로 필자가 재작성함.

그밖에 1953년에 유네스코 청소년문제 국제회의, 1954년에 평화주의자(pacifist) 회의, 제6회 국제포경회의 태풍과 유전 국제회의, 1955년에 수학국제회의, 북태평양 어업국제회의 등의 국제회의가 개최되어 개최건수는 괄목한 만한 성과는 아니지만, 다수의 외국인이 일본을 방문하는 계기를 만들었다는데 의의가 있다고 보인다. 일본에서 국제회의가 본격적으로 개최된 것은 1960년대부터이다. 국제회의는 도쿄, 교토, 오사카, 나고야, 요코하마가 주요 개최도시였으며, 그 외에 나라, 히로시마, 나가사키, 하코네에서도 개최되었으나 개최건수는 연 1회로 그치는 정도였으며, 대부분의 회의는 도쿄개최가 많았다.

1951년에 국제 관설 관광기구(IUOTO[130])에 가맹함으로써, 일본의 국제관광 및 국제회의는 세계를 향해 움직이기 시작했다. 즉, 관광에 의한 국제협력만이 아니라 IUOTO가 작성한 관광통계, 가맹 각국의 관광정책 등에 관한 자료를 수집하고 그것을 활용한 IUOTO의 각종 사업의 협력, 특히 국제회의 및 세미나의 참가 등을 추진하였다. 이 시기부터는 일본에 관한 올바른 이해를 촉진시키기 위하여 해외 개최의 국제회의 참가를 비롯하여 일본으로 국제회의를 유치시키는 것을 제창하는 등 국제회의의 중요성을 인식하기 시작하였다. 1957년 9월 19일자 『朝日新聞』(東京版)에서 다음과 같이 기술하고 있다.

---

130) IUOTO(International Union of Official Travel Organizations)란, 1946년 영국여행협회에 의해 설립되어 각국의 정부기관을 정회원으로 하며, 국제적 중앙관광단체 협조회원이 된다. 목적은 관광사업의 발달에 있어서 정부와 관련된 문제의 해결과 협조이다. 나중에 WTO(UN World Tourism Organization)로 바뀐다.

농림성은 1958년에 FAO(UN식량농업기구食糧農業機関) 제4회 아시아 극동 지역회의, IRC(국제미곡위원회) 및 ICA(국제협력국)의 농업금융 연수회 등의 국제회의를 도쿄에서 유치하여 세계를 향해 "공업일본"을 적극 어필하는 계획을 수립하고 있다.

또한 1959년 9월 18일자 『朝日新聞』(東京版)에서도

올 가을부터 국제회의가 일본에서 개최된다…세계적인 경제기구인 GATT(관세무역에 관한 일반협정) 총회가 도쿄의 산케이회관에서 개최된다… "일본 붐"인가. GATT 총회는 발족 이후 제네바에서 개최된다는 관례에서 벗어나 이번에 도쿄에서 열리는 것은 일본으로서는 총회에 출석하는 각국 대표에게 일본경제의 실정을 알리고, 일본에 대한 불신감을 완화시키고자 한다.

라고 기술, 국제회의가 근대공업국으로서의 일본을 세계에 어필하는 수단으로 인식되고 있음을 알 수 있다.

이와 같이 전후 1950년대 일본에서의 국제회의는 국가재건의 일환으로서 인식되었고, 일본을 어필하는 수단으로 받아들여졌다. 그러나 국제회의와 관련된 법 정비는 진척되지 않았고, 국제관광사업의 조성과 국제관광 호텔 정비법, 여행 알선업법 등 관광관련 법제정에만 힘을 쏟는 정책이 실시되었다.

전후, 첫 일본국제견본시의 개최

무역진흥의 하나로 발전해 온 견본시는 국제회의보다는 정부의 전면

적인 지원하에서 '국제화'를 지향하면서 지속적으로 확대되어 왔다. 다시 말해, 1954년 오사카에서 아시아 최초임과 동시에 일본 최초의 「제1회 일본국제견본시」의 개최가 그것이다. 견본시의 오사카 개최에 자극을 받아 다음 해부터 도쿄에서도 국제견본시가 개최되기 시작하였다.

일본 개최의 국제견본시는 1936년에 처음으로 계획되어 각 방면으로 다양한 기념사업이 계획되었다. 첫 움직임으로 국고보조금으로 약 1만 1천 평의 국제견본시 회관을 혼마치바시(本町橋) 근처에 건설하기로 하고 공사가 진행되는 중에 태평양전쟁이 발발하여 회관의 공사는 중지되었다. 전후, 국가의 원조도 얻지 못한 채 오사카후와 오사카시, 오사카상공회의소가 1951년 12월에 회관을 완성시켜, 이곳에서 일본 최초의 「제1회 일본국제견본시·오사카(그림 2-1)」가 개최되었다.[131]

그림 2-1 | 제1회 일본국제견본시 풍경

---

131) 日本国際見本市委員会(1954)『日本国際見本市報告書』4-5쪽.

2부 컨벤션의 변천

이 견본시는 1954년 4월 10일부터 23일까지 14일간, 일본국제견본시위원회[132]의 주최로 정부를 비롯하여 관련 산업의 협력을 얻어 개최된 무역진흥책이며, 국가를 앞세워 해외에 호소하는 무역발전에 있어서 절호의 기회[133]라고 인식되고 있었다. 회의장의 규모는 17개국을 포함하여 국내외에서 많은 출품이 있었고, 그 규모가 확장되어, 결국 제1회 의장인 국제견본시회관이 700평, 제2회의장은 아지가와부두(安治川埠頭/大阪埠頭倉庫株式会社)에 1,800평, 가설건축물이 2,500평, 옥외공터가 6,000평이 확보되었다. 제1회의장에서는 섬유류의 전시, 제2회의장에서는 기계류와 금속류, 잡화, 원자재 등이 전시되었다.[134]

개최기간 중에 1일 평균 평일(상담개최)은 1만 8,000명, 주말(일반공개)은 2만 5,000명이 참관하여 총 27만 4,956명이 내장하는 등 성황을 이루었다. 그 중 출품자는 4,016명, 관공청을 포함한 재일 외국공관원 등의 초대객이 4,967명, 내외 신문 등의 보도 관계자가 350명이 취재활동을 진행하였다. 견본시의 특징인 상담 계약은 총 413건, 총액 200억엔 이상으로 추측[135] 되는 등 성공적인 국제견본시로 평가되고 있다.

견본시의 성공적인 개최로 인해 일본 국내에서는 견본시에 대한 관심이 높아짐은 물론, 다음 해인 1955년에 도쿄에서도 일본국제견본시가 개최되기 시작했다. 도쿄에서도 오사카와 마찬가지로 견본시의 계획

---

132) 오사카후 · 오사카시 · 오사카상공회의소 · 해외시장조사회(현, 일본무역진흥기구 : JETRO) · 국제견본시협회로 구성되어, 1958년에 오사카국제견본시위원회로 개칭됨.
133) 위의 책, 日本国際見本市委員会(1954), 6쪽.
134) 위의 책, 日本国際見本市委員会(1954), 64-65쪽.
135) 위의 책, 日本国際見本市委員会(1954), 90-93쪽.

은 1935년에 세워졌으나 전쟁에 의해 중지되었는데, 그 결실을 맺은 것은 1955년 도쿄국제견본시협회의 주최로 열린 「일본국제견본시 · 도쿄」에서였다. 도쿄와 오사카의 국제견본시 개최 요망에 의해 1956년 이후에는 도쿄 · 오사카의 상호 개최가 결정되었고, 명칭도 「도쿄 국제견본시」와 「오사카 국제견본시」로 바꿔서 개최하였다.

이상과 같이, 국제회의는 1953년부터 도쿄를 중심으로 개최되었으나, 그 영향력은 미약하였고, 국제사회를 향한 일본의 어필 수단에 지나지 않았으며, 관련 전문기관도 아직 설립되지 않은 상태였다. 반면, 견본시는 전후의 폐허에서 탈출하여 경제적인 기반의 확보를 위해 무역의 확대가 요구되는 정세에서 유효한 것으로 인식되어, 일본의 경제적인 발전을 국제적으로 보여주기 위해 국제견본시가 개최되었다. 그 개최에 있어서 국제견본시협회와 (특)일본무역진흥회(JETRO)가 지원에 나서는 등 견본시에 대한 기대가 컸다는 것을 알 수 있다.

2. 이벤트 개최와 컨벤션의 도약기 : 1960년대~1970년대

1950년대 전후 부흥기가 끝나고 석탄에서 석유로 에너지의 전환, 생산기술의 혁신에 의한 대량생산과 일본의 소득배증계획(이케다내각)에 의한 대량 소비생활의 출현이 맞물려, 1960년에는 이전에 없었던 경제성장을 달성하여, 일본의 국제적 지위는 비약적으로 향상되었다. 이 시기에 만들어진 생산과 소비, 수출과 수입의 구조가 이후 일본의 경제력의 기반이 되었다.

또한 동 시기에 일본에서는 관광붐이 시작되었다. 그 요인으로는 기술혁신에 의한 일본경제의 급속한 성장과 함께 국민소득의 현저한 증가, 노동시간의 단축에 의한 여가시간의 증가, 여가를 즐기는 생활로의 인식변화(표 2-2 참조)를 들 수 있다. 이와 함께 교통기관의 발달도 관광수요를 촉진시키는 요인[136]이 되었다고 할 수 있다.

표 2-2 | 여가시간과 관광지수의 추이

항목	1960년		1965년		1970년	
여가시간(시간)	2,022.8	100%	2,359.1	116.6%	2,348.8	116.1%
휴일수(일)	66	100%	78	118.2%	85	128.8%
관광지출(엔)	7,669	100%	15,940	207.9%	43,921	572.7%
레저지출(엔)	64,730	100%	107,458	166.0%	222,638	343.9%

1963년에 일본은 국제수지의 적자를 이유로 수입제한을 실시하지 않겠다고 국제사회에 선언하였다. 그리고 무역에 따른 외화거래에 대한 규제를 철폐하고, 통상·금융의 자유화를 추진, 개발도상국에서 선진국으로 진입하게 되었다. 이러한 자유화와 동시에 국제경제의 중요한 논의로 일본의 존재감이 급속히 강화되었다.[137]

더욱이 일본의 OECD(경제협력개발기구) 가입에 의해 1964년 4월부터 관광을 목적으로 한 해외도항이 1인당 연 1회, 지참외화는 500달러(약 2만 엔)까지로 제한적 자유화가 이루어졌다.[138] 이러한 변화에 의해

---

136) 野崎太郎(1975) 『観光経営論』 法律文化社, 37쪽.
137) 伍百旗頭眞編(1999) 『戦後日本外交史』 有斐閣, 115쪽.
138) 앞의 책, 多方一成·田渕幸親(2001), 3쪽.

「관광기본법」에는 외국인 관광객의 방일 촉진 및 외국인에 대한 접대 향상, 관광시설의 확충과 함께 국제친선의 증진 및 국제수지의 개선, 국민생활의 긴장 완화 등 국민생활의 안정화 기여[139]도 포함되었다. 또한 UN에서는 1967년을 「국제관광의 해」로 지정하여 관광이 사회, 문화, 교육, 경제 등에서 수행하는 역할을 세계 각국에 널리 알리고, 관광진흥에 관한 시책의 추진을 호소하였다. 이것에 응해 일본은 여행절차를 간단히 하는 등 관광진흥 및 관광개발에 힘을 기울였다.

고도경제성장기에 진입하여, 물가의 상승, 농업·유통 부문 등의 저생산성 부문 및 생활관련 회사 자본의 저성장, 공해 발생, 교통사고 증대 및 국토의 과소·과밀화로의 전개 등 다양한 왜곡이 현저히 나타났다. 이와 함께 국제사회에서의 일본의 지위가 향상됨에 따라 발전도상국으로부터 경제협력에 대한 기대가 높아지고 있었다. 이러한 상황 속에서 1970년대 미국의 신경제정책발표(닉슨쇼크)에 의한 금·달러 비태환성 선언과 엔의 변동상장제로의 이행이 실시되었다. 게다가 1973년에 발생한 제4차 중동전쟁에 의한 석유파동과 전세계적인 총수요 억제책 등으로 일본의 경기는 심각한 불황시대를 맞이하게 되었다.[140]

소득향상에 의해 사람들의 생활에 여유가 생김으로 인해 국제 및 국내관광은 매년 증가하였다. 그리고 여행이 사람들 사이에 침투함에 따라 여행자는 투어에 참가하는 것이 아니라 스스로 여행계획을 세우는 등 여행의 형태도 다양화되기 시작하였다. 또한 1969년 4월에는 지출

---

139) 内閣総理大臣官房審議室(1964)『観光白書』大蔵省印刷局, 169쪽.
140) 앞의 책, 運輸省50年史編纂室(1999), 234-235쪽.

외환 한도액도 1회 500달러에서 700달러로 증액되었다. 그 후 한도액
은 1971년에 3,000달러가 되었고, 1978년에는 한도액이 완전히 철폐
되어[141], 국민의 해외여행은 점점 증가되어, 국제관광수지는 1964년에
는 1,615만 달러, 1965년에는 1,646만 달러[142]로 적자폭이 확대되기 시
작하였다.

이벤트 개최와 컨벤션 동향

동 시기의 일본 컨벤션 동향에 큰 영향을 미친 것이 1964년 도쿄개
최의 제18회 올림픽(이하, 「도쿄올림픽」이라 칭함)과 1970년 오사카개최
의 일본만국박람회(이하, 「오사카만박」이라 칭함)이다. 양 이벤트는 국내외
에서 관광객을 불러들여 개최도시에 큰 경제적 효과를 가져왔을 뿐만
아니라, 국제적으로 인지도를 높이는 데 최고의 수단이었으며, 이벤트
개최와 함께 컨벤션의 개최가 급증하는 등 그 영향력은 적지 않다.

또한 관광정책도 도쿄올림픽 대책에 관한 정책이 강구되었다. 구체적
으로 도쿄 및 주변 지역의 호텔건설에 관한 일본개발은행의 융자알선,
숙박시설의 대응을 위해 특별제작된 선박과 일반 가정의 수배, 유스호
스텔에 대한 국가의 보조금 교부, 국내여행을 위한 유료 휴게소와 안내
지도의 정비 등, 외국인 유치를 위해 다양한 대책이 계획되었다.[143] 거기
다 일본의 관광사업을 담당했던 일본관광협회는 1962년에 정부출자단
체로 재발족됨과 동시에 중앙기관으로서 역할이 부여되었고, 업무도 국

---

141) 앞의 책, 多方一成 · 田渕幸親(2001), 3쪽.

142) 内閣総理大臣官房審議室(1966)『観光白書』大蔵省印刷局, 8쪽.

143) 앞의 책, 運輸省50年史編纂室(1999), 215-216쪽.

내관광 관련 업무와 해외 관광 선전업무로 분류되었다. 전자는 새롭게 설립된 사단법인 일본관광협회, 후자는 특수법인 국제관광진흥회(현, (독)국제관광진흥 기구 : JNTO)가 맡게 되었고, 같은 해에는 JNTO에 5억 9,246만 엔의 보조금이 교부되어[144], 본격적인 국제관광사업에 뛰어들게 되었다. 당시 JNTO의 주요 업무는 해외선전사무소에 일본관광정보의 제공과 선전 인쇄물의 간행 및 배포, 해외개최의 박람회와 국제견본시에서 관광 사진과 기념품의 전시를 통해 일본을 선전하는 데 주력하였다.

이 시기의 방일외국인(그림 2-2)은 서서히 증가를 보이고 있으며, 1977년에는 100만 명의 외국인이 일본을 방문하였으나, 국제회의에 참가하는 외국인 수는 이전과 같이 많지 않았다.

특히, 1970년에는 오사카만박의 개최로 방일외국인은 급증하였는데, 1973년에 오일쇼크가 이어지는 속에서도 일본을 방문하는 외국인과 국제회의의 개최에는 큰 타격을 주지 않았다. 1979년에는 아시아 최초의 정상회담(제5회 주요선진국 수뇌회의 = 도쿄정상회담)이 도쿄에서 개최되어, 국제사회에서의 일본의 지위를 명백히 하였다. 한편, 1971년 방일외국인 수의 66만 715명보다 많은 96만 1,135명의 일본인이 해외여행을 떠나, 국제관광의 수지가 적자를 기록한 첫해가 되었고, 이 현상은 오늘날까지 계속되고 있다.

---

144) 内閣総理大臣官房審議室(1965)『観光白書』大蔵省印刷局, 179-180쪽.

그림 2-2 ┃ 방일외국인 수와 국제회의 외국인 참가자 수(1960년대~1970년대[145])

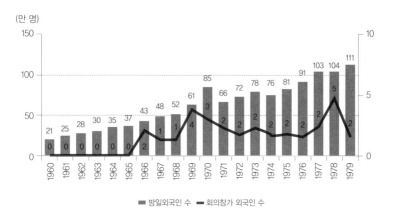

(만 명)

■ 방일외국인 수 ■ 회의참가 외국인 수

한편, 1960년 일본에서는 변함없이 과학·의학 관련의 국제회의가 다수 개최되었다. 즉, 국제천연물화학회의, 제3회 아시아·태평양 심장학회, 제2회 국제수질오염연구회의 등 국제회의의 개최건수는 증가했다. 특히, 〈그림 2-3〉에서 알 수 있듯이 1964년을 기준으로 안정적인 성장을 보여주고 있으며, 1965년부터는 2배 가까이 급증이 지속되고 있으나, 1970년에 개최된 오사카만박이 종료된 다음 해에는 국제회의 건수가 3년 전 수준으로 하락하여 이벤트가 국제회의 개최에 끼치는 영향이 큰 것을 알 수 있다.

---

145) 방일외국인 수와 국제회의 외국인 참가자 수는 『관광백서』와 JNTO의 통계를 참고함.

그림 2-3 | 국제회의 개최현황(1960년대~1970년대[146])

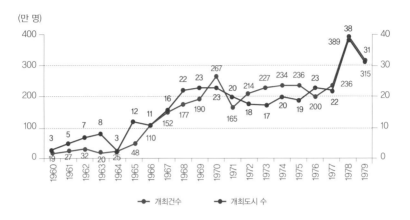

전국에 533개의 학회가 있다. 대부분의 학회는 1년에 1번 이상의 회의를
열고 있다…관광을 일정에 포함해서 진행하는 학회가 있다…구미의 여러 회

국제회의를 도시별로 보면, 1965년을 경계로 변함없이 개최도시는
도쿄에의 의존도가 높지만, 교토를 비롯하여 센다이, 히로시마, 후쿠오
카, 고베, 삿뽀로, 오카야마, 이세시마, 구루미, 시즈오카 등 전국 각지에
서 개최가 가능하게 되었다. 이것은 관광개발 및 공공투자에 의한 도로,
철도 등의 관광기반시설의 건설에 의해 지방으로의 이동이 편리해 지
고, 지방의 관광시설이 정비되기 시작하였기 때문으로 생각된다.

국제관광의 초기라고 할 수 있는 1960년도 국제회의에 대한 정부의
인식은 『관광백서』에서 추측할 수 있다.

전국에 533개의 학회가 있다. 대부분의 학회는 1년에 1번 이상의 회의를
열고 있다…관광을 일정에 포함해서 진행하는 학회가 있다…구미의 여러 회

---

146) 국제회의 개최현황은 JNTO의 통계를 참고함.

2부 컨벤션의 변천

의에서 볼 수 있는 이른바 레디스 프로그램을 기획한 학회도 증가할 것이 예상된다.(1964년)

국제회의·행사는 여기에 참가하는 외국인이 한꺼번에 방문하고, 통상 관광을 동반하는 경우가 많으며, 참가 외국인에게 일본의 관광매력을 선전하는 절호의 기회이므로, 국제회의·행사의 유치는 지극히 효과가 크다. 또한, 겨울에 이것을 유치함으로 오프시즌의 해소방책으로 유효하다.(1968년)

전자의 기사에서 관광산업에 있어서 국제회의의 시장이 크다는 점, 레디스 프로그램(애프터컨벤션 또는 동반자 프로그램으로 불림)의 중요성을 이해하고 있음을 알 수 있다. 후자의 기사에서는 관광에 있어서 국제회의의 효과를 높이 평가하고 있으며, 이것은 일본관광에서 국제회의의 비중이 점점 커져가는 시작점이 되었다.

컨벤션 전문기관과 컨벤션 시설의 건설

도쿄올림픽을 계기로 1965년에 국제회의 유치와 수용체제를 정비하기 위해 컨벤션 조직이 만들어졌다. 이 조직의 설립은 1955년부터 논의되어 왔으나 예산이 인정되지 못해 설립이 늦어지게 되었다. 1964년이 되어서 운수성 관광국, 일본상공회의소, 일본호텔협회, JNTO, (재)일본교통공사 등의 관광관련 단체와 일본학술회의, 총리부, 도쿄도의 협력을 얻어 6월 22일에 임의단체인 일본컨벤션뷰로가 설치되어, 일본에서 「컨벤션」이란 어휘가 처음으로 사용되었다. 동 뷰로는 1966년 4월 JNTO

로 흡수[147]되어 일본의 국제 컨벤션 유치기관은 JNTO로 바뀌었다. 일본 뷰로는 국제회의, 행사 등의 개최를 일본에 유치하는 것은 물론 회의장 및 관련 시설, 서비스 기관의 상황, 일본의 국제회의, 행사의 개최상황 등의 조사를 실시하고, 국제회의와 관련된 구체적인 정보의 제공, 지도에 의한 유치활동을 추진하는 것을 목적으로 하고 있다.[148]

한편, 도쿄올림픽 개최 시에 외국관광객을 위한 통역과 번역을 담당했던 많은 조직은 회사를 설립하게 되었다. 다시 말해, 1965년에 주식회사 ISS를 비롯하여, 일본컨벤션서비스 주식회사, 주식회사 인터그룹 등 대부분 통역 및 번역회사가 이 시기에 설립되고, 일본에 컨벤션이 성장함에 따라 이들 회사는 PCO사로 전환하였다. JTB는 도쿄올림픽의 사무국 대행, 외국인 알선업무 등의 경험을 토대로 1967년에 본사 국제부의 외국인 여행중앙영업소에 국제회의과를 별도로 설치하는 등 국제회의 사업을 시작하였다. 그런데 〈그림 2-3〉과 같이 국제회의 개최는 지속적으로 증가했으나, 국제회의장에 적합한 시설이 없었기에 많은 국제회의는 도쿄회관, 일본청년관, 수산회관 등에서 열렸다. 이러한 상황에서 국제회의장의 필요성이 대두하게 되었고, 1966년에 본격적인 국제회의 전문시설인 국립교토국제회관이 건설되었는데, 이 시기부터 도쿄에 이어 많은 국제회의가 교토에서 개최되었다.

한편, 1954년과 1955년에 건설된 오사카와 도쿄의 견본시 회의장은 항구 전시장으로 바뀜과 동시에 확장이 이루어져, 대형 견본시를 비롯

---

147) 国際観光振興会(1984)『国際観光振興会あゆみ』110쪽.
148) 内閣総理大臣官房審議室(1967)『観光白書』大蔵省印刷局, 197쪽.

한 각종 전시회의 개최에 이용되기 시작하였다. 또한 1973년 나고야에서는 포트메세나고야, 1978년 북큐슈에서는 서일본종합전시장이 건설되는 등 각 도시에서 국제회의보다 견본시와 전시회가 미치는 파급효과에 기대를 걸고 있음을 알 수 있다.

이상과 같이 방일외국인과 국제회의 개최건수가 증가한 이유로는 도쿄올림픽 및 오사카만박의 개최, 컨벤션 관련 전문시설의 설치 등을 들 수 있다. 같은 시기부터 국제회의 전문기관인 일본컨벤션뷰로의 체제가 정비되었다고 할 수 있다. 또한 도쿄 및 오사카의 견본시 확장과 포트메세나고야·서일본종합전시장의 건설이 진행되는 것에서 견본시에 초점이 모여지고 있음에는 변화가 없었다. 그럼에도 불구하고 회의 중심의 컨벤션 시설인 국립교토국제회관의 건설에 의해 기존의 견본시 일변도라는 컨벤션 경향에서 벗어나 이윽고 국제회의에 관한 정책이 강구되어, 1980년대에는 컨벤션 관련 법률이 시행되기 시작했다. 또한 오늘날의 대부분의 PCO는 설립 초기에 통역과 번역 업무를 기반으로 성장하고 있음을 알 수 있다.

3. 컨벤션의 성숙기 : 1980년대~1990년대

1979년에 발생한 제2차 오일쇼크에 의한 세계경제 불황 속에서 일본의 경제는 저성장을 유지하고 있었던 것이 1986년부터 엔고 현상이 진행되어 1991년까지 버블 경기의 시대가 시작되었다. 이에 따라 컨벤션 산업도 버블경기에 의한 경제성장과 함께 장족의 발전을 하게 된다.

즉, 이 시기에 각 지역에서는 컨벤션 시설의 건설이 계속 진행되어 컨벤션 붐의 시대를 맞이하는 등 일본 컨벤션 산업은 큰 전환기를 맞이하게 된다.

선구적인 움직임은 1981년에 고베의 포토아일랜드에서 국제회의장, 국제전시장, 포트피아호텔이 개업을 시작함과 동시에 「포토피아 '81(그림 2-4)[149]」 박람회의 개최가 그것이다. 이것은 일본에서 처음으로 회의장, 전시장, 숙박시설 등의 컨벤션 복합시설의 완성을 의미하며, 향후 일본에서 갖추어야 할 컨벤션 시설의 모습을 보여주는 획기적인 것이었다. 그후 1985년에 인텍스오사카, 1987년에 도쿄빅사이트, 오키나와컨벤션센터가 건설되었다. 인텍스오사카는 오사카국제견본시 회의장의 확장의 일환으로, 그리고 도쿄빅사이트는 도쿄국제견본시 회의장의 확장의 일환으로 새롭게 건설된 시설이었다.

그림 2-4 | 포토피아 '81

반면, 동 시기의 1985년 4월에 JNTO와 국제화를 지향하는 지자체의 컨벤션 추진기관이 「일본컨벤션추진협의회」를 설립하여, 국제회의 · 견본시 · 이벤트의 유치와 수용체제의 정비를 촉진시키게

149) 神戸ポートピアホテル20周年記念誌編纂委員会(2001)『ポートピアホテル開業20周年記念誌』神戸ポートピアホテル, 14쪽.

2부 컨벤션의 변천

되었다. 동 협의회는 일본의 주요 협회 및 단체를 대상으로 「국제회의 개최 의향 조사」, 컨벤션 오거나이저와의 상담회 개최, 「컨벤션 정보지(계간)」의 발행 등의 업무를 맡게 되었다.[150]

게다가 1986년 5월에는 운수성 안에 컨벤션 상담창구를 설치하여, 지방공공 단체를 대상으로 컨설팅과 관련 사업자의 소개 등을 실시하였다.[151] 이렇게 중앙기관에 의한 컨벤션의 추진은 『관광백서』에 있어서 「컨벤션」의 위치에도 변화를 가져왔다. 동 백서에서는 국제관광진흥에 있어서 1980년에는 「해외를 향한 선전 활동의 하나」로서 국제회의의 진흥을 제창하였으나, 1987년부터는 「국제교류의 일환」으로서 국제 컨벤션의 진흥을 주장하게 되었다. 동 백서에는 국제 컨벤션이란 국제회의와 국제전시회이며, 국제적 상호이해의 증진에 기여하고, 지역의 활성화 및 국제화에 유효하다고 서술되어 있다.

국제회의유치와 관련하여 선진국의 대기업이 종업원과 지점·계열 등의 판매 의욕을 높이기 위하여 인센티브투어(보상여행)을 왕성하게 실시하고 있으므로, JNTO가 이 투어의 일본 유치에 적극적으로 참여하고 있다고 『관광백서(1986년)』에 보고하고 있는데, 이것에서 미국의 인센티브투어에 일찍이 주목하고 있었음을 알 수 있다. 그러나 각 도시가 인센티브투어의 유치에 본격적으로 뛰어든 것은 2000년대에 들어서부터이다.

---

150) 総理府(1986)『観光白書』71-72쪽.
151) 総理府(1987)『観光白書』119쪽.

표 2-3 | 국제 컨벤션 도시(1988년 기준)

홋카이도지방	삿뽀로시
토호쿠 · 간토우 지방	센다이시, 야마가타시, 니가타시, 치바시, 요코하마시
추부지방	나가노시, 마쓰모토시, 토야마시, 후지요시다시, 하마마쓰시, 가나자와시, 기후시, 나고야시
추고쿠 · 시코쿠 · 긴키지방	교토시, 오사카시, 고베시, 히로시마시, 마쓰야마시
큐슈 · 오키나와	후쿠오카시, 구마모토시, 미야자키시, 나가사키시, 가고시마시, 오키나와지역(나하시 · 우라소시 · 기노완시 · 오키나와시)

참고 : 総理府『観光白書』1989년.

또한 대다수의 지자체에 의한 컨벤션 진흥을 위한 추진이 시작되긴 하였으나, 컨벤션 관련 유치 체제의 미정비, 관련시설의 부족, 인재와 노하우의 부족 등이 과제로 대두되었다. 이것들을 개선함과 동시에 컨벤션의 추진을 도모하기 위하여「국제 컨벤션 도시구상」이 발표되었고, 1987년에 국제 컨벤션 도시 정비요강이 책정되어, 1988년에는 일본 최초의 국제 컨벤션 도시로 25도시가 지정되었다(표 2-3). 국제 컨벤션 도시로 지정된 도시가 국제 컨벤션 사업을 추진하는 데 있어서 JNTO는 해외의 관광선전사무소로부터 제공받은 컨벤션 정보 제공 및 지원을 실시하였다.[152]

한편, 뷰로의 설립도 이 시기에 설립되기 시작하였다. 그 이유는 국제 컨벤션 도시의 지정에 있어서 컨벤션의 수용체제로써 뷰로가 반드시 있어야 하는 조직이었기 때문이다. 뷰로 중에서 먼저 설립된 것은 교토뷰

---

152) 総理府(1989)『観光白書』108쪽.

로로 1973년에 교토시 관광협회의 한 부서로 설립되었다. 그 후 1983년에 「가나자와컨벤션 도시 협의회」가 발족되었고, 1985년 5월에 이시카와현과 가나자와시, 가나자와상공회의소의 출자로 재단법인으로서 (재)가나자와뷰로가 설립되었다. 이것을 시작으로 1987년 3월 (재)센다이뷰로, 같은 해 9월에는 (재)후쿠오카뷰로가 설립되는 등 일본의 대도시를 중심으로 뷰로의 설치가 시작되었다.

또한 컨벤션 시설의 설립이 도시개발의 일환으로써 추진된 곳은 치바현으로, 1989년에 치바의 마쿠하리 신도심에 호텔과 쇼핑센터 등의 상업지구와 전시회 및 컨벤션 개최가 가능한 중핵시설인 마쿠하리메세가 개관하였다. 이 신도심은 미국의 컨벤션이 도시개발의 일환으로 계획된 것과 마찬가지로, 미국을 모델로 한 건설임을 알 수 있다. 또한 1990년대에 들어서 컨벤션 시설의 건설은 계속되는데, 나고야국제회의장, 센다이국제센터, 퍼시픽요코하마(국립홀은 제외), 마린메세후쿠오카, 도쿄국제포럼 등 정령도시를 중심으로 컨벤션 시설이 차례로 건설되었다.

버블경제의 붕괴 후에 컨벤션은 1994년에 「국제회의 등 유치 촉진 및 개최의 원활화에 의한 국제관광진흥에 관한 법률(통칭 컨벤션법)」이 시행되었다. 이 법을 토대로 같은 해 10월에 40개 도시, 12월에 2개 도시가 추가되어 1999년까지 49개 도시가 「국제회의관광도시[153]」로 인증되었다. 이것에 따라 모든 정령도시와 중핵도시에서는 컨벤션 개최에

---

153) 국제회의관광도시란, 국제회의시설, 숙박시설 등의 하드웨어와 컨벤션뷰로 등의 소프트웨어의 체제가 정비되어 있어, 컨벤션 진흥에 적합하다고 인정되는 시정촌(市町村)을 말하는데, 시정촌의 신청에 의해 국토교통부장관이 인정하는 도시를 말함(国土交通省 : http://www.mlit.go.jp/ki놈05/01/010323_html, 2008年 7月 28日).

적합한 체제가 정비되었다. 그리고 1995년 4월에는 컨벤션 진흥을 도모하기 위해 운수성을 비롯하여 JNTO, 각 도시의 뷰로, 컨벤션 관련 사업자가 참가하여 「일본콩그레스 · 컨벤션뷰로(JCCB)」를 설립했다. 동 기관은 컨벤션의 유치 지원, 인재육성 등의 각종 사업을 실시함과 동시에 컨벤션 진흥 시책을 확립하고 추진하는 것을 목적으로 하고 있다.[154]

이 시기에 개최된 국제회의에 관하여 UAI의 통계를 보면, 전세계에서 개최된 국제회의는 1982년에 4,353건, 10년 후인 1992년에는 8,627건으로 2배 증가로 계속적인 증가 추세를 보이는 반면, 그 신장률은 1999년까지 저조하다. 또한 일본개최의 국제회의는 1982년에 12위(93건), 1983년에는 12위(108건), 1984년에는 16위(85건)을 점하고 있었으나, 1987년부터는 11위(178건)를 유지하였고, 1990년에는 10위(266건)로 상위권에 진입하였다.

세계정세에 따라 방일외국인 수가 변동을 보이는 것에 반해, 국제회의 개최건수는 큰 변동이 없었으며 순조로운 신장률을 보이고 있다. 특히, 1990년을 기준하여 개최건수가 1,000건을 넘는 1,077건이 개최되었고, 외국인 참가자 수도 5만 명을 넘었으나, 방일외국인의 국제회의 참가자 비율은 평균 1.9%에 지나지 않는다.

방일외국인의 동향(그림 2-5)을 보면, 1980년대에 들어서도 외국인 수 증가는 계속되고 있고, 1984년에는 200만 명을 돌파하였다. 이 시기부터는 구미의 여행자 수가 감소하고, 아시아 여행자의 계속적인 증가가 보여, 아시아 국가의 경제성장과 함께 일본으로의 방문이 증가했음

---

154) 総理府(1996) 『観光白書』 101쪽.

2부 컨벤션의 변천

을 알 수 있다. 또한 1985년에는 「쓰쿠바만국박람회」가 개최되어, 전년 대비 10.3% 증가(232만 명)을 기록하였는데, 그 다음 해는 쓰쿠바만박의 반동과 급격한 엔고의 영향으로 일시적으로 방일외국인 수가 큰 폭으로 떨어져 12.4% 감소(206만 명)를 기록했다.

그 후에는 순조로운 신장률을 보이지만 1993년부터 1995년까지는 외국인 불법 취업의 급증에 의해 입국심사와 비자발급 기준이 엄격화되었고, 1995년의 한신아와지대지진의 영향으로 저조한 성장을 기록하였다. 그러나 1996년 4월에 운수성에 의한 「웰컴플랜21(방일관광교류증대계획)」의 발표로 외국인 여행자의 방일 촉진 추진이 본격화되어[155], 다시 증가 추세로 돌아서면서 1997년에는 400만 명 돌파, 1999년에는 444만 명으로 증가하여 과거 최고 기록을 세웠다. 거기다 컨벤션 개최도시는 1988년에는 70개 도시, 1994년에는 88개 도시, 1996년부터는 100개 도시 이상으로 늘었다(그림 2-6).

동 시기부터 컨벤션 산업은 본격적인 성장을 이룩하게 되었다. 다시 말해, 하드웨어인 컨벤션 시설이 정비되기 시작하는 한편, 소프트웨어인 뷰로가 각 도시에 설치되는 등 컨벤션 유치 및 지원에 적극적인 활동이 가능한 환경이 정비되었다. 그 결과, 일본 개최의 국제회의는 1997년부터는 2,000건 이상을 기록하게 되었고, 외국인의 일본 유치에도 기여하게 되었다. 이와 같이 긍정적인 면이 있는 반면, 컨벤션 도시의 인정과 컨벤션 시설의 증가에 의해 컨벤션 유치에 있어서 국내 도시의 경쟁이 심화되고 있다는 현안이 대두되기 시작하였다. 이 현상이 2000년에 들

---

155) 앞의 책, 多方一成 · 田淵幸親編(2001), 36-37쪽.

어서 더욱 격화됨으로써, 각 도시는 컨벤션 관련 시설의 확충, 지역의 특색 있는 문화와 관광자원의 개발에 있어서 관민일체의 적극적인 활동이 요구되고 있다.

그림 2–5 │ 방일외국인 수와 국제회의 외국인 참가자 수(1980년대~1990년대[156])

그림 2–6 │ 국제회의 개최현황(1980년대~1990년대[157])

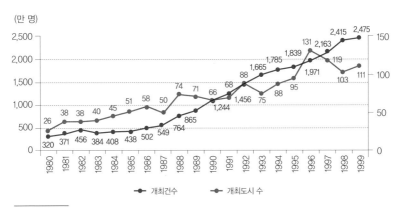

---

156) 방일외국인 수와 국제회의 외국인 참가자 수는『관광백서』와 JNTO의 통계를 참고함.
157) 국제회의 개최현황은 JNTO의 통계를 참고함.

2부 컨벤션의 변천

4. 컨벤션 산업의 확대기 : 2000년대 이후

2000년 이후의 방일외국인 수와 국제회의 개최동향에 관해서는 제1부 제3장에서 서술했으므로, 여기서는 생략하고, 2000년 이후의 일본 컨벤션 산업의 변화에 대하여 기술하고자 한다.

UN세계관광기구는 2001년 9월에 발생한 뉴욕 동시다발테러, 그 직후의 아프가니스탄에의 보복 공격, 2003년에 발발한 이라크 전쟁 등 테러와 전쟁이 일어난 시기를 제외하고 세계관광의 성장은 계속되고 있다고 발표하고 있다. 이러한 경향은 일본도 마찬가지로, 방일외국인 수가 2000년에 약 476만 명이었고, 2006년에는 약 733만 명으로 증가했다. 그 원인으로는 2003년에 「관광입국」의 표명과 같은 해 4월부터 정부, 지자체 및 민간기업의 공동참가로 실시되고 있는 「비지트 재팬 캠페인(VJC)」의 결과이며, 2002년 한일월드컵대회, 2005년 아이치박람회 등의 이벤트 개최에 따른 영향이라고 볼 수 있다.

한편, 일본 국내에서는 관광진흥에 의한 지역경제의 활성화에 관심이 높아지고, 그 일환으로써 컨벤션은 더욱 주목을 받는 동시에 컨벤션의 인식도 변화되었다. 다시 말해, 『관광백서』에서는 1990년대까지는 「국내외 국제교류의 추진대책」의 일환이었으나, 2000년대부터는 「방일촉진을 중심으로 한 국제관광 교류촉진시책」의 한 부분으로 자리 잡았다. 구미에서 컨벤션을 비즈니스의 하나로 인식하고 있는 것과는 다르게 일본의 컨벤션은 국제관광 및 국제교류의 수단으로 자리 잡고 있다고 할 수 있다.

동 시기에 일본 컨벤션 산업에서는 큰 변화가 보이는데, 그것은 중앙정부의 적극적인 대책의 시행과 컨벤션 시장의 다양화가 단적으로 나타나고 있다. 중앙정부는 국제관광사업의 경쟁력을 높이기 위하여 매력 있는 관광지의 형성 촉진과 함께 그 지원과 컨벤션 진흥을 위한 구체적인 시책을 강구하게 되었다. 특히, 2006년 9월에 아베총리의 소신표명에서 「2011년까지는 국제회의 개최건수를 5% 증가」라는 목표를 내세우며, 그 실현을 위하여 다양한 시책을 실시하고 있다. 또한 2007년에는 국토교통성이 「국제회의 개최·유치 추진에 의한 국제교류 확대 프로그램」을 표명하였고, 2008년 10월에는 관광청이 설립되어 일본정부의 관광사업에 대한 강한 추진을 나타내고 있다. 특히, 국제교류확대를 위해 「MICE 추진방책검토회」를 개최하여, 기존의 컨벤션 유치가 협의의 국제회의 유치 및 개최에 머물렀으나, 동 시기부터 국제회의를 비롯하여 전시회, 견본시, 인센티브 등이 포함된 광의의 국제회의전반(MICE)으로 확대되어 시책이 추진되고 있다.[158] 그 검토회는 MICE 각 분야에서 일본의 경쟁력을 강화하기 위한 방책과 미래를 향한 컨벤션 정책에 대하여 논의하는 것을 목적으로 관광청과 JNTO의 담당자뿐 아니라 컨벤션 시설, 뷰로, PCO, 일본전시협회 등 각계의 컨벤션 관계자가 모여, 현장의 상황을 반영한 정책을 강구하고 있다. 또한 각 현에서는 기존의 관광추진 조직에 컨벤션을 포함시킨 강력한 조직을 만드는 경향이 보이며, 일본 전국에서는 국제관광 및 컨벤션의 추진이 구체화되고 있다. 그 일환으로 2009년 7월에 「MICE 추진액션플랜」이 발표되었다.

---

158) 국제교류확대를 위한 MICE추진방책검토회(http://www.mlit.go.jp/kankocho/news 07000004.html)(2009년 6월 23일).

2부 컨벤션의 변천

컨벤션 시장은 MICE라는 개념의 정착화 함께 국제회의뿐만 아니라 인센티브와 기업미팅, 전시회 등 컨벤션 시장이 다양화되어, 각 분야로의 유치 활동이 한층 활발해졌다. 그 중에서도 각 도시는 인센티브의 유치를 위해 아시아 시장을 타깃으로 활동을 펼치고 있다.

한편, 견본시와 전시회의 경우에는 최근 지명도가 높은 국제견본시와 전시회를 제외하고 그 개최가 성공에 이르는 경우가 적어지고 있다. 그 것은 기존의 전시회가 상품 전시와 신상품 발표의 장으로 이용되고, 견본시가 거래의 장으로서 역할을 담당하였으나, 오늘날에는 양쪽의 행사에서 거래가 중시됨으로써 출전자의 감소가 이어지고 있기 때문이다. 일본도 지명도가 낮은 국제견본시와 전시회에 출전 기업이 감소하는 경향이 있다.

또한 컨벤션 유치는 각 도시의 컨벤션 정책 및 지원에 의해 그 활동의 폭이 상이하다. 즉, 정령도시를 중심으로 한 대형 컨벤션 유치와 중핵도시를 중심으로 한 중소형 컨벤션 유치로 대별할 수 있는데, 대부분의 국제 컨벤션 유치는 정령도시가 중심이 되고 있다. 그러나 2015년 국제컨벤션의 통계를 규모별로 본다면, 200명 미만의 국제 컨벤션(1,593건)이 전체(2,847건)의 56.0%를 차지하는 등 중핵도시 개최의 중형컨벤션이 많은 것을 알 수 있다. 따라서 향후에는 중소도시의 컨벤션 개최가 증가할 수 있다고 보인다. 거기다 오늘날까지 많은 컨벤션이 일본의 대도시에서 개최되었기 때문에 새로운 도시에서의 개최와 세심한 호스피탈을 요구하고 있으며, 동시에 컨벤션 분과회가 증가하고 있으므로 큰 회의장의 필요성이 적어진다는 점에서 본다면 중소도시도 컨벤션 개최에 충분한 자원을 보유하고 있다고 생각된다.

제4장

소결

구미에서의 컨벤션은 325년의 '제1니케아공의회'를 시작으로 근대의 컨벤션은 영토분할 문제 등의 정치를 주제로 한 국제회의가 주로 개최되었고, 제1차·제2차 세계대전을 거쳐 국제연맹 및 국제연합과 같은 국제조직이 설립되었다. 이러한 국제조직에 의해 국제회의의 개최가 증가하였고, 그 대상이 전 세계로 확대됨과 동시에 회의의 분야도 정치를 비롯하여 경제, 사회, 문화, 스포츠, 학술, 관광 등 다방면으로 열리게 되었다. 또한 구미의 컨벤션과 메세는 비즈니스와 관련된 개최가 많았으며, 일반적인 관광과는 상이한 비즈니스 모델산업으로 발전되어 왔다.

한편, 일본에서 컨벤션이란 개념은 관광과 국제교류라는 인식이 깊이 자리 잡고 있어, 「Business」라는 개념은 현장에서 활약하는 일부의 관계자만이 인식하고 있을 뿐이다. 당초 컨벤션은 국제회의를 가르키는 의미였기에 무역과 상거래를 위해 개최된 견본시와 전시회와는 인식의 차이가 보인다.

특히, 컨벤션은 국제관광의 일부로 인식되어 외화획득의 유효한 수단이며, 국제관광이 국제교류와 외국에 대한 일본의 이미지업에 연결된다는 점이 중요시되었다. 이러한 인식은 일본경제의 부흥자립에 있어서 국제관광사업이 유효한 수단이라는 인식은 근대 일본 성립 이후 일관되고 있다.

제2차 세계대전 이전의 일본 개최 국제 컨벤션은 도쿄와 교토를 중심으로 특정 시설과 호텔에서 열렸고, 국제회의의 개최를 위해 정재계의 협력과 수뇌부의 적극적인 참가가 두드러지게 보인다. 또한 전시 중에는 일본 및 세계의 정세가 격심한 변화를 겪어 감에 따라 국제회의도 지속적으로 개최되는 일은 없었다.

전후, 일본에서 비로소 개최된 국제회의는 1953년 9월의 도쿄 개최의 「제2회 ILO(세계노동기구)아시아지역회의」이다. 이전에는 많은 국제회의가 도쿄 · 교토를 중심으로 요코하마, 오사카, 나고야에서 개최되었고, 이 시기의 국제회의는 국제사회에 일본을 어필하는 수단으로 인식되어 있었다. 반면, 견본시는 전후의 일본경제의 복귀를 위한 무역의 확대에 적절한 수단으로 인식되어 국제견본시가 다수 개최되었다.

1960년대부터 1970년대까지는 도쿄올림픽 및 오사카만박의 개최, 컨벤션 관련의 전문기관의 설치에 의해 방일외국인과 국제회의 개최건수가 증가하여 컨벤션의 도약기를 맞이한다. 특히, 국제회의의 전문기관인 일본뷰로와 견본시의 전문기관인 일본무역진흥회가 설립됨으로써 컨벤션의 체제가 정비됨과 동시에 도쿄 및 오사카의 국제견본시의 회의장 확장, 각 지역에서는 전시장의 건설이 진행되었다. 이와 더불어 국립 컨벤션 시설로서 국립교토국제회관이 건설되어, 국제회의에 대한 관심이 고조되기 시작하였다. 도쿄올림픽을 계기로 국제 컨벤션을 개최하는 도시가 삿뽀로, 센다이, 후쿠오카, 히로미사 등 17개 도시로 증가하였다.

1980년대부터 1990년대까지는 컨벤션의 붐이 도래하여, 컨벤션 시설과 뷰로의 설치가 일본 전국에서 추진되는 등 컨벤션의 성숙기를 맞이하게 되었다. 거기다 컨벤션법의 제정 및 국제회의관광도시의 인정에 의해 일본 개최의 국제회의는 1997년부터는 2,000건 이상을 넘게 되었고, 개최도시도 100개 도시에서 국제회의가 개최되었다. 그렇지만 컨벤션 도시의 인정과 컨벤션 시설의 증가에 의해 컨벤션 유치에 있어서 국내 도시들의 경쟁이 심화되는 현상이 나타났다.

2000년대부터 컨벤션의 개념은 기존의 학술적인 국제회의(협의의 컨벤션)에서 광의의 컨벤션으로 확장되었다. 다시 말해, 전시회, 견본시, 인센티브 등을 포함한 국제회의 전반, 즉 MICE로 변화 및 정착되어 가고 있으며, 이것은 컨벤션 산업의 영역 확대화를 의미한다. 또한 2008년 10월에 국토교통성 산하기구로 관광청을 설치하여, 컨벤션 관계자가 중심이 되어 MICE 각 분야에 걸친 시책 및 미래를 향한 컨벤션 정책을 논의하는 등 MICE 진흥 및 추진을 도모하고 있다.

제3부
컨벤션 정책과 시행

본 장에서는 일본 컨벤션 정책의 현상과 특징을 명확히 함과 동시에 정책평가에 초점을 맞춰 고찰하면서, 향후 컨벤션 정책의 방향에 대하여 조명하고자 한다.

관광정책이란 국가의 관광행정활동을 종합적으로 조정하고, 관광진흥 시책의 기본 방향을 적극적으로 추진하는 정책을 말한다. 기본 이념은 「세계 레저 · 레크레이션협회(WLRA)」의 「여가헌장」 제1조 및 3조에서 규정하는 내용, 즉 「국민의 여가를 존중하고 그것을 관철함으로써 생활의 질을 향상시킨다」라는 것이다. 기본 방향을 「국민관광」과 「국제관광」으로 분류하면, 국민관광은 국민의 건전한 여가 · 관광 환경을 조성하고, 관광복지를 증진시켜 국민생활의 질을 향상시키는 것을 지향하고 있으며, 국제관광은 외국인 관광객(인바운드)을 최대한 유치하여 경제의 활성화를 도모하면서 국제친선과 국가 이미지 향상을 정책의 기본[159]으로 하고 있다. 여기서는 주로 인바운드의 국제관광정책과 컨벤션 정책을 대상으로 한다.

---

159) 駄田井正編著(2001) 『21世紀の観光とアジア · 九州』 (財)九州大学出版会, 37쪽.

제1장

국제관광정책의 추이

1. 전전(戰前)의 국제관광정책

일본의 외국인 유치 기관에 대해서는 제2부 제2장의 「국제관광의 개시와 국제회의의 시작」에서 서술한 바와 같이 1893년 「키힌카이」의 설치를 시작으로 하여, 1912년에 「재팬 · 투어리스트 · 뷰로(JTB)」의 설립, 1930년에 철도청에 「국제관광국」의 설치라는 순서로 시작되었다. 키힌카이의 시기는 민간주도의 「반민반관」, JTB의 시기는 관주도의 관민공동, 국제관광국의 시기부터는 관의 산하에 민간단체가 속한 관주도였으며, 관광정책도 국내관광보다 국제관광 중심으로[160] 시행되었다. 다시 말해, 동 관광국은 일본의 최초 중앙기관이면서 철도성의 산하 기관으로서 설치되었다. JTB의 후신인 일본여행협회와 해외관광선전기관인 (재)국제관광협회가 외국인 유치와 해외 선전사업의 실시 기관이며[161], JTB는 외국인 알선과 일본인 여행자의 알선을 담당하게 되었다.[162]

국내에서는 1931년에 「국립공원법」에 의해 아칸(阿寒), 다이세쓰산

---

160) 中村宏(2006)『戦前における国際観光(外客誘致)政策』神戸学院法学 第36巻 第2号, 110-111쪽.

161) 西尾壽男(1975)『観光の現状と課題』(財)日本交通公社, 645쪽.

162) 日本交通公社社史編纂室(1982)『日本交通公社七十年史』日本交通公社, 39쪽.

(大雪山), 닛꼬(日光) 등 8곳이 국립공원으로 지정되었다. 그리고 1930년부터 1937년에 걸쳐 15개의 호텔(약 900실)에 대한 총액 9억 엔이라는 국가의 융자가 추진되어 일본의 외국인 대상의 숙박시설이 정비되기 시작하였다. 그렇지만 태평양전쟁의 발발에 의해 1942년에 국제관광국의 폐지, 다음 해에 국제관광협회의 사업활동의 정지와 동아여행사(일본여행협회의 후신)로의 흡수 등으로 관광행정의 조직이 사라지게 되었다.[163]

2. 전후(戰後)의 국제관광정책

산업활동이 현저히 하락한 전후 초기에는 국제관광사업은 외화획득의 유력한 수단이었으며, 일본경제의 부흥을 위해 주목을 받았다. 1946년에 운수성 철도총국 업무국에 관광과가 설치되어, 점령군의 군인·군무원·바이어를 대상으로 한 유치와 접대가 주요한 업무였다. 1949년 6월에는 운수성 장관의 관방(직속)에 관광행정을 담당하는 관광부가 설치되어, 그 조직은 1955년에 운수성 관광국으로 되었고, 1968년에 운수성장관 관방 관광부가 되었다.[164]

1950년부터 계속하여 실질 국민총생산, 광공업생산의 증대와 도매물가, 소매물가의 안정에 의해 고도성장을 지속하고 있었으나, 국제수지의 개선이라는 과제가 아직 남아있었다. 그래서 국제관광에서도 그 과제를

---

163) 위의 책, 西尾(1975), 645쪽.
164) 앞의 책, 西尾(1975), 646-647쪽.

3부 컨벤션 정책과 시행

해결하기 위해 외국인 유치의 강화와 외국인 소비 증대를 위해 해외 관광선전기구의 충실 및 강화를 모색하게 되었다.[165] 그 일환으로 1957년 정부는 「관광사업진흥 5개년 계획」을 책정하고, 1955년 방일외국인 10만 3,000명과 그 소비액 4,500백만 달러(162억 엔), 1961년에 방일외국인 30만 명과 관광수입은 1억 2,000만 달러(432억 엔)를 목표로 하고 있었다. 그 시행을 위하여 대외관광선전의 강화, 교통시설의 정비, 숙박시설의 확충, 외국인 접대의 개선 등이 실시되기 시작하였다.[166]

게다가 1959년에는 일본관광협회법의 제정으로 (사)전일본관광연맹과 (재)국제관광협회의 통합이 이루어졌다. 전자는 관광자원의 유지 개발, 관광관련 종사자의 계몽지도, 국민의 건전여행의 추진 등 국내 수용체제의 정비를 담당하고 있었고, 후자는 해외의 관광선전, 외국인 숙박시설의 정비, 해외 박람회의 참가 등 해외관련 정비를 추진해 왔다. 양 기관의 재편에 의해 특수법인 일본관광협회가 설립되어[167], 국제관광과 국내관광이 하나의 조직 아래에서 일원화되었다. 동 협회는 국제부문에 있어서 파리, 방콕에 선전사무소(기존의 호놀룰루, 런던을 포함 4개소)를 증설하는 한편, 해외 각지에서 선전 촉탁원을 배치하여 외국인 유치의 선전과 일본 산업 시설의 해외 소개에 적극적으로 착수하였다. 반면, 국내에 있어서는 간토와 간사이를 비롯하여 지방관광지의 종합개발, 관광시설의 정비촉진, 국민여행의 보급, 관광관련 종사원의 육성 등을 추진하

---

165) 運輸省50年史編纂室(1999)『運輸省伍十年史』152쪽.

166) 運輸省観光局(1958)『観光事業－その使命と問題点－』4-5쪽.

167) 앞의 책, 運輸省50年史編纂室(1999), 214쪽.

게 되었다.[168] 그런데 1964년에 양 조직은 다시 분리되어 전자는 (사)일본관광협회, 후자는 (특)국제관광진흥회(현, JNTO)로 재편되어 오늘날에 이르고 있다.

이상과 같이 제2차 세계대전 후에 일본은 공업국을 지향하며, 산관학이 일체가 되어 진력을 함으로써 성공하게 되었다. 이 과정에서 일본형 시스템이라는 것이 만들어졌으며 좋은 평가를 받았다. 그러나 공업국을 만드는 데 적절했던 시스템이 서비스 · 소프트 중심의 포스트 공업사회에서도 유효하다는 보증은 없었다. 즉, 버블경제 붕괴 후의 일본경제가 부흥을 이룩하는 데 시간이 걸린 배경에는 포스트 공업사회에서는 제1차산업과 제2차산업보다 서비스 · 소프트를 공급하는 제3차산업에 의해 고용과 부가가치의 생산이 크다는 구조 변화와 관계하고 있다. 따라서 제3차산업의 비중이 높은 도시에 비해 일본은 이러한 의식이 명확하지 않았기 때문이다.[169]

관광정책과 관련한 법률로서는 1949년에 국제관광사업의 조정에 관한 법률, 국제관광호텔정비법 및 통역안내업법, 1950년에 문화재보호법, 1952년에 여행알선업법 등 관광과 관련한 기본적인 법률이 제정되었는데, 이 시기에 관광 관련 법제도가 거의 정비되었다.[170] 또한 도쿄올림픽의 개최로 방일외국인 증가가 예측되어, 1963년 6월에 「관광기본법」이 제정되었는데, 동 법은 관광에 관한 정책의 목표, 강구해야 할 국가의 시책 항목, 실시방법 등 관광관련 국가의 기본 방향을 규정하는 것으로 구체

168) 入沢文明 · 秦正宣(1960)『観光事業』有斐閣, 47-48쪽.
169) 앞의 책, 馱田編著(2001), 4-5쪽.
170) 寺前秀一(2006)『観光政策 · 制度入門』株式会社ぎょうせい, 21쪽.

적인 시책의 실시는 다른 법률 혹은 예산상의 조치에 따라 추진되었다.[171]

1968년 12월에 제정된 「국제관광사업의 조성에 관한 법률」에서는 국제관광사업의 진흥에 있어서 관광선전의 실시와 관광사업을 추진하는 비영리법인 중에 정령(政令)의 규정에서 사업수행에 필요한 경비의 일부가 보조를 받게 되었는데, 그 대상은 일본관광협회와 국제관광진흥회였다.[172] 이러한 국제관광의 정책은 외국인 유치를 위한 구체적인 시책으로 강구되었음을 알 수 있다.

그밖에 국제관광과 관련한 주요 정책은 다음과 같다.

「웰컴플랜21(방일관광교류증대계획)」

운수성은 1996년 1월에 학계인사와 관광산업 관계자가 중심이 된 「관광교류에 의한 지역국제화에 관한 연구회」를 발족시켜, 일본의 외국인 유치 대책을 강구하였다. 이 연구회는 대개 10년간 방일외국인 여행자를 2배 증가(700만 명)와 외국인 여행자를 지방으로 유치를 촉진하는 것을 목표로 하여, 운수성과 각 지역의 관계 기관이 각 지역의 관광지 정비의 지원 및 소개의 실시를 제안하였다. 구체적인 대책은 일본 전체와 지방 관광권으로 나누어 계획되었다. 전자는 외국인 유치의 홍보선전, 웰컴카드에 의한 체재비의 저렴화, 관광안내소를 중심으로 한 정보제공 시스템의 구축 등이다. 후자는 「국제관광테마지구」의 형성, 지역 전체에 파급효과를 미치는 시설(국제회의장, 공연무대 등)의 정부 지원 등

---

171) 앞의 책, 運輸省50年史編纂室(1999), 216쪽.
172) 앞의 책, 運輸省50年史編纂室(1999), 135쪽.

이다.[173] 특히, 「국제회의장」의 정비 지원은 1986년 컨벤션 도시 지정과 1994년 컨벤션법의 제정에 의해 컨벤션이 외국인 유치에 유효한 수단임이 반영된 것이다. 이 플랜의 실시에 의해 1996년에 방일외국인 수가 335만 명이었던 것이 2005년에는 약 673만 명을 기록했다.[174]

그 중에서 외국인이 집중하는 도쿄, 오사카 이외의 지역으로의 방문을 촉진하기 위해 제정된 「외국인 관광객의 내방지역의 다양화의 촉진에 의한 국제관광진흥에 관한 법률(외객유치법)」이 1997년 6월에 제정되었다. 외객유치법에는 도도부현에게 외국인 내방촉진계획(국제관광테마지구의 정비계획), 공통교통권의 도입 및 운임 할인, 지역한정의 통역안내업무 면허의 허가 등이 규정되어 있다.[175] 여기서 「국제관광테마지구」란, 우수한 관광자원이 있는 지역과 숙박거점이 있는 지역을 네트워크화하여 방일외국인 관광객이 3~5박의 관광루트가 가능한 광역적 지역을 말하며, 2008년 3월 현재, 전국에 16지구의 국제관광테마지구가 정비되어 있다.[176]

「관광입국(観光立国)」선언에 의한 국제관광정책의 변화

2003년에 고이즈미 총리에 의한 「관광입국」선언은 지금까지의 관광정책과는 달리, 일본의 관광산업의 위치를 한층 향상시킴과 동시에 관광정책을 종합적 그리고 계획적으로 추진해 가겠다는 의지를 나타낸다.

---

173) 앞의 책, 運輸省50年史編纂室(1999), 477쪽.

174) JNTO의 컨벤션 통계를 참조함.

175) 앞의 책, 運輸省50年史編纂室(1999), 478쪽.

176) JNTO · 홈페이지(http://www.jnto.go.jp/info/support/rtp.html/2009년 10월 29일).

관광입국의 실현을 위하여 2003년 5월 각료에 의해「관광입국 행동계획」이 강구되었다. 그 계획의 항목은 ① 21세기로의 진로「관광입국」의 침투, ② 일본의 매력·지역의 매력 확립, ③ 일본 브랜드의 해외 발신, ④ 관광입국을 향한 환경정비, ⑤ 관광입국을 향한 전략 추진 등이다. 이것은 나중의「관광입국 추진 기본계획」에 큰 영향을 미친다.

「관광입국 추진 기본법(2006년 성립)」[177]은 1963년에 제정된「관광기본법」의 전부를 개정한 법률로, 관광을 21세기 일본의 중요한 정책의 기둥으로 명확히 제시하고 있다. 동 법의 기본 시책은 국제경쟁력이 높은 매력 있는 관광지 형성, 관광산업의 국제경쟁력의 강화 및 관광진흥에 기여한 인재육성, 국제관광의 진흥, 관광여행의 촉진을 위한 환경정비에 필요한 시책을 강구한 것이며, 상세한 시책의 추진은「관광입국 추진 기본계획(2007년 6월 2일 각료회의 결정)[178]」에 규정되어 있다.

그 기본적인 방침은 아래와 같다.

① 국민의 국내여행 및 외국인 방일여행을 확대함과 함께 국민의 해외여행을 발전
② 미래의 풍요로운 국민생활의 실현을 위한 관광의 지속적 발전을 추진
③ 지역주민이 자부심과 애정을 갖고 활력 넘치는 지역사회의 실현

---

177) 観光庁홈페이지(http://www.mlit.go.jp/kankocho/kankorikkoku/kihonhou.html/2009년 10월 29일).
178) 国土交通省홈페이지(http://www.mlit.go.jp/sogoseisaku/kanko/061220kihonkeikaku.html/2009년 10월 29일).

④ 국제사회에서 명예로운 지위 확립을 위하여 평화국가 일본의 소프트파워에 공헌

또한 그 방침을 토대로 한 목표는 다음과 같다.

① 방일외국인 여행객 수를 2010년까지 1,000만 명으로 증가(2008년 835만 명)

② 일본에서의 국제회의 개최건수를 2011년까지 50% 이상 늘리는 것을 목표로 하며, 아시아에서의 최대 개최국을 지향(2007년 1,858건)

③ 일본인의 국내관광여행에 의한 1인당 숙박 수를 2010년까지 1박 늘린 연간 4박 목표(2006년 2.77박)

④ 일본인의 해외 여행객 수를 2010년까지 2,000만 명으로 늘리는 것을 목표로 하고, 국제 상호교류를 확대(2006년 1,753만 명)

⑤ 여행을 촉진하는 환경 정비와 관광산업의 생산성 향상에 의한 다양한 서비스 제공을 통한 새로운 수요 창출로 국내에서의 관광여행 소비액을 2010년도까지 30조 엔으로 증가(2005년 24조 4천만 엔)

이 법에 의해 추진된 관광사업은 당초 목표인 2010년까지 1,000만 명의 방일외국인 유치가 달성됨으로써 목표가 수정되어, 제1기 2013년까지 1,500만 명, 제2기 2016년까지 2,000만 명, 제3기 2019년 2,500만 명으로 변경되었다. 이와 같은 조기 목표 달성은 2009년 10월 국토교통성에 의한 관광분야의 성장전략에 관한 구체적인 방안 검토와 국토교통성 대신을 본부장으로 하는 관광입국 추진본부 설립 등 정부 차원의 적극적인 관광입국 추진의 결과라고 할 수 있다.

「VJC(Visit · Japan · Campaign)」의 시행과 평가

2003년 4월에 시작된 VJC는 일본의 관광 매력을 해외에 발신하면서 매력적인 방일 여행상품의 조성 등을 지원하는 사업이다. 동 사업은 관광입국 관련 각료회의에서 책정된 「관광입국 행동계획」에 있어서 일본 브랜드의 해외 발신을 위한 중요한 사업으로서 국토교통성이 중심이 되어 관민일체로 추진하고 있다.[179]

중점시장은 한국, 대만, 중국, 홍콩, 타이, 싱가포르, 미국, 캐나다, 영국, 독일, 프랑스, 호주 등 방일외국인 여행자 수가 많은 12개국이다. 2007년부터는 인도, 러시아, 말레이시아 등 3개국이 신흥시장으로 규정되어 인바운드 상담회의 개최, 관광홍보 친선대사의 임명, 해외 프로모션의 참가를 실시하였다. 또한 2008년도에는 방일외국인 여행자의 만족도를 높여 재방문을 촉진시키기 위하여 일본의 매력 이해를 촉진시키는 추진과 IC카드의 공통화 · 상호이해에 의한 여행자의 편리성 촉진을 도모하는 「Visit · Japan · Upgrade · Project」을 추진하였다.[180] VJC시작 이후 방일외국인 수는 2003년 521만 명에서 2008년 835만 명, 2010년 1,000만 명으로 큰 증가를 보이고 있어 성공을 거두었음을 알 수 있다. 그런데 VJC에 의한 컨벤션 사업의 전개는 보이지 않고 있으며, VJC의 예산도 컨벤션 유치에 사용되고 있지 않은 점에서 볼 때, 이 사업에서는 컨벤션 추진이 실시되고 있다고 할 수 없다.

---

179) 国土交通省 홈페이지(http://www.mlit.go.jp/sogoseisaku/kanko/detail_vjc.html/2009년 10월 29일).

180) VJC 홈페이지(http://www.jnto.go.jp/vjc/index.html/ 2009년 10월 29일).

제2장

컨벤션 정책의 추이

국제관광진흥회법(1959년)에 의해 기존의 (특)일본관광협회가 1964
년에 (특)국제관광진흥회로 개칭되고, 다음 해에 일본컨벤션뷰로가 별
도의 조직으로 설립되었다. 동 뷰로는 구미의 뷰로가 국제회와 행사의
유치 촉진 및 개최의 운영을 도모하는 적극적인 활동을 모델로 설립되
었다. 그런데 일본의 뷰로는 임의단체로 국제회의와 행사, 그와 관련된
단체 및 시설에 관한 조사, 정부수집 및 제공, 홍보선전 등의 업무[181]를
추진하고 있어 본래의 설립취지와는 상이하다. 1966년에 일본컨벤션뷰
로는 동 진흥회에 흡수되었다.[182]

이상과 같이 초기의 컨벤션 사업은 컨벤션 유치보다는 해외로의 정
보제공 및 선전에 중점을 두었음을 알 수 있다. 당시에는 관광지의 시설
과 회의장의 정비가 아직 이루어지지 않았기에 컨벤션 개최가 가능한
지역과 시설이 한정되어 있었을 뿐 아니라 시설이 많지 않으므로 컨벤
션 유치의 필요성이 절실하지 않았다고 생각된다.

그 후 본격적으로 컨벤션에 대한 관심이 높아졌고, 표면화된 것은
1980년대부터이다. 이러한 사회적 배경에 대하여 「가나자와 컨벤션 도

---

181) 総務府(1966) 『観光白書』 192頁.
182) 総務府(1967) 『観光白書』 192頁.

시 기본조사보고서[183]」에서는 다음과 같이 기술하고 있다.

> 각 지역은 「지방의 시대」 「정보화사회」 「국제화」 「서비스경제화」라는 사회경제 정세의 변화에 대응함과 동시에 그것들을 해결하기 위한 방책으로 컨벤션 산업을 진흥시키고, 그것을 중심으로 한 「컨벤션 도시」의 지향이 주목되기 시작했다. 컨벤션을 「산업」으로 일으킴으로써 해당 도시의 산업 구조의 재편성을 촉진하고, 기존의 산업을 활성화시켜서, 새로운 산업을 일으키고 정보중추가 되어 지역경제의 활력을 생산해 나가는 것이다.

또한 「컨벤션 도시」에 대해서는

> 「컨벤션 도시」는 단순히 회의장과 견본시회의장 등 컨벤션 시설을 건설하는 것을 말하지 않는다. 그것은 도시개발, 산업개발, 나아가 새로운 문화의 창조 등을 포함한 종합적 도시 · 지역개발 전략으로써 해당 도시가 일체화되어 컨벤션 산업을 중심으로 도시 자체를 상품으로 판매해 가는 「도시」를 말한다.

라고 부연 설명하고 있다.

상기와 같이 도시에서의 컨벤션 산업의 필요성이 촉구됨으로써 컨벤션은 적극적으로 각 도시에서 수용되어 컨벤션 전문가가 중심이 되어

---

183) ㈱UR都市計画(1984) 『金沢コンベンション都市基本調査報告書』 11-12쪽.

사업을 추진하게 되었다.

또한 1986년에 「국제 컨벤션 도시구상」, 1994년에 「국제회의 등의 유치 촉진 및 개최의 원활화 등에 의한 국제관광 진흥에 관한 법률(통칭, 컨벤션법)」이 책정됨으로 많은 도시들은 컨벤션 도시 만들기에 진입하기 시작하였다.

1. 국제 컨벤션 도시 구상(1986년)

이 구상은 일본의 컨벤션이 유치체제의 미정비, 관련 시설의 부족, 인재 및 노하우의 부족 등으로 구미와 비교해서 크게 뒤처져 있음을 개선하기 위해 운수성이 제시한 것이다.

그 취지는 국제 컨벤션 도시를 지정하고, 중점적인 진흥책을 강구하여 지방도시의 컨벤션 진흥을 도모하고, 일본 전체의 컨벤션 진흥을 꾀하는 것이다. 이 구상은 1994년에 컨벤션법의 제정에 의해 「국제회의관광도시」로 명문화되었으나 일반적으로 「컨벤션 도시」라는 명칭이 사용되고 있다.

국제회의관광도시의 지정대상은 「시정촌(市町村)의 신청에 의하며, 그 구역에서 국제회의 등의 유치 촉진 및 개최의 원활화 등의 조치를 계획하는 것이 국제관광 진흥에 특히 도움이 된다」고 컨벤션법 제4조에 규정되어 있다.

즉, 국제회의 등의 유치 및 개최 지원을 실시하는 지역의 단위로서 도도부현보다 시정촌이 적당[184]하다는 것을 의미하며, 이에 따라 도쿄도는 국제회의관광도시로서 자격이 없는 것이다.

컨벤션 도시의 지정 조건[185]을 고찰하면 다음과 같다.

① 회의시설, 숙박시설 등의 하드웨어적인 체제의 정비
② 컨벤션 유치 · 수용, 선전활동에 있어서 컨벤션 추진 조직의 존재 등 소프트웨어적인 체제의 정비
③ 관광자원의 정비

이며, 이상의 조건을 갖춘 각 시정촌의 신청에 의해 인정이 추진되는 것이다.

지정도시에 대한 지원내용(표 3-1[186])은 크게 3가지로 대별할 수 있다.

---

184) (特)国際観光振興会(1995)『コンベンション法解説』株式会社アイシーエス企画, 44쪽.

185) 総務府(1988)『観光白書』87쪽.

186) 藤原威一郎(1994)「コンベンション法―国際会議等の誘致の促進および開催の円滑化等による国際観光の振興に関する法律」『時の法令』通号 148, 32-34쪽.

표 3-1 | 국제회의관광도시에 대한 지원 내용

지원항목	상세내용
국제회의 등의 유치를 촉진하기 위한 조치 (컨벤션법 제8조)	• JNTO의 해외사무소를 통한 국제회의 유치에 관한 정보의 정기적 제공 • 해외의 국제회의관광도시 선전 • 해외의 관련 기관과의 연락 조정 및 조언
국제회의 등의 개최의 원활화를 도모하기 위한 조치 (컨벤션법 제9조)	• 국제회의관광도시에서 개최되는 국제회의 등의 기부금 모집, 교부금 교부 • 통역안내자 및 여행업자, 기타 알선
외국인 관광객의 관광매력을 증진시키기 위한 조치 (컨벤션법 제10조)	• 애프터컨벤션의 기획관련 정보제공 및 조언

이상에서 국제회의관광도시로 지정됨으로써 국가로부터 얻을 수 있는 메리트는 주로 컨벤션과 관련된 지원이긴 하나, 컨벤션 개최가 확정된 것에 대한 자금의 보조와 특별 시설의 이용 등의 구체적인 지원책이라 할 수 없다. 또한 대다수의 뷰로의 담당자들은 오늘날까지 52개의 국제회의관광도시가 지정됨으로 인해 반대로 도시간의 경쟁이 심화되었고, 그로 인해 도시의 관광 및 PR에 있어서 「국제회의관광도시」라는 명칭은 별로 사용되고 있지 않다고 지적하고 있다. 따라서 「국제회의관광도시」의 지정 의의와 지정도시에 대한 지원책의 재조명이 필요하다고 보여진다.

2. 「국제회의 등의 유치 촉진 및 개최의 원활화 등에 의한 국제관광의 진흥에 관한 법률(통칭: 컨벤션법)」(1994년 9월 시행)[187]

동 법은 컨벤션과 관련된 유일한 법률로서 국제회의의 정의, 국제회의관광도시의 지정, 국제회의의 진흥에 있어서 국제관광진흥회의 업무에 관한 내용으로 구성되어 있다.

먼저, 목적(제1조)는 「일본의 국제회의 등의 개최를 증가시켜, 관광 기타의 교류의 기회를 충실하게 하며, 외국인 관광객의 촉진 및 외국인 관광객과 국민과의 교류를 촉진시키기 위하여 조치를 강구함으로써 국제관광의 진흥을 도모하며 동시에 국제상호이해의 증진에 기여하는 것」이라고 규정하고 있다. 여기서 이 법률은 국제관광의 진흥이라는 시점에서 국제회의의 개최를 촉진하고 있다고 할 수 있다. 즉, 국제회의 그 자체에 관한 것보다는 국제회의와 동반하는 관광 및 교류에 중점을 두고 있음을 알 수 있다.

또한 제3조에서는 「운수성 대신은 국제관광의 진흥을 도모하기 위하여 국제회의 등의 유치를 촉진한다」고 명확히 밝히고 있다.

이상에서 컨벤션이 국제관광의 일부로 자리매김 되어 있다는 점과 당시에 컨벤션의 인지도가 높지 않았다는 점을 알 수 있다.

---

187) 앞의 논문, 藤原(1994), 34-35쪽.

3. 「국제회의의 개최 · 유치 추진에 의한 국제교류확대 프로그램」[188]

아베내각의 주요한 정책 과제 중 하나로 2007년 5월에 개최된 「국제회의개최 · 유치확대 국장급 회합[189]」에서 「향후 5년 이내에 주요 국제회의의 개최건수를 50% 이상 증가시켜, 아시아의 최대 개최국을 지향한다」는 목표를 제시하였다. 구체적으로는 2006년을 원년으로 하여 5년 후인 2011년까지 국제회의를 5배인 252건으로 증가시키겠다는 목표를 세워 추진하였는데, 2011년 일본에서 개최된 국제회의는 목표의 2배를 훨씬 넘는 598건을 기록하는 성과를 낳았다.

이러한 결과의 배경에는 국토교통성이 일원화된 창구로서 국제회의 유치활동 · 개최의 수용체제에 관한 정보를 제공하고, 유치활동에 있어서 관련 부처의 대신 명의의 초청장 송부, Key Person의 초대, 민간 및 국가가 주최자인 국제회의를 대상으로 경비의 보조 등 이전보다 구체적인 시책의 시행이 있었다. 또한 내각관방을 중심으로 국토교통성, 문부과학성, 외무성 외에 지자체 및 민간이 함께 적극적으로 추진했기에 좋은 성과로 연결되었다고 생각된다.

---

188) 국토교통성홈페이지(http://www.mlit.go.jp/kisha/kisha07/01/010615_/html/2009년 10월 30일).
189) 멤버는 내각부를 비롯하여 총무성 · 법무성 · 외무성 · 경시청 등의 국장임.

4. 「방일외국인 여행촉진에 관한 중장기적 전략에 관하여 (안)」에서의 컨벤션 대책[190]

이 안은 2009년 3월에 실시된 관광입국 추진전략회의에서 2020년까지 2,000만 명의 외국인 유치라는 목표를 위한 방향성에 관한 보고서이다. 그 내용에는 해외프로모션, 국내외 수용체제, 국제회의로 분류되어 있는데, 여기서는 국제회의의 대책에 관하여 살펴보고자 한다.

먼저, 컨벤션의 방향이 협의의 국제회의 유치에서 MICE로 전개되므로 인해 국제회의를 비롯하여 전시회, 이벤트, 기업미팅을 시책의 대상으로 하고 있으나, 그 유형이 상이하므로 그 특성에 맞는 대책이 필요하다는 지적도 보인다. 또한 경쟁력 향상을 위하여 시설의 정비와 MICE 관련 기업의 지위향상을 요구하는 의견이 제시되었다. 그밖에 대책의 초점이 현재까지는 컨벤션 유치에만 집중되어 있으나, 향후에는 일본 발상지의 컨벤션 기획이 필요하다고 강조되고 있다.

이를 위하여 MICE 관련 데이터의 파악 및 정비, 컨벤션의 평가 기준의 체계화가 요구되고 있다. 현재의 평가기준은 개최건수만으로 이루어지고 있지만 참가자 수와 회의의 내용 등도 범위에 포함되어야 할 필요가 있다. 게다가 경제적 효과만이 아니라 문화적, 사회적 효과에 관한 검토도 요구되며, MICE 관련 기업의 실태파악, 인재육성의 검토 등도 중요한 향후의 과제일 것이다.

---

190) 観光立国推進戦略会議(http://www.kantei.go.jp/jp/singi/kanko2/suisin/working/dai4/gijisidai.html/2009년 10월 30일).

현재의 MICE 관련 데이터는 중장기적 전략에 있어서 기본적인 방향성을 제시한 것으로 구체적인 시책까지는 제안되지 않고 있지만, 이러한 기본적인 방향을 토대로 「MICE추진 액션플랜」이 세워지고 여기서는 상세한 시책이 제시되었다.

5. 「MICE 추진 액션플랜」[191]

2009년 7월에 「국제교류확대를 위한 MICE추진 방책 검토회」가 제출한 보고서의 내용에는 MICE추진을 위한 시책의 방향성과 구체적인 액션으로 분류되어 있다.

먼저, 시책의 방향성은 MICE의 인지도를 높임과 동시에 국민의 이해를 얻을 것을 고려하여 관광청의 「국제회의담당」을 「MICE담당」으로 변경하는 등 MICE의 보급을 꾀하고 있다. 거기다 MICE 관련의 정보발신, MICE 전반의 인재육성, 법률·제도 등의 정비 및 시설의 정비가 과제로 떠올랐다.

시책을 동반하는 구체적인 액션은 MICE프로모션, 유치·개최의 지원, MICE기반강화로 대별된다. 첫째, 효과적인 MICE프로모션의 실시를 위해 타깃을 명확히 하여 전략적으로 추진하면서 2010년을 「Japan MICE Year」로 설정하여, 대규모 프로모션을 실시하는 것이다. 또한

---

191) 観光庁홈페이지(http://www.mlit.go.jp/kankocho/news07_000007.html/2009년 10월 30일).

MICE의 경제적 효과의 산출 및 MICE 관련 강연과 문서를 통해 시민의 이해를 심화시키는 것이다.

둘째, 유치·개최에 관한 환경정비·지원에 있어서는 국제회의만을 대상으로 하는 지원에서 MCE 전반의 유치·개최 지원으로의 확대, 일본 발상지의 국제회의의 육성, 독특한 시설의 개방을 위한 활동, 뷰로의 지원제도의 재정비, 다양한 MICE 정보의 제공 등을 들 수 있다.

마지막으로, MICE 기반의 강화를 위하여 MICE 전체의 실태 파악을 위한 조사와 국제회의 데이터베이스 구축을 실시함과 동시에 국제기관의 관계자를 초빙한 국제적 노하우의 습득과 대학·뷰로를 이용한 우수한 인재육성을 실시하는 것이다. 또한 MICE 관계자 간의 유기적인 관계를 구축하며, 법률·제도의 정비와 시설의 정비도 추진할 필요가 있음을 지적하고 있다.

이상과 같이 동 플랜은 기존의 컨벤션 계획이 국제회의의 유치에 중점을 둔 것에 반해 컨벤션을 국제회의에서 MICE로 넓게 확대시켜 컨벤션의 실태에 바탕을 둔 계획을 강구한 것에 큰 의의가 있다. 또한 플랜에서 제시하고 있는 항목에는 상세한 액션이 명확히 제시되어 있어, 그 계획이 실행됨으로써 일본의 컨벤션이 큰 발전을 이루어낼 수 있다고 생각된다.

이 플랜의 특징은 검토회위원의 구성이 이전과는 다르다는 점이다. 즉, 위원에는 관광청, 경제산업성, JNTO, 일본전시회협회, 뷰로, 컨벤션 시설, PCO협회 및 PCO사, 여행사 등 이른바 MICE 관련의 산관민이 참가하고 있어 현장 실태를 반영한 플랜이라는 것을 알 수 있다.

여기서 아쉬운 점은 위원의 대부분이 도쿄, 요코하마, 치바 등 수권 중심의 관계자로 구성되어 있어, 이 플랜에 지방의 환경 또는 참가를 배려한 부분이 부족하다는 것이다.

제3장

소결

전전(戰前)의 일본의 국제관광정책은 1893년 「키힌카이」의 설립 시기에는 민간주도의 「반관반관」, 1912년 「JTB」의 설립시기에는 관주도의 관민공동, 1930년 「국제관광국」의 설치 시기부터는 관의 산하에 민간단체가 속하여 관주도로 추진되었으며, 관광정책도 국내관광보다는 국제관광 중심으로 시행되었다.

전후, 국제관광사업은 외화획득의 유력한 수단으로 일본경제의 부흥을 위해 주목을 받기 시작하여 방일 외국인을 위한 수용체제의 정비와 관광관련 정책 및 법률의 제정이 이루어졌으나, 초기 국가에 의한 관광법률은 기본방침에 중점을 둔 기본법 제정에 머물렀다.

구체적인 계획이 나온 것은 1996년 「웰컴플랜21」부터로 일본은 공업입국을 지향했기 때문에 서비스 중심의 포스트 공업사회로의 전환이 늦어지게 되었다.

관광산업에 큰 전환을 보이는 것은 2003년 「관광입국」선언으로, 관광산업은 국가의 주요 산업으로 자리매김 되었다.

특히, 국제관광사업에 있어서 국가에 의한 관광정책이 적극적으로 책정되었고, 관민일체가 되어 VJC를 추진함으로써 방일 외국인이 증가를 계속하는 등 큰 성과를 올리고 있다.

그러나 VJC의 주요 예산은 국제 인바운드 사업의 프로모션에 집중되어 있어 국제 컨벤션 유치의 주최자인 민간과 뷰로는 유치 지원기관 혹은 지방재정에의 의존도가 높다.

한편, 컨벤션 추진은 국제관광진흥을 위한 것임을 명문화하고 있다. 즉, 관광정책의 일부로써 외국인 유치의 유효한 수단으로 인식되어 있으므로, 컨벤션의 협의인 국제회의에만 지원이 국한되었다.

컨벤션 관련 최초의 시책인 국제 컨벤션 도시구상은 1994년 컨벤션법의 제정에 의해 「국제회의관광도시」로서 시행되었고, 2017년 현재 52개 도시가 지정되었다.

다수의 뷰로 담당자들은 일본에 국제회의관광도시가 많아짐에 따라 경쟁이 심화되었으며, 도시의 관광 및 PR에 있어서 활용도가 적음을 지적하였다.

관광정책의 일환이라는 인식은 2003년의 관광입국 선언 이후에도 계속 이어지지만, 2008년 10월 관광청의 신설과 함께 큰 변화가 보인다. 그것은 컨벤션이 국제회의에서 MICE로 확대됨과 동시에 시책의 대상도 MICE로 확장되었기 때문이다.

2009년의 관광입국 추진전략회의에서 그 인식의 변화는 두드러졌으며, 「MICE추진액션플랜」에서는 MICE와 관련한 상세한 시책이 강구되었기 때문이며, 그 플랜은 컨벤션의 실태에 기초하고 그 내용을 반영한 것이라는 데 큰 의의가 있다.

일본은 컨벤션 시설과 조직 등의 수용체제가 아시아에서 일찍이 1980년에 정비되었다. 그러나 그것과 관련한 정책과 시책이 구체적으로 계획되기 전인 2009년 전에는 컨벤션 유치에 있어서 일본의 경쟁력이 저하되었으나, 그 이후 구체적인 시책과 플랜 등의 수립 및 실행으로 일본의 경쟁력이 다시 회복하고 있다.

제4부
일본의 컨벤션 시설

오늘날 컨벤션 시설은 지역경제의 「기폭장치」, 「집객장치[192]」로서 큰 기대를 갖고 일본 전국에 컨벤션 시설이 건설되었으나, 오히려 컨벤션 유치에 있어서 도시 간 경쟁의 결과를 나았다. 컨벤션 시설에 대한 과도한 투자, 제3섹터의 방만한 경영에 의한 적자, 책임소재의 불명확화로 인해 컨벤션의 잠재적 역량을 둘러싼 인식은 높다고 할 수 없다.

따라서 본 장에서는 국제 컨벤션 산업의 근간인 컨벤션 시설의 역사부터 사회적 배경을 고찰함과 동시에 컨벤션 시설의 기능 및 관리·운영에 관한 검토를 실시하여 현안을 규명하고자 한다. 특히, 각 지역의 컨벤션 시설의 현황은 대형 전문시설을 중심으로 인터뷰조사를 실시한 결과를 분석하였다. 또한 미국의 컨벤션 시설의 관리·운영을 사례로 들었다.

---

192) 「장치」란 조작 가능한 것으로 간주되는 관념과 제도를 말함. 이 단어를 최초로 유포시킨 것은 그람시의 「헤게모니장치(apparato hegemonico)」로, 「문화장치」「정치 장치」가 유사어이다(見田宗介·栗原彬·田中義久, 2002, 『社會學事典』 株式會社弘文堂, 562-563쪽). 여기서 「집객장치」란 「사람들을 모이게 하기 위한 어떤 조작된 일 또는 물건」을 말한다.

제1장

일본 컨벤션 시설의 역사

1953년 9월, 「제2회 ILO(세계노동기구) 아시아지역회의」는 당시 국제 회의장으로 적합한 시설이 없었기 때문에 동경 마루노우치(丸の内)에 있는 동경 회관에서 개최되었다.[193] 그 시기의 대부분의 국제회의는 동경회관, 메이지진구가이엔(明治神宮外苑)의 일본청년회관, 수산회관 등에서 개최되었다. 1964년 동경올림픽 개최를 위해 시바공원에 건립된 동경 프린스호텔을 비롯해 호텔 오쿠라 등 호텔이 개업한 후에는 대형 호텔에서 개최되는 국제회의 건수가 증가하기 시작하였다.

일본에 있어서 컨벤션센터의 효시는 국제견본시의 개최를 위해 오사카에서 계획한 '국제견본시회관'이라 할 수 있다. 그 시설은 1937년에 공사가 착공되었으나 전쟁으로 인해 중단되는 우여곡절을 겪으며 1951년 준공을 맞이하게 되었고 마침내 1954년에 일본 최초의 국제견본시의 회의장으로 개관하게 되었다. 회의장은 오사카부, 오사카시, 오사카상공회의소의 공동출자에 의해 전시장과 호텔을 겸비한 시설로 오사카시의 동구에 건설되었다. 이것이 국제견본시의 제1회장이 되었으며, 미나토구(港区) 야와타야쵸(八幡屋町)의 아지가와(安治川) 좌측에 있었던 오사카부두 창고주식회사의 신설창고와 옛 창고의 일부가 제2회장으로 사

193) 『朝日新聞』 東京版, 1953년 8월 13일.

용되었다. 그러나 1956년에 제2회 일본국제견본시의 개최 시, 미나토구의 창고 사용이 불가능하게 되어, 오사카시는 미나토구 야와타야쵸 공원 인근에 오사카시 견본시 전시장 1호관(그림 4-1)을 준공하였다. 이 전시장이 일본 최초의 전용 전시시설이 되었다. 1960년에 전시장 2호관이 완성되고, 그 주변 지역 일대가 오사카국제견본시 미나토 회의장으로 건설됨으로써 오사카에서는 본격적인 대형 견본시와 각종 전시회가 개최되었다.[194]

오사카국제견본시의 성공에 자극을 받아 1959년에 도쿄 하루미(晴海)에서도 도쿄국제견본시 회장의 준공이 이루어졌다. 이 회장은 (사)도쿄견본시협회, 도쿄도, 도쿄상공회의소, 일본무역진흥회, ㈜도쿄국제무역센터 등이 소유한 3개의 전시장으로 구성되어 있으며, 도쿄국제견본시의 개최와 제3의 단체가 주최하는 전시회의 전시장으로 제공되었다. 특히, 위의 3개 시설에서는 대규모 국제전시회인 도쿄모터쇼가 2년에 1번(격년) 개최되기 시작하여, 1989년 마쿠하리메세가 개업하기 직전까지 계속되었다.

한편, 1966년에 일본 최초의 국제회의 전용시설인 「국립교토국제회관(그림 4-2)」이 개업함으로써 아시아에서 일본의 컨벤션 산업은 빠른 출발을 보였다. 이 시설은 주요한 국제회의의 적극적인 유치와 함께 일본 개최의 주요한 국제회의는 도쿄와 함께 교토가 중심이 되는 것을 목적으로 규모는 뉴욕의 연방건물, 주네브의 Palace des Nations 등과 필적할

---

194) (財)大阪国際経済振興センター(1996)『今日と未来,日本と世界を結ぶーインテックス大阪10年の歩みー』51쪽.

만한 회의장으로 국제회의와 관광의 목적을 가진 시설로 건설되었다.[195]

그림 4-1 | 1956년 미나토회의장 전경

그림 4-2 | 1970년 국립교토국제회관 전경

　당시, 기시(岸)내각의 고노이치로(河野一郎) 국무대신이 GATT총회 출석을 위해 방문한 스위스 주네브에서 세계 최대의 회의장을 직접 보고, 일본에 국제회의장의 필요성을 기시(岸信介) 수상에게 진언한 것이 교토회관 건설의 시작이라 할 수 있다. 더불어 일본 국내에서 많은 관료와 학자가 해외 국제회의에서 발언하는 것뿐만 아니라 일본 국내에 세계적으로 주요 인사들이 모이게 하기 위해서는 국제회의장이 필요하다고 생각하게 되었다.[196] 당초, 건설 사업의 후보지는 교토시와 오쓰시(大津市)가 거론되었으나, 결과적으로 교토시가 결정된 것은 상기의 취지에서 알 수 있듯이 처음부터 교토가 유력 후보지였음은 명백한 사실이라

195) (財)国立京都国際会館企画調整部(1986)『京都国際会館20年の歩み』 2쪽.
196) 위의 책, (財)国立京都国際会館企画調整部(1986), 13쪽.

할 수 있다.

컨벤션센터의 건설 연표(표 4-1)를 보면, 1980년대부터 대도시에 컨
벤션센터의 건설이 현저하게 나타난다.

표 4-1 | 일본 컨벤션센터 건설 연표

연도	컨벤션센터	면적(m^2)
1956년	오사카국제견본시 미나토회장	17,590 *
1959년	도쿄국제견본시회장	—
1966년	국립교토국제회관	26,500
1973년	포토 메세 나고야	33,946**
1978년	서일본종합전시장(북큐슈)	16,400
1981년	고베국제전시장	11,400
1981년	고베국제전시장	8,400
1985년	인텍스오사카	72,978**
1987년	도쿄국제전시장(도쿄빅사이트)	230,873
1987년	오키나와컨벤션센터	20,928
1989년	(주)마쿠하리메세	164,454
1989년	히로시마국제회의장	24,649
1990년	나고야국제회의장	72,165
1990년	센다이국제센터	22,968
1991년	(주)요코하마국제평화의장(퍼스픽요코하마)	82,350
1994년	마린메세 후쿠오카	40,631
1997년	도쿄국제포럼	145,000
2000년	오사카국제회의장	67,000
2003년	삿뽀로컨벤션센터	20,310

자료 : 각 컨벤션센터 홈페이지를 참고하여 필자 작성. **는 전시면적.

1970년의 오사카만박 이후, 증가하기 시작한 국제회의는 호텔과 회관에서의 개최가 많았는데, 국제회의 개최의 환경 변화, 즉 회의와 전시회의 동시 개최, 복수의 분과회의의 동일 시설 내 위치 등의 필요성에 의해 전문 컨벤션센터의 건설이 계속 이어졌다. 전문시설의 요구는 각 도시에 컨벤션센터 및 공공시설의 확충으로 이어졌으며, 그 결과로 각 지역의 컨벤션 유치의 도시 간 경쟁이 심화되기 시작하였다.

이와 더불어 최근에는 과도한 투자에 의한 컨벤션센터의 건설과 적자운영, 행정담당자의 부적절한 파견 등으로 컨벤션센터는 비판의 대상이 되고 있다. 이것은 경제파급효과를 고려한 투자정책의 결여, 컨벤션센터의 이익분배의 불명확, 컨벤션 홍보 부족 등 시설운영을 둘러싼 재정관련 비판은 계속되고 있다.

한편, 컨벤션센터의 건설에 있어서 국제전시장의 건설이 먼저 진행된 도시의 경우에는 나중에 국제회의장의 건설이 이루어졌기 때문에 전시장과 회의장이 각각 독립되어 있다. 반면, 컨벤션센터가 없었던 도시의 경우에는 회의와 전시의 동시 개최가 가능한 복합시설로 건설되었다. 따라서 일본 컨벤션센터는 복합형과 독립형의 두 종류가 공존하고 있다.

제2장

일본 컨벤션 시설의 개관

1. 컨벤션 시설의 개략

일반적으로 컨벤션 시설의 운영은 구미형과 미국형으로 분류할 수 있다. 유럽의 컨벤션 시설(메세회의장)은 국가와 시가 유력한 주주로 되어 있으며, 부분적으로 행정의 관리하에 독립된 제3섹터의 주식회사가 운영을 하고, 자기 시설에서 개최되는 견본시의 대다수를 주최하고 있다.[197] 한편, 미국의 컨벤션 시설은 공적자금으로 건설되어 시설의 관리운영 업무만을 실시하는 등 시설 대여에 그치고 있으며, 실제로 계획 및 실행을 하는 것은 PCO, 협회, 학회이다. 일본의 대부분의 시설도 여기에 속한다.

견본시 개최도시로서 알려져 있는 프랑크푸르트를 비롯하여 유럽의 여러 도시의 견본시는 개최지 경제의 중요한 유통 채널로서 사회 안에서 큰 역할을 하면서 오늘날에 이르고 있다.[198] 또한 미국에서는 호텔세 및 레스토랑세를 투입하여 컨벤션 시설과 뷰로의 운영비용으로 활용할 수 있게 법률로 제정하는 등 구체적인 시책이 강구되어 있다. 또한 컨벤

---

197) 佐藤哲哉(2002b)「コンベンション分野の需要と供給の諸側面 - ヨーロッパの見本市市場」『九州産業大学商経論叢』43(1・2), 128쪽.

198) 위의 논문, 佐藤(2002b), 150쪽.

션 추진기관의 컨벤션 사업비는 회원인 지역의 뷰로와 관광 관련 기업의 회비로 충당하기 때문에 재정의 변동이 심하다.

컨벤션 시설의 측면에서 본다면, 국제회의와 심포지움 등의 회의공간이 넓은 시설, 전시회와 견본시 등의 전시공간이 넓은 시설, 최근에는 양쪽의 기능이 확충된 시설로 나눌 수 있다. 일반적으로 회의공간이 넓은 시설은 국제회의장 또는 컨벤션센터로 불리고, 전시공간이 넓은 시설은 국제전시장 또는 메세라는 명칭을 사용하고 있으며, 소관 부처도 국토교통성과 경제산업성으로 각각 분리되어 있으며, 지자체에서도 관광과 산업 등으로 소관부처가 분리되어 있다. 최근 국제회의와 전시회의 병설 개최가 많아지는 등 회의와 전시의 구별이 없는 행사가 증가하고 있다.

당초 컨벤션 시설의 건설에 있어서 시설의 관리운영의 적자·흑자에 주목을 하지 않았으나, 경제적인 불황이 계속됨으로 인해 시설의 운영 수익 요구와 독립성이 요구되고 있다. 그 영향으로 시설의 관리운영제도가 위탁관리운영제도에서 지정관리자제도로 전환되는 시설이 적지 않다.

2. 컨벤션 시설과 공공문화시설의 차이

컨벤션 유치 경쟁이 심해지는 데 일조한 것이 호텔업계와 1970년대부터 지방자치에 의해 건설된 시민홀 등의 문화시설이다. 호텔업은 대형 호텔뿐 아니라 비즈니스 호텔도 컨벤션 주최자를 대상으로 회의장과 연회 플랜을 기획하여 컨벤션 시장에 참여하고 있다. 또한 대도시로의 인구 유출을 막기 위하여 지방에서는 마을만들기의 활동이 활발해지고 있으며, 매력 있는 문화 환경 만들기, 마을의 이미지를 향상시키는 일환으로써 대규모 문화시설의 건설이 왕성하게 이루어지고, 문화시설은 지역주민을 대상으로 다채로운 행사의 장이 되었다.

보고서 「긴키지역의 문화센터의 배치와 구성」에서는 문화시설을 기능면에서 4가지로 분류하고 있다. 첫째는 교육을 목적으로 하는 대학 연구소형, 둘째는 미술품과 역사자료 등을 일반 관람이 가능하도록 하는 전시박람형, 셋째는 연극과 음악을 감상하는 홀회관형, 넷째는 자연 요소로 특화한 운동 공원녹지형이다. 이 시설의 설립주체는 국가 · 현 · 시 등의 행정과 공사 또는 민간이다.[199]

이와 같이 문화시설은 예술적 · 문화적인 목적을 갖고 있으므로, 컨벤션 시설의 이용 목적에서 보아도 명확한 구분은 쉽지 않다. 거기다 최근 컨벤션 시설에 있어서 행정에 의한 기존 문화시설의 개축과 대도시의 민간기업에 의한 도시형 컨벤션 시설의 건설이 진행되고 있어, 건설주체와 소유자의 측면에서도 구별하는 것은 어렵다. 한편, 컨벤션 시설은 목적과 기능에 있어서 문화시설과 차이가 있음에도 불구하고, 지금까지 논의가 이루어지지 않은 채 그 역할이 애매하다. 그러므로 여기서 컨벤션 시설과 공공문화시설의 공통점과 차이점에 대한 고찰을 하고자 한다.

---

199) 関西シンクタンクネットワーク研究(1981)『近畿における文化センターの配置と構成』総合研究開発機構, 55-56쪽.

표 4-2 | 컨벤션 시설과 문화시설의 차이

항목		컨벤션 시설의 특징	공공문화시설의 특징
공통점		도시의 문화장치, 집객장치, 지역의 중핵시설, 국가와 지역행정 · 관민공동 투자에 의해 설립	
차이점	목적	국제교류 · 문화교류 · 정보교류	지역의 문화진흥 · 교류
	규모	대규모(1,000명 이상)	중소규모(1,000명 이하)
	이용 대상	특정의 내국인 · 외국인 (지역외 정보발신형)	지역 및 타지역의 주민 (지역내 정보발신형)
	주요 행사	국제회의 · 전시 · 문화이벤트 · 스포츠 이벤트 등	문화이벤트
	파급효과의 범위	개최 지역의 전반적인 산업	문화 기반의 산업

참조 : (社)全国公立文化施設協会(2006a)『公立文化施設の活性化についての提言』을 참고로 필자가 작성.

〈표 4-2〉와 같이 양 시설의 공통점은 국가와 지역의 행정 혹은 관민 공동투자로 설립된 공공성이 강한 시설이며, 도시의 지역활성화와 도시 재개발의 중핵으로써 건설되었으며, 현재에는 그 역할이 문화장치[200], 집객장치로 확대되어 있음을 알 수 있다. 한편 양 시설의 차이점 중, 이용자와 이용목적에서 본다면 컨벤션 시설은 국내외의 참가자를 대상으로 한 국제회의, 전시, 다양한 이벤트를 통한 국제교류 · 문화교류 · 정보교류를 실시하는 「지역외 정보발신형」이다. 반면, 문화시설은 주로 지역

---

200) C.W.밀스는 「문화장치」란, 「인간의 대부분의 경험은 직접 경험하는 것이 아니라, 어떤 매개에 의한 간접 경험이며, 그것을 해석하는 범위도 자기자신의 것이 아닌, 타자에게서 수용된 것으로 그런 간접적으로 전달되는 것, 해석의 범위를 제공하는 것」이라고 함. 거기에 후지무라는 구체적인 장치로써 사람들을 매력시키고 동원하는 문화현상이라고 부연설명함(藤村正之, 2001, 『非日常を生み出す文化装置』北樹出版, 38쪽).

주민과 인근 주민을 대상으로 연극·음악·미술품·강연회 등의 문화
이벤트[201]를 통해서 문화진흥 및 교류를 추진하는 「지역내 정보발신형」
이라 할 수 있다. 파급효과의 범위에서 컨벤션 시설이 개최지역의 숙
박·음료·여행사를 포함한 관광산업, 운수업 등 전반적인 산업으로 확
대되고 있으나, 공공문화시설은 문화를 기반으로 한 산업에 그쳐, 그 수
용력에 의해 파급효과가 크다는 것을 알 수 있다.

이상에서 컨벤션 시설은 국제화와 대규모화를 강력히 추진한 시설이
며, 개최에 있어서도 국제회의를 비롯하여 전시회, 콘서트와 스포츠 등
다채로운 이벤트를 개최하여, 지역에 경제적·문화적으로 거대한 영향
을 주는 시설이라고 볼 수 있다.

3. 컨벤션 시설의 기능

국제교류의 유효한 수단

인터넷에 의한 ICT(Information Communication & Technology) 기술혁
신과 보급, 수송수단 및 교통수단의 발달에 의해 정보전달 속도가 한층
빨라졌으며, 해외와의 거리와 시간이 단축됨으로써 국제교류와 정보교
환이 왕성히 이루어지고 있다. 각 도시는 국제도시를 추진하기 위해 국
제 컨벤션의 유치를 추진하고 있으며, 국제적인 인지도를 향상시킴과
동시에 국제교류수단으로써 컨벤션이 일상에 정착되도록 그 계기를 모

---

201) 문화이벤트란 콘서트, 페스티벌, 연극, 영화제, 문화교류회, 전람회 등을 말함.

색하고 있다. 특히, 컨벤션 시설을 이용하여 개최되는 일반인 대상의 문화 분야 심포지움과 강연, 국제회의 개최는 외국어 능력의 향상과 함께 외국문화에 대한 이해를 돕는 유효한 수단이라고 할 수 있다.

문화장치

요네야마(米山)에 의하면, 「장치」는 시설과는 달리, 거기에 무언가 「계획」이 포함되는 것이 보통이며, 지자체가 그 시설에 어느 정도의 「계획」과 장치를 포함시키는지, 그것을 어느 정도로 장치화하는지에 따라 사람들에게 어느 정도의 치유를 제공하는지가 관건이며, 장치가 장치이기 위해서는 거기에 살아있는 사람이 개입하는 것이 필수불가결[202]하다고 주장하고 있다. 따라서 컨벤션 시설은 사람들에 의해 일상적으로 국제회의와 전시회, 문화이벤트 등이 계획되고 각 분야의 전문가에 의해 운영되는 문화장치라고 할 수 있다.

정보집적 및 발신의 핵심 존재

국제회의와 국제전시회의 개최에 의해 개최도시는 다른 도시에 비해 최신 기술과 정보의 수신이 가능할 뿐만 아니라, 그 도시에서 각 종의 매체를 통해 최신 정보를 발신하므로, 도시의 컨벤션 시설은 정보집적 및 발신의 핵심 존재라고 할 수 있다.

---

202) 米山俊直(1996)「都市のイメージ」『都市のたくらみ・都市の癒しみ』日本放送出版協会, 29-30쪽.

도시기능 개선

1980년대부터 도시의 정보수신 및 발신의 핵심적 존재로 기대가 모아져 다수의 컨벤션 시설이 건설되었다. 그 중에서 컨벤션 시설, 상업지역과 거주지역, 교육시설 등의 건설을 통해 새로운 도시로 탄생시키고, 그를 통해 중심부의 인구 집중화와 만성화된 교통체증의 해소, 인프라 정비 등 도시기능을 개선시키는 목적으로 국제적인 업무도시를 지향하는 신도심이 조성되었다. 대표적인 사례로 치바의 마쿠하리 신도심의 ㈜마쿠하리메세와 요코하마의 미나토미라이21지구의 ㈜요코하마국제평화회의장(㈜퍼시픽요코하마)을 들 수 있다.

관광자원

관광자원의 정의에 있어서 미조오(溝尾)는 「사람들에게 관광행동을 일으키는 매력이 있으며, 관광대상으로서 기능을 완수했을 때 관광자원이라 할 수 있다」[203]고 하고, 야마무라(山村)는 「관광객이 관광욕구를 가지고 일부러 움직이게 하는 목적물」[204]이라고 기술하고 있다. 이 정의의 공통점은 「관광의 매력과 욕구를 느끼는, 구체적인 행동을 하는」것이다. 이들 정의에서 컨벤션 시설 그 자체가 관광대상이 됨과 동시에 거기서 개최되는 국제회의를 포함한 각종 행사는 사람들의 호기심을 자극하고, 학회와 비즈니스 목적의 참가자를 포함한 일반인들도 일상에서 벗어나 일부러 방문하는 행동을 일으킨다. 따라서 컨벤션 시설은 관광자

---

203) 前田勇編(1998)『現代観光学キーワード事典』学文社, 77쪽.
204) 長谷正弘編(2002)『観光学辞典』同文館出版, 80쪽.

원으로서의 역할을 충분히 기대할 수 있다고 보인다.

방대한 경제적 파급효과

컨벤션 시설의 경제적 파급효과는 크게 건설에 의한 공공사업으로서의 경제효과와 완성 후의 국제회의를 포함한 각종 행사 개최로 생겨나는 효과로 구분할 수 있다. 전자의 경우에는 건설지의 확보, 각종 인프라의 정비, 지역의 건설업 및 관련 산업의 활성화, 신규고용의 창출 및 세수 증가에 의한 지역의 경제활동이 활발해진다. 후자의 경우에는 컨벤션 개최 시마다 발생하는 컨벤션 관련 고용창출과 회의장 사용비용, 참가자의 직접 숙박·식사·쇼핑·관광·교통비 등 지역의 관련 산업에 미치는 파급효과는 크다.

2006년도 도쿄도의 도쿄빅사이트(이하 「빅사이트」라고 함)의 경제적 파급효과의 조사를 보면, 경제적 파급효과는 약 4,626억 엔, 고용자 소득유발액은 약 1,284억 엔, 고용창출은 약 2만 6,000명으로, 재정면에서 도쿄도의 세수액은 개인이 약 51억 엔, 법인이 약 45억 엔, 합계 약 96억 엔[205]이라는 추정 결과를 발표했다. 특히, 빅사이트의 총소비액은 약 2,359억 엔으로 도쿄의 백화점인 미쓰코시(매출액 약 2,907억 엔), 이세탄(매출액 약 2,522억 엔)[206]의 다음으로 도쿄도에 큰 경제효과를 가져왔다.

---

205) ㈱東京ビッグサイト(2007) 『東京ビッグサイトで開催される展示会等による経済波及効果等測定調査報告書』 18쪽.
206) 총소비액이란 시설 내의 판매액이 아닌 교통비와 관광·오락비 등의 컨벤션 참가에 의해 발생하는 소비 금액을 말함. 백화점의 매출에는 교통비가 포함되지 않음.

4. 컨벤션센터의 관리운영의 변화, 관리위탁제도에서 지정 관리자제도로

컨벤션센터의 관리운영은 관리위탁제도가 일반적이었는데 2003년 지방자치법 개정의 영향으로 공공시설의 관리운영에 지정관리자제도가 도입되어 컨벤션센터를 포함한 각 지자체의 공공시설의 운영에 민간참여가 가능하게 되었다. 2006년 공립문화시설의 지정관리자제도 도입에 관한 조사에 의하면, 조사대상인 2,189시설 중 881시설(40.2%)이 지정관리자제도를 도입[207]하고 있음이 밝혀졌다. 지정관리자제도의 도입 배경에는 행정의 재정개혁 외에 일반기업과 NPO법인 등 민간사업자의 참여에 따른 공공시설의 효율적인 경영과 시장화 테스트를 포함한 관민의 시장경제 원리 도입에 의한 불필요한 부분의 배제를 도모하고자 하는 사회적 요구가 있었기 때문이다.

관리위탁제도란, 위탁과 수탁이라는 법률의 조례에 근거한 계약관계를 말하며, 지자체의 출자법인 또는 공공단체가 운영주체로 참가할 수 있다. 장점은 지역의 의견을 시설의 관리운영에 반영하기 쉬우며 사업자와의 연계가 용이한 반면, 단점은 시설의 사용허가만이 허용되므로 시설의 요금 설정이 자유롭지 못하고 방만한 경영의 가능성이 높다는 점이다.

---

207) (社)全国公立文化施設協会(2006b)『公立文化施設における指定管理者制度導入状況に関する調査報告書』2쪽.

표 4-3 | 관리위탁제도와 지정관리자제도의 비교

내용	관리위탁제도	지정관리자제도
개념	위탁과 수탁이라는 법률, 조례에 근거를 둔 공법상의 계약관계	관리 대행의 형태로 최종 권한은 남겨두고 관리로 지정된 법인에게 맡기는 행위
장점	사업자와의 연계가 용이하며 지역의 의향을 시설의 관리운영에 반영 가능	'사용허가'가 가능, 질 높은 서비스 제공, 경비의 절감이 가능
단점	경비절감의 한계	업무 범위의 세부적 협정이 필요하며 탄력적 운영이 어려움
운영주체	지자체 출자법인, 공공단체	개인을 제외한 민간사업자 포함의 단체
업무범위	시설관리는 지자체 실시 시설 사용허가 : 위탁	시설의 설치, 사용허가 등 관리 권한 위임
이용승인 처분	단독으로 불가능	조례의 규정안에서 승인을 얻어 요금설정

참고 : 出井信夫(2007)『指定管理者制度』学陽書房, 31-34쪽.

한편, 지정관리자제도는 관리 대행의 형태로 최종 권한을 제외한 관리를 맡기는 행위로 응모에 의해 선정된 업체는 지방의회의 의결을 거쳐 최종 결정된다. 운영주체는 개인을 제외한 민간사업자와 단체가 참여할 수 있는데, 주로 제3섹터, 컨벤션뷰로와 PCO업체, 컨소시엄 형태의 민간기업 등이 담당하고 있다. 장점은 질 높은 서비스의 제공과 요금설정이 가능하며 경비가 절감되는 반면, 단점은 시설의 사용허가와 더불어 시설관리 비용의 부담과 4년이라는 계약 단위로 인해 장기적인 컨벤션 유치활동이 불가능하며, 컨벤션센터의 가동률 및 이익률을 위한 이벤트 개최가 집중될 가능성이 높다는 것이다.

컨벤션센터의 방만한 경영과 적자 경영의 해결책 중 하나로 채택된 지정관리자제도가 간과하고 있는 것은 공익성과 국제성, 전략성의 결여로 초기 컨벤션센터의 건립목적인 지역의 활성화 및 국제화, 지역의 이미지 상승이라는 부분이 소외되기 쉽다. 그러므로 지역에 있어서 컨벤션센터의 의의를 명확히 하여 경영적 측면, 국제적 측면, 문화적 측면 등을 고려한 운영방침의 수립 및 실행이 가능한 단체를 선정하여 지원뿐만 아니라 지속적인 평가와 감독을 통해 문제점을 해결해 나갈 필요가 있다.

5. 미국의 컨벤션 시설의 관리운영

미국의 컨벤션 시설에 대해서는 2007년에 (재)자치체국제화협회 뉴욕사무소가 보고한 『미국의 지방정부 소유의 컨벤션 시설의 관리·운영의 수법에 대하여』를 참고하고자 한다.

미국에는 300개 이상의 컨벤션 시설이 있으며, 이 시설이 만들어내는 컨벤션에 의한 직접 경제활동이 4,650만 달러, 전미의 연간지출은 155억 달러라고 보고하고 있다. 거기다 시설의 건설 등의 간접 경제활동을 포함하여 컨벤션 시설은 1억 3,400만 달러의 경제활동을 유발하고 있으며, 미국 전체에 460억 달러의 경제공헌을 하고 있다고 지적한다.

현재에도 주와 지방정부가 중심이 되어 도시의 활성화, 고용창출, 지역경제의 활성화 및 지명도 향상을 위하여 컨벤션 시설의 확장을 추진하고 있다. 일반적으로 컨벤션 시설의 건설에 있어서 정부는 채권의 발행에 의한 자금조달을 시행하고 있으며, 그 관리운영은 정부에 의한 운영 보조금으로 충당하고 있다.

컨벤션 시설의 소유 형태로는 민간 36%, 공공단체 62.5%, 기타 1.5%이며, 관리 운영은 민간기업 54%, 공공기관 43%, 기타 3%이다. 오늘날 미국 정부는 시설의 관리운영의 효율화를 꾀하기 위하여 직영에서 민영으로 전환하고 있다.

관리운영은 〈표 4-4〉와 같이 지방정부에 의한 직영형, 공사에 의한 준관영형, 민간위탁에 의한 민간형으로 대별된다. 직영형이 시설의 채산을 넘어 지역경제의 추진이라는 시점에서 시설의 운영을 실시하는 반면, 민영형은 시설의 이익추구를 중시하는 경향이 있으며, 준관영형은 중간 입장에 있다.

표 4-4 | 미국의 컨벤션 시설의 관리운영 형태

관리운영 형태		특징	과제
직영형	소유자인 지방 정부 직원 직접 운영	지역경제의 활성화를 우선, 타지역민의 유입으로 컨벤션을 중점적으로 유치 가능	정부의 제약에 의해 유연하고 신속한 대응이 어렵고, 전문 인재가 부족
준관영형	지방정부가 설립한 공사 등 비영리단체 운영	실무적인 권한을 가지므로 유연하고 신속한 대응이 가능하고 제약이 완화, 전문가가 많고, 지방정부의 파견이 적음	지방정부의 직접 영향을 받으므로 지방정부의 요구에 맞는 방침 수립
민영형	1977년 이후, 민간위탁으로 민간회사 운영	전문적인 회사의 운영에 의해 가동률과 수익의 증가로 경영 상황의 개선이 가능	이익을 중시하므로, 지역주민 중심의 이벤트 개최가 많고, 타지역민 유입의 지역경제 활성화는 어려움

이와 같이 운영의 목적이 상이하므로, 직영형은 경영상황이 나쁘지만 타지역민의 유입을 컨벤션 개최의 중심에 두고 있다. 민영형은 가동률

을 올리기 위해 지역주민을 주요 대상으로 한 이벤트 개최를 중시하여 경영상황을 개선하지만, 타지역민의 유입에 의한 지역경제의 활성화에는 기여하지 못한다. 준관영형은 양쪽의 이점을 도입한 방식이지만, 지방정부의 요구를 받아들여야 한다는 과제를 안고 있다.

상기의 3가지 운영형태를 분석한 결과에 의하면, 평균 35만 평방피트(약 32,516㎡)의 대규모 시설은 준관영형을 채택하고 있고, 직영형은 14만 4,519평방피트(약 13,426㎡)의 시설, 민영형은 11만 4,750평방피트(약 10,661㎡)의 시설에서 채택하고 있다고 보고하고 있다.

최근, IT산업의 발달과 업계의 구조 변화에 의해 대규모 컨벤션의 수요는 점점 감소하고 있는 현상황에서 다수의 컨벤션 시설은 소·중규모의 이벤트를 동시에 개최하는 전략으로 전환하고 있다. 특히, 미국의 대형 컨벤션 시설은 소·중규모의 이벤트에 대응이 가능하도록 시설을 개장 또는 증축을 하는 경향이 있다고 보고하고 있다.

제3장

일본 지역의 컨벤션 시설의 현황

1. 컨벤션 시설의 동향

2010년도 일본에서 개최된 국제회의를 회의장별(표 4-5)로 살펴보면, 상위 1위인 큐슈대학(82건)의 뒤를 이어 퍼시픽요코하마(73건), 도쿄대학(65건), 홋카이도대학(55건), 국립교토국제회관(49건) 순으로 나타났다.

특히 상위 10위 안에 6개 대학이 점하고 있어, 이전과 다름없이 전문 컨벤션센터보다 대학에서 국제회의가 많이 개최되고 있었다.

대학에서의 국제회의 개최건수가 많은 이유는 전문분야의 참가규모가 비교적 중소규모 컨벤션이며 학회의 개최 빈도가 높기 때문이다. 특히 공학계의 컨벤션의 경우에는 기술혁신의 속도가 빠르고 정보교환의 빈도가 높기 때문에 비용이 저렴하다는 점과 우선적으로 이용이 가능하다는 점에서 조직위원회의 멤버가 소속 대학시설을 사용하는 것이 편리하기 때문이다.

이 점에서 알 수 있듯이 회의의 규모와 빈번한 개최에 따른 경제적 부담을 줄이기 위한 방책으로 대학의 회의실이 이용되고 있음을 알 수 있다.

2010년도 총참가자 수의 순위를 보면, ㈜퍼시픽요코하마(13만 8,035명), 국립교토국제회관(8만 8,263명), 고베포토피아호텔(6만 2,290명), 고

표 4-5 | 회의장별 국제 컨벤션 개최건수 현황(2010년)

순위	회장명	개최건수 (건)	외국인 수 (명)	국내인 수 (명)	총참가자 수 (명)
1	큐슈대학	82	1,544	11,619	13,163
2	퍼시픽요코하마	73	15,450	122,585	138,035
3	도쿄대학	65	2,632	8,769	11,401
4	홋카이도대학	55	1,909	14,629	16,538
5	국립교토국제회관	49	10,727	77,536	88,263
6	교토대학	42	2,262	3,735	5,997
6	쯔쿠바국제회의장	42	2,193	13,560	15,753
6	나고야대학	42	743	5,593	6,336
9	동북대학	33	1,314	17,115	18,429
10	코꾸렌대학	31	4,533	51,923	56,467
11	고베포토피아호텔	31	7,724	54,566	62,290
12	고쿠렌대학	29	709	4,677	5,816
12	오사카대학	29	811	8,889	9,700
14	와세다대학	27	1,365	12,685	14,050
14	마쿠하리메세	27	2,559	22,140	24,699
16	아와지꿈무대국제회의장	26	923	3,160	4,083
17	후쿠시마국제회의장	25	2,768	23,022	25,790
17	산다공용회의소	25	2,018	2,343	4,361
18	오사카국제회의장	23	4,860	45,156	50,016
20	힐튼후쿠오카시호크	22	1,421	3,157	4,578

참고 : JNTO, '2010년 컨벤션 통계', 2011.

베국제회의장(5만 6,467명), 오사카국제 회의장(5만 16명) 순으로 나타났다. 특히, 일본개최 국제회의 전체 참가자 수 113만 631명 중 외국인 참가자 수가 약 12.8%인 144,968명(방일 외국인 수 861만 명 중 1.7%)으로 일본 컨벤션 산업에 있어서 국내인의 비중이 크다는 것을 알 수 있다.

이상에서 살펴본 바와 같이 개최건수에서는 대학 개최가 우세하나, 참가자 수에서는 ㈜퍼시픽요코하마, 국립교토국제회관, 고베국제회의장, 오사카국제회의장 등이 압도적으로 많아 대규모 컨벤션센터의 집객력이 크다는 것을 알 수 있다. 여기서 특이점은 호텔로서는 고베포토피아 호텔이 처음으로 20위 안에 진입함으로써 비컨벤션센터의 적극적인 컨벤션 유치활동이 가시화되고 있음을 알 수 있다.

한편, 각 도시의 대학에서 개최되는 국제회의의 건수가 전문 컨벤션센터보다 앞서고 있음을 알 수 있는데, 그 이유에 대하여 컨벤션종합연구소의 오타(太田正隆) 소장[208]은 다음과 같이 지적하고 있다.

대학 개최의 컨벤션은 전문분야의 참가자 규모가 비교적 소·중규모의 컨벤션이며, 학회의 개최 빈도가 높기 때문이다. 특히 공학계의 컨벤션은 기술혁신의 속도가 빠르고 정보교환의 빈도도 높기 때문이며, 저렴한 비용으로 이용이 가능하고, 조직위원회 멤버가 속해 있는 대학시설을 사용하는 경향이 높기 때문에 대학이 많이 사용되고 있다.

이상의 개최건수에서는 대학 개최가 많으나, 참가자 수에서는 ㈜퍼시픽요코하마, 국립교토국제회관 등의 이용이 압도적으로 많아 대규모 컨벤션 시설은 집객력이 크다는 것을 알 수 있다. 그렇지만 개업 후에 일정의 연수가 지난 대부분의 컨벤션 시설은 관리 및 유지, 설비의 확충, 대대

---

208) 2008년 7월 30일에 실시한 서면조사를 토대로 함. 컨벤션종합연구소는 ㈜ICS컨벤션디자인의 연구소로 컨벤션관련 조사 및 연구, 컨설팅을 실시하고 있음.

적인 수선, 다양한 니즈에 맞는 시설의 증축과 개축을 필요로 하고 있으나, 토지와 재원의 확보에 관한 계획이 세워지지 않은 것이 현실이다.

2. 각 지역의 컨벤션 시설의 현황

조사대상 및 방법

각 지역의 컨벤션센터의 운영실태에 관한 조사는 2007년 8월부터 2009년 8월까지 실시되었으며, 대도시의 대표적인 대형 컨벤션센터를 조사대상으로 선정하였다.

즉, 삿뽀로시, 센다이시, 도쿄(23구), 치바시, 요코하마시, 나고야시, 교토시, 오사카시, 고베시, 히로시마시, 후쿠오카시의 대형 컨벤션센터 12곳을 직접 방문하여 컨벤션센터의 특징, 운영형태, 직원 수, 가동률, 영업전략 및 과제에 관한 인터뷰조사를 실시하였다.

조사결과를 분석하는 데 있어서 인터뷰 내용과 각 시설의 자료 및 홈페이지도 참고하였다.

표 4-6 | 컨벤션 시설의 인터뷰조사 개요

시설명	대상	실시일
삿뽀로컨벤션센터	센터장	2008. 2. 27.
센다이국제교류센터	총무과 시설계	2008. 4. 18.
도쿄빅사이트	영업부	2007. 8. 27.
도쿄국제포럼	영업부	2007. 8. 26.
㈜마쿠하리메세	영업부	2007. 8. 27.
㈜퍼시픽요코하마	총무부	2007. 8. 29.
나고야국제회의장	영업그룹	2008. 1. 25.
국립교토국제회관	영업부	2007. 12. 27.
오사카국제회의장	영업부	2009. 8. 21.
고베국제회의장	컨벤션사업부	2008. 1. 31.
히로시마국제회의장	운영기획	2007. 11. 15.
후쿠오카국제회의장	영업기획부	2008. 2. 6.

조사결과

① 컨벤션센터 규모 및 사용료

전시면적에서 보면, 일본 최대의 전시장인 도쿄빅사이트와 ㈜마쿠하리메세가 위치하고 있는 관동지역(도쿄, 치바, 요코하마)은 19만 3,516m^2로 컨벤션 수용능력이 가장 크다. 그 이유는 수도권에 사람, 정보, 물자가 집중해 있으므로 컨벤션의 필요성이 자연히 높기 때문이라 할 수 있다. 관서지방(교토, 오사카, 고베)은 회의장을 포함한 전시면적이 약 11만 m^2에 지나지 않는 등 관동지방과 큰 차이를 보이고 있다. 한편 북해도, 동북지방, 중부지방, 서일본지역, 큐슈지역에는 대규모는 아니지만 전용 컨벤션센터가 도시의 중핵시설로 건설되어 있다.

사용료 측면에서 보면, 일반적으로 대회의실과 다목적홀, 전시실보다

표 4-7 | 컨벤션센터의 운영현황(2006년도 기준)

시설명	면적(m^2)	사용료(엔/m^2)	특징	운영형태
삿뽀로컨벤션센터	4,386	258	회의중심	삿뽀로시설경영유한책임사업조합 : 지
센다이국제교류센터	3,486	419	회의중심	(재)센다이국제교류협회 : 지
도쿄빅사이트	85,795	398	전시중심	(주)도쿄빅사이트
도쿄국제포럼	9,883	1,470	복합	(주)도쿄국제포럼
(주)마쿠하리메세	76,488	325	전시중심	(주)마쿠하리메세
(주)퍼시픽요코하마	21,350	350	복합	(주)퍼시픽요코하마
나고야국제회의장	12,702	313	회의중심	(재)나고야관광컨벤션뷰로 : 지
국립교토국제회관	13,480	326	회의중심	(재)국립교토국제회관 : 위
오사카국제회의장	13,071	412	복합	(주)오사카국제회의장 : 지
고베국제회의장	3,609	379	회의중심	(재)고베국제관광컨벤션협회 : 지
히로시마국제회의장	4,302	458	회의중심	(재)히로시마평화문화센터 : 지
후쿠오카국제회의장	4,844	275	회의중심	(재)후쿠오카컨벤션센터 : 지

1. 면적은 회의, 전시, 이벤트의 개최 장소인 대회의장, 전시홀을 대상으로 함(고정석 홀 제외).
2. 사용료는 대회의장, 전시홀의 1m^2당 평일 1일(09 : 00~21 : 30 또는 22 : 00)요금을 기준으로 함.
3. 운영형태의 "지"는 지정관리자제도, "위"는 관리위탁제도를 나타냄.

국제회의실의 요금이 높게 설정되어 있다. 그것은 회의실이 전시실보다 사용하는 공간이 넓지 않으며 개최시에 필요한 준비 작업이 많고 통역부스 사용 등이 사용료에 영향을 미치기 때문으로 사료된다.

〈표 4-7〉에서 알 수 있듯이 1m^2당 사용료가 가장 낮은 시설은 258엔/m^2의 삿뽀로센터이며, 가장 높은 시설은 1,470엔/m^2의 도쿄포럼이다. 평균 요금은 449엔/m^2으로, 히로시마회의장과 도쿄포럼을 제외한 대부분의 시설은 평균 요금보다 사용료를 낮게 설정해 놓고 있었다. 가격대로 살펴보면 200엔/m^2대가 2곳, 400엔/m^2대가 3곳, 1,000엔/m^2대

가 1곳이고, 300엔/㎡대가 6곳으로 가장 많았다.

이상과 같이 지방 시설의 사용료가 대도시보다 저렴하다고 할 수 없으며, 또한 요금이 저렴한 시설에서 보다 많은 컨벤션이 개최된다고도 할 수 없다. 즉, 2009년도 회장별 컨벤션 개최건수에서 1위를 차지한 ㈜퍼시픽요코하마의 요금은 동일 수도권에 있는 ㈜마쿠하리메세(325엔/㎡)보다 높은 350엔/㎡이라는 점에서 알 수 있다.

② 컨벤션센터의 특징 및 운영형태

일본의 컨벤션센터는 대체로 회의중심 시설이 7개설, 전시중심 시설이 2개, 복합시설은 3개로 나눌 수가 있다. 특히, 복합시설은 국제회의장을 비롯해 회의 및 전시의 동시개최와 이벤트 개최 등 다목적으로 사용이 가능한 공간을 확보하고 있다. 초기에는 회의장과 전시장이 독립적으로 건설되었기 때문에 운영도 독립적으로 이루어는 경우가 대부분이다. 하지만 고베시와 후쿠오카시의 경우에는 회의장과 전시장이 한 장소에 독립적으로 건설되어 하나의 지정관리자에 의해 운영되고 있다.

또한 대부분의 시설은 국가와 지자체가 소유하고 운영은 재단법인이나 주식회사에 위탁하는 '공설공영(公設民營)' 방식이지만, ㈜마쿠하리메세와 ㈜퍼시픽요코하마는 시설을 소유하고 운영하는 '민설민영(民設民營)' 방식을 취하고 있다. 그리고 본 연구에서는 대형 컨벤션센터를 연구대상으로 하고 있기 때문에 중소형 컨벤션센터는 제외하고 있으나, 일본에는 '민설민영(民設民營)' 방식을 취하고 있는 중소형 컨벤션센터도 많이 건설되어 있다.

한편 운영형태를 보면, 관리위탁은 1개의 시설, 주식회사 운영은 4개의 시설, 지정관리자제도 실시는 7개의 시설로 가장 많았는데, 2003년부터 시행되고 있는 공공시설의 관리운영에 지정관리자제도가 도입에 따른 영향이라 할 수 있다.

이와 달리 관리위탁제도를 시행하고 있는 국립교토국제회관은 재무성의 독립재산으로서 부지와 건물은 재무성이 소유하고 있으며, 회의장의 운영은 재무성에서 교토시로, 교토시에서 (재)국립교토국제회관으로 위탁되어져 인건비와 운영비는 시설의 수익으로 충당하고 있다. 토지의 확장 및 건물의 수리, 시설의 확충의 경우에는 전년도에 국가 예산으로 책정을 받아 다음 연도에 집행을 하는 형식을 취하고 있다.

주식회사가 운영하고 있는 4개의 시설 중 도쿄빅사이트와 도쿄국제포럼은 재단법인과 사단법인에서 출발하여 주식회사로 조직이 개편되었다. 다시 말해, (주)도쿄빅사이트는 2002년 (사)도쿄국제견본시협회와 (주)도쿄국제무역센터의 통합에 의해 주식회사로 변모하였다. 그리고 (주)도쿄국제포럼은 1997년에 (재)도쿄국제교류재단에서 출발하여 현재의 조직으로 개편되었다. 그 밖에 (주)마쿠하리메세와 (주)퍼시픽요코하마는 건설 당시부터 주식회사로 설립되어 현재에 이르고 있는데, 부지와 건물은 지자체의 소유 또는 출자라는 형태를 띠고 있어 운영상 비용은 발생하지 않으나 시설의 확충과 보완 및 수선, 인건비, 운영비 등의 제비용은 시설의 수익으로 운영하도록 되어 있다.

지정관리자제도에 따라 컨벤션 운영기관으로 컨벤션 관련 기관이 3곳, 문화 관련 기관이 2곳, 민간기업이 2곳 등 합계 7곳을 운영하고 있다.

컨벤션 관련 기관으로 컨벤션뷰로가 운영하고 있는 시설은 나고야와 고베이며, 재단법인이 운영하고 있는 시설은 후쿠오카이다. 문화 관련 기관이 운영하고 있는 시설은 히로시마와 센다이의 시설로, 각각 (재)히로시마평화문화센터와 (재)센다이국제교류협회가 관리하고 있다. 또한 민간기업이 운영하고 있는 삿뽀로의 경우에는 삿뽀로컨벤션센터의 건설에 관여했던 기업이 경영유한책임사업조합을 설립하여 관리를 하고 있다. 그 외에 오사카국제회의장은 오사카부로부터 지정관리자로서 주식회사 형태의 제3섹터가 운영을 하게 되었지만 운영체계는 주식회사 방식과 동일하여 오사카부로부터 운영비의 보조 없이 시설의 수익으로 운영을 하고 있는 상태이다.

이상과 같이 대부분의 컨벤션센터는 지자체로부터의 보조금이 없는 상태에서 시설의 수익으로 운영비를 충당하고 있으며, 관리운영에 있어서도 지정관리자제도의 실시가 점차 확대되고 있다. 지정관리자제도의 특징은 지자체로부터 일정의 지정 관리료를 수탁하여 시설의 운영을 하기 때문에 흑자경영을 하기가 쉽지가 않은데, 센다이시와 후쿠오카시의 시설은 흑자경영을 하고 있으며, 특히 후쿠오카시의 시설은 이익을 기부금으로써 '시'에 반환하고 있다.

③ 컨벤션센터의 직원 수 및 가동률

〈표 4-8〉과 같이 시설의 직원은 전문직원(운영기관 소속 직원), 파견, 촉탁으로 분류할 수 있다. 파견이란 각 도시의 시와 민간기업에서 시설로 파견되어 2~3년 후에 본래의 자리로 돌아가며 파견자의 인건비는 소속기관에서 지불하는 제도로, 민간기업의 경우는 대부분이 여행사이며 주요 업무는 컨벤션 유치의 영업활동이다.

표 4-8 | 컨벤션센터의 직원 수 및 가동률(2006년도 기준)

시설명	가동률(%)	직원 수(명)				
		합계	전문직원	파견	촉탁	기타
삿뽀로컨벤션센터	71.8	20(5)	20	—	—	—
센다이국제교류센터	70.0	10(1)	7		3	
도쿄빅사이트	69.5	100	92	8	—	—
도쿄국제포럼	80.0	49	43	6	—	—
(주)마쿠하리메세	50.0	36	32	4		
(주)퍼시픽요코하마	65.8	51(22)	37	5	9	
나고야국제회의장	74.2	23(8)	6	—	7	10
국립교토국제회관	60.0	44(16)	44	—	—	—
오사카국제회의장	72.0	32(23)	17	9	6	
고베국제회의장	48.0	16	9		7	
히로시마국제회의장	64.5	(10)	6	—	4	
후쿠오카국제회의장	63.3	29(7)	10	19	—	—

직원 수의 합계 중 ( )는 영업담당자를 나타냄. 요코하마는 2009년도 기준.

직원 중에서 영업담당을 세부적으로 보면, 오사카회의장이 23명으로 가장 많으며, 그 다음이 ㈜퍼시픽요코하마가 22명, 국립교토국제회관이 16명의 순으로 나타났다. 오사카회의장의 영업부는 전문직원 13명, 계약 3명, 파견 6명, 촉탁 1명으로 구성되어 있으며, ㈜퍼시픽요코하마의 영업부는 전문직원 19명, 파견 2명, 촉탁 1명으로 구성되어 있다. 특이한 점은 고베국제회의장은 고베국제관광컨벤션협회의 컨벤션 사업부가 영업활동을 담당하고 있으며, 후쿠오카회의장은 7명 전원이 전문직원으로 구성되어 있다. 반면, 센다이국제교류센터의 경우에는 여행사출신의 촉탁직원 1명이 기존의 컨벤션 개최자를 대상으로 영업활동을 전개하고 있다.

시설의 가동률이 100%에 달하는 것은 사실상 불가능한데, 컨벤션 개최에는 설영과 준비, 철거를 위한 일수가 필요하기 때문에 공실이 필연적으로 발생한다. 통상 컨벤션센터의 최대 가동률은 약 70%, 효율적인 가동률은 대략 50~60%, 가동률이 50% 미만의 경우에는 전략적인 마케팅이 필요한 상황이며, 가동률이 60% 이상인 경우에는 시설이 포화 상태인 것으로 판단하고 있다.[209]

〈표 4-8〉에서 볼 수 있듯이 평균 가동률은 76.9%로 높은 편이라 할 수 있다. 그 중에서 최고의 가동률은 80%의 도쿄국제포럼이며, 최소 가동률은 48%의 고베국제회의장이다. 그리고 가동률이 70%를 넘는 시설은 5개이며, 고베국제회의장과 마쿠하리메세를 제외한 10개 시설은 60% 이상의 가동률을 보이고 있다. 반면, 고베국제회의장의 가동률이 48%라는 점에서 타지역보다 저조한 것은 사실이나, 당 시설은 가동률의 상승을 위하여 무차별적인 컨벤션의 유치보다는 도시 이미지에 맞는 컨벤션을 선별하여 유치 또는 개최하고 있다. 또한 시설의 운영을 담당하고 있는 고베국제관광컨벤션협회는 고베컨벤션센터가 위치해 있는 포트아일랜드 소재의 컨벤션센터 및 호텔과 연계를 도모하면서 컨벤션을 유치하는 등 계획적인 관리운영을 하고 있다.

대부분의 시설은 가동률의 향상과 수익의 상승을 위하여 기존에 개

---

209) (財)自治体国際化協会(2007)『アメリカにおける地方政府所有のコンベンション施設の 管理・運営の手法について』29쪽.

최된 컨벤션을 중시하면서 신규 컨벤션의 유치를 도모하는 경향이 뚜렷하다. 대규모 회의는 1회성으로 끝나는 것에 비해서 전시회는 정기적인 개최가 많으므로 많은 시설은 전시회의 유치를 중요시하고 있다.

또한 복합시설이라는 특징을 가진 시설, 즉 도쿄국제포럼, ㈜퍼시픽요코하마, 오사카국제회의장은 교통편이 좋으며, 회의실과 전시장을 동시에 사용할 수 있는 이점이 있어서 높은 가동률을 보이고 있다.

한편, 지방을 광역시단위의 개념으로 본다면 삿뽀로, 센다이, 나고야, 후쿠오카의 시설은 각 광역시에 있어서 유일한 대규모 컨벤션센터이기 때문에 주변 지역의 대규모 컨벤션 유치도 흡수하고 있으므로 가동률이 높다고 할 수 있다.

④ 컨벤션센터의 영업전략과 과제

각 시설의 영업활동 목적은 기본적으로 가동률의 향상이지만, 시설의 관리운영자에 따라 전략은 차이를 보인다. 다시 말해, 관리운영자가 재단법인인 경우인 센다이국제교류센터, 나고야국제회의장, 고베국제회의장, 히로시마국제회의장, 후쿠오카국제회의장 등의 시설은 지역의 컨벤션뷰로와 밀접한 관계를 가지면서 영업활동을 함께 실시하는 경우가 많다.

표 4-9 | 컨벤션센터의 영업전략과 과제

시설명	영업전략	과제
삿뽀로 컨벤션센터	-대규모 국제회의 유치 -기업이벤트 등 기존 주최자 우선 -1달에 1번 도쿄에서 영업활동	-내부의 과제를 공개 못함 -시의 보조금 없이 수익 운영으로 수리비 확보 필요
센다이국제 교류센터	-대규모 대회와 학회, 이벤트 우선 -도쿄에서 영업활동, 지역의 기업 및 중앙기관, 동북대학 대상 영업	-영업담당 부족 -관리자 교체에 따른 영업 방침 변경
도쿄 빅사이트	-산업계 중심의 국내 전시가 많고, 장소대여 중심 -기존 주최자 중시 -홈페이지 적극 활용	-시설의 노후화로 인한 장기적인 수리의 필요성 대두
도쿄국제 포럼	-대규모 국제회의 유치 최우선 -전관 이용 가능한 학회 유치 -질 높은 이벤트 유치 -대형 문화이벤트 유치	-전시 공간이 협소 -안정된 수익을 위한 가동률의 향상
(주)마쿠하리메세	-대규모 전시와 트레이드 쇼(도쿄 모터 쇼), 국제전시 유치	-가동률의 향상
(주)퍼시픽요코하마	-의학계열의 학회, 국제회의, 전시회, 기업미팅 유치 -콘서트 등의 이벤트 유치	-시설의 리뉴얼 및 수리 -시설 확장
나고야국제회의장	-기존 주최자 우선시하면서 국제회의 유치	-시의 예산감소로 전문직원의 부족 (계약직원이 영업 담당)
국립교토 국제회관	-국제기관과 정부 간의 국제회의 우선 -ICCA를 통한 국제인맥만들기, 대학 및 중앙정부를 통한 빠른 정보 수집	-시설의 증축이 필요 -해외 상담회를 통한 정보 수집 -시민의 참여 확대
(주)오사카 국제회의장	-대형학회 및 국제회의 유치 주력 -학회, 기업, 대학 대상의 영업 활동	-시설 수리비의 확보 -기존 주최자 우선시함에 따라 신규 행사개최의 감소
고베국제회의장	-환경, 방재, 패션, 의료, 네트워크 관련 정비 및 의료산업도시구상 관련의 의료기관 연계의 컨벤션 유치 -교토, 나라, 히로시마, 히메지성 등 주변 세계유산을 포함한 PR 활동	-주요시설의 노후화 -지정관리자제도 실시로 사업계획 기간을 4년 단위 계획

히로시마 국제회의장	지정관리자 지정에 영향을 미칠 우려 가 있으므로 공표 불가능	-지정관리자제도 실시로 사회공헌과 이용률 향상의 확보, 장기적·안정적 운영, 시설 수리비 확보
후쿠오카 국제회의장	-대규모 학회 유치 -소회의실 사용률 향상을 위해 지역의 기업회의 유치	시설(제2전시장)의 증축 필요 -주변에 호텔과 지하철 확충 필요

한편, 주식회사가 관리운영하고 있는 도쿄빅사이트, ㈜마쿠하리메세, ㈜퍼시픽요코하마, 오사카국제회의장 등의 시설은 컨벤션뷰로에 대한 의존도가 낮으며 독자적인 영업활동을 실시하면서 필요한 시기에 컨벤션뷰로와 공동으로 영업활동을 실시하고 있다.

〈표 4-9〉에서 알 수 있듯이, 영업 전략에 있어서는 대부분의 시설은 국제회의 유치를 최우선으로 하면서 대형 컨벤션 유치를 목표로 하고 있다. 특히, 의학계열의 학회를 중심으로 대규모 학술회의 유치에 주력하고 있는 것을 알 수 있다.

또한 기존 주최자를 중시하면서 신규 컨벤션을 유치하는 경향이 뚜렷하며, 시설의 가동률이 높을수록 신규 행사의 유치가 좀처럼 쉽지 않다는 문제가 나타났다.

그리고 수도권과 교토, 오사카, 고베를 제외한 지역의 시설은 영업활동 지역으로서 지역의 대학뿐 아니라 도쿄를 포함하고 있었다.

그 이유는 도쿄에 수많은 학회와 협회의 사무국이 있고, JNTO로부터 컨벤션 관련 정보 수집이 용이하기 때문으로 예측된다.

한편, 컨벤션센터의 과제 중 가장 많은 안건은 전문가의 부족을 비롯해 시설의 리뉴얼 및 설비의 수선비 확보, 시설의 확장 또는 증축을 들었다. 그 외에 교통편과 호텔의 개선 등 하드웨어적인 과제도 대두하였다. 그러나 현재 시설의 리뉴얼과 설비의 수선비는 관리운영측이 충당을 하고 있으나 시설의 확장 및 증축은 지자체의 지원이 필요함에도 불구하고 아직 구체적인 계획은 세워지지 않고 있다.

제4장

소결

일본 컨벤션센터는 전시 중심의 시설이 선행되어 건설되었고, 도쿄올림픽의 개최를 계기로 국제회의 개최에 의한 국제사회의 적극적인 참여라는 측면에서 국제회의장의 필요성이 대두되어 1966년 국립교토국제회관을 건설하였다. 그 후 컨벤션 개최건수의 증가, 국제회의와 전시회의 동시개최, 컨벤션의 대규모화에 의해 1980년대부터 컨벤션센터의 건설은 적극적으로 추진되어 일본 대부분의 대도시에서 컨벤션 건설이 시작되는 등 하드웨어의 정비가 이루어지게 된다.

2010년도 국제회의 총참가자 수인 113만 631명 중 외국인 참가자 수가 약 12.8%인 14만 4,968명(방일 외국인 수 861만 명 중 1.7%)으로 일본 컨벤션 산업은 국내 시장으로 이루어졌음을 알 수 있으며, 회의장별 개최건수에서는 대학에서의 개최가 우세하나 참가자 수에서는 ㈜퍼시픽요코하마, 국립교토국제회관, 고베포토피아호텔, 고베국제회의장이 압도적으로 많아 대규모 컨벤션센터의 집객력이 크다는 것을 알 수 있었다. 일본 컨벤션센터의 운영실태 파악을 위해 12개 시설을 대상으로 규모 및 사용료, 운영형태, 직원 수 및 가동률, 영업전략 및 과제에 관하여 조사를 하였다.

시설의 규모면에서 보면, 일본 최대 규모의 전시장인 도쿄빅사이트와 ㈜마쿠하리메세가 위치한 관동지역(도쿄, 치바, 요코하마)의 컨벤션 수용

능력이 타지역보다 우세하였다. 사용료에 있어서 회의장이 전시장보다 높게 책정되어 있는데 그것은 회의장이 전시장보다 사용하는 공간이 넓지 않고 개최에 필요한 설비 및 준비 작업과 관련이 있기 때문으로 사료된다. 또한 지방 시설의 요금이 대도시보다 저렴하다고 할 수 없으며, 또한 사용료가 저렴한 시설에서 다수의 컨벤션이 개최된다고 할 수 없다는 것을 알 수 있었다.

컨벤션센터는 대체로 국가와 지자체가 소유하고 있으며, 관리운영은 재단법인과 주식회사에게 위탁을 하는 '공설민영'의 방식을 취하고 있는데 ㈜마쿠하리메세와 ㈜퍼시픽요코하마는 컨벤션센터를 소유함과 동시에 운영도 하는 '민설민영'의 방식을 취하고 있다. 관리운영 방식은 국립교토국제회관이 관리위탁제도를 취하고 있고, 도쿄빅사이트, 도쿄국제포럼, ㈜마쿠하리메세, ㈜퍼시픽요코하마가 주식회사 운영을 하고 있으며, 나머지 7개 시설은 지정관리자제도를 도입하고 있다.

컨벤션센터의 직원은 전문직원, 파견, 촉탁으로 분류되며, 파견은 주로 시나 민간기업에서 이루어지며 영업을 담당하고 있다. 또 시설의 평균 가동률은 76.9%로 높게 나타났으며, 그 중에서 최고의 가동률은 도쿄국제포럼(80%), 최저의 가동률은 고베국제회의장(48%)이고, 5개 시설이 가동률 70%를 넘고 있으며, 10개 시설이 60% 이상의 가동률을 보이고 있다.

컨벤션센터의 영업전략을 보면, 대부분의 시설은 국제회의, 대규모 컨벤션, 의학계열의 학회 등의 유치의 주요 대상으로 하고 있으며, 특히 기존 주최자를 중시하면서 신규 컨벤션을 유치하고 있는 것으로 나타났다. 또한 수도권과 교토, 오사카, 고베를 제외한 지역의 시설은 해당 지역의 기업과 대학뿐 아니라 도쿄에 있는 학회 및 협회를 대상으로 영업 활동을 펼치면서 JNTO를 통한 컨벤션 정보 수집을 하는 것으로 보아 일본 컨벤션이 도쿄에 집중되어 있음을 알 수 있다. 한편, 시설의 노후화에 의한 설비의 개선과 확충, 다양한 요구에 대응할 수 있는 시설의 증축과 개축의 필요성이 대두됨에 따라 부지와 재원의 확보라는 과제를 안고 있다.

관리운영에 있어서는 국제 컨벤션 유치와 개최 지원활동에 적합한 우수한 인재의 확보, 운영 및 소프트웨어의 개발이라는 문제점이 대두되었다. 이러한 문제점을 해결하기 위한 일환으로 시설의 관리운영에 지정관리자제도를 도입하여 민간사업자의 참가에 의한 공공시설의 질을 높이고 효율적인 경영을 통해 적자경영이라는 과제를 해결하려고 하고 있으나, 아직 해결책을 찾지 못하고 있다.

제5부
컨벤션뷰로의 동향,
그리고 PCO 및 관련 조직

여기서는 컨벤션 산업과 관련된 조직에 대하여 고찰하고자 한다. 먼저, 컨벤션 유치를 위한 활동뿐만 아니라 도시 전체의 홍보 역할을 담당하고 있는 뷰로의 역사를 검토하면서, 그 동향을 명확히 하고자 한다. 특히, 제4부에서 기술한 컨벤션 시설이 건설된 도시의 뷰로를 대상으로 인터뷰조사를 실시한 결과를 분석하였다. 또한 컨벤션 운영과 진행을 담당하는 PCO의 설립과 현황에 대해서도 살펴보고자 한다. 그밖에 중앙기관인 국토교통성, 경제산업성, 외무성, 문부과학성, 환경성에 의한 컨벤션의 지원에 대하여, 그리고 컨벤션 사업의 추진기관인 관광청, JNTO, JCCB의 역할, 마지막으로 컨벤션 교육 현황에 대해서도 살펴보고자 한다. 단, 컨벤션 산업과 관련된 호텔, 여행사, 항공회사, 통역·번역회사, 인쇄업자 등의 민간 기업은 그 범위가 넓어서 조사대상에서 제외하였다.

제1장

일본 컨벤션뷰로의 연혁

일본경제가 고도성장을 계속하고 있었던 1980년대에 각 도시는 컨벤션 도시정책의 시책하에 컨벤션 시설의 건설과 함께 컨벤션 유치를 위한 추진조직으로서 컨벤션뷰로를 설립하기 시작하였다. 컨벤션뷰로의 설립에 있어서는 현(県)과 시(市)뿐만 아니라 각 지역의 경제계도 가담하는 등 지역의 경제 활성화를 위해 컨벤션 사업에 적극적으로 참여하였다.

〈표 5-1〉과 같이 일본의 컨벤션뷰로는 1973년에 교토컨벤션뷰로의 설립을 시작으로 각 지역에 설립되었는데, 대부분의 조직은 시와 상공회의소·관광협회 등에 소속된 임의단체로서 사업비도 현과 시·상공회의소로부터의 보조금으로 운영되고 있었으므로 지방행정부적인 성격이 강하다고 볼 수 있다.

그런데 1985년 가나자와컨벤션뷰로가 재단법인으로서 발족한 이후 컨벤션뷰로의 법인화가 추진되어, 1987년에 센다이컨벤션뷰로가 운수성(현, 국토교통성)의 허가를 취득한 최초의 재단법인이 되었다.

그 후 1990년부터 많은 컨벤션뷰로는 비영리조직 법인으로 전환이 되어갔지만, 컨벤션뷰로의 운영은 이전과 마찬가지로 현과 시로부터 사업비의 보조와 인재의 파견이라는 재정적, 인적 지원에 의지하고 있으며, 그 운영방식은 현재까지도 계속되고 있다.

표 5-1 | 초기 일본의 컨벤션뷰로 설립연도(1980년대까지)

설립연도	구 명칭	소속	사업비	현재 명칭
1973년 4월	교토컨벤션뷰로	교토시 관광협회	관광협회	(재)교토문화교류컨벤션뷰로
1973년 7월	코치현컨벤션뷰로	관광연맹	사업비 50% 현 지원	(사)코치현관광컨벤션협회
1978년 7월	카고시마시컨벤션뷰로	관광협회	시와 관광협회 예산	(재)카고시마관광컨벤션협회
1981년 6월	니가타시대회회의 유치협의회	시의 상업관광과	시의 보조 및 관계자 부담금	(재)니가타관광컨벤션협회
1982년 6월	고베컨벤션추진본부	시의 경제국	시	(재)고베국제관광컨벤션협회
1984년 2월	오사카컨벤션뷰로	상공회의소	부, 시, 상공회의소	(재)오사카관광컨벤션협회
1985년 5월	(재)가나자와컨벤션뷰로	현의 지사 허가 제1호	현, 시, 상공회의소	(재)가나자와컨벤션뷰로
1985년 7월	(사)나고야시관광추진협회 컨벤션대책부	시	시	(재)나고야관광컨벤션뷰로
1987년 1월	히로시마컨벤션추진협의회	시	시, 회원회비	(재)히로시마관광컨벤션뷰로
1987년 3월	(재)센다이컨벤션뷰로	운수성 허가 제1호	현,시,상공회의소,지역경제계	(재)센다이관광컨벤션협회
1987년 5월	미야자키시컨벤션추진협의회	시	시	(재)미야자키관광컨벤션협회
1987년 9월	(재)후쿠오카컨벤션뷰로	큐슈운수국 허가	시, 회원회비	(재)후쿠오카관광컨벤션뷰로
1987년 12월	오키나와컨벤션뷰로	—	현, 시	(재)오키나와관광컨벤션뷰로
1988년 11월	(재)요코하마컨벤션뷰로	관동운수국 허가	현, 시, 회원회비	(재)요코하마관광컨벤션뷰로
1989년 6월	(재)치바컨벤션뷰로	관동운수국 허가	현, 시, 회원회비	(재)치바국제교류컨벤션뷰로

참고 : (재)시즈오카종합연구기구(1988), 『컨벤션 기능 집적 촉진 조사 보고서』 136~137쪽.

초기의 컨벤션뷰로는 컨벤션 업무에만 전념하였으나 관광협회 · 국제교류과와의 합병을 통한 법인화가 진행되는 과정에서 업무의 영역이 확대됨은 물론, 명칭에도 관광 또는 국제교류라는 단어를 사용하게 되었다. 즉, 문화교류 또는 국제교류와 합병된 법인은 치바시, 교토시, 삿포로시, 구루미시의 컨벤션뷰로이고, 관광협회와 국제교류과와 합병한 곳은 고베시의 컨벤션뷰로이다.

대부분의 컨벤션뷰로는 독립된 조직으로 설립이 이루어진 데 반해, 마쓰에시(松江市)의 컨벤션뷰로는 독립된 법인이 아니라 마쓰에시(松江市)의 컨벤션 시설인 (재)구니비키메세의 컨벤션 유치 및 지원을 담당하는 유치지원과가 컨벤션뷰로의 역할을 담당하고 있다[210]는 것이 특이점이다.

현재, 일본 국내에는 75개의 컨벤션뷰로[211]가 활동하고 있는데 법인형태가 재단법인, 사단법인, 일반법인, 협의회 등 다양하지만, 그 역할은 해당 도시의 교통, 숙박, 컨벤션 시설의 관리 및 컨벤션 유치, 관광시설 및 관광상품의 관리 등 컨벤션 사업과 관광사업을 동시에 담당하고 있다.

또한 대부분의 컨벤션뷰로는 설립 당시에 지자체나 상공회의소에 소속되어 있었고, 사업운영비는 지자체의 보조금과 컨벤션뷰로의 회비로 충당되어 왔기 때문에 지자체의 지사나 시장의 정책에 따라 관광사업 및 컨벤션 사업이 축소되는 경우도 적지 않다.

---

210) 2009년 3월 12일에 실시한(재)쿠니비키메세의 유치지원과의 인터뷰조사를 참고함.
211) 2017년 2월 현재, 일본콘그레스컨벤션뷰로(JCCB)에 회원으로 등록된 뷰로를 기준으로 함.

최근 아시아 국가들이 국가전략사업의 하나로 컨벤션 산업을 지정함과 동시에 컨벤션 유치에 적극적으로 동참을 하고 있는 것에 비해 일본의 컨벤션 산업은 지자체에 의지하고 있다고 할 수 있다.

　　이와 같이 컨벤션의 유치에 있어서 중앙정부의 지원을 기대할 수 없어 거의 지자체의 예산으로 충당되고 있다. 그러므로 각 현의 지사와 시장의 정책 변경에 의해 재정의 축소 및 인재부족 등으로 컨벤션 사업이 원활한 수행을 할 수 없는 불안한 환경에 놓여 있다.

　　이러한 재정의 축소에 의한 예산부족과 인재부족을 해소하기 위해 실시되고 있는 파견(出向)제도는 지역의 뷰로에 따라 극단적인 경향을 보이고 있다.

　　다시 말해, 파견자가 뷰로의 직원의 한 사람으로서 적극적으로 활약을 하는 경우와 그렇지 않은 경우가 있기 때문이다.

　　어느 경우에든 담당자의 교체는 주최자에게 불안감을 줄 뿐 아니라, 3년에서 10년이라는 컨벤션 개최 주기를 고려한 유치 활동에 지속성이 떨어짐으로써 유치 경쟁에서 불리한 상황을 맞이할 수 있다.

제2장

컨벤션뷰로의 개요

1. 컨벤션뷰로의 역할

각 도시가 뷰로를 설립한 목적은 회의의 주최자 및 참가자에게 도시의 매력, 시설, 다양한 서비스의 PR을 통한 컨벤션의 유치와 관련된 지원을 하는 것이다. 오늘날 컨벤션 유치의 경쟁이 심화됨에 따라 도시가 보유한 특색 있는 기획력이 요구되고 있다.

여기서는 뷰로의 상세한 업무에 대하여 JNTO의 『국제회의 매뉴얼』을 참고로 하였다. 뷰로의 주요 업무는 시장 · 지사의 초청장, 공동 유치 활동, 관련 시설의 정보 · 자료 제공, 회의장 및 숙박 예약, 특별 시설에서의 리셉션 개최, 회의관련 업자의 소개, 자원봉사자의 활용, 진행요원의 확보 지원, 애프터컨벤션의 기획 지원, 관광시설 우대할인권의 제공, 환영 간판의 설치, 개최 준비자금의 대부제도 및 개최 보조금 교부제도의 운영[212] 등이다.

그런데 이 매뉴얼에서는 지자체의 수준을 넘어서 국가 협력에 의해 일본의 컨벤션이 경쟁력을 갖는 항목이 눈에 띈다. 그것은 시장 · 지사의 초청장과 특별 시설에서의 리셉션 개최이다. 먼저, 시장 · 지사의 초

---

212) (独)国際観光振興機構(JNTO)(1999) 『国際会議マニュアル』 144-146쪽.

청장이 발송된다는 것은 개최도시의 국제회의에 대한 관심이 높다는 것과 개최될 경우에는 적극적인 지원이 가능하다는 어필의 하나로 인식되기 때문에 다수의 지자체에서 실시하고 있다. 그런데 아시아 여러 국가는 중앙기관의 장관이 초청장을 발송하고 국가 스스로가 컨벤션 유치에 적극적인 자세를 표명하고 있다. 반면, 일본에서는 장관의 초청장이 발송되는 경우는 극히 드물다. 그러므로 컨벤션 유치 시에 국가의 적극적인 어필이 중요하다고 다수의 뷰로는 통감하고 있으나, 정부는 아직 움직임을 보이고 있지 않다.

또한 특별시설에서의 리셉션 개최인데, 일반적으로 미술관과 고성 등의 역사적 건축물에서 리셉션을 개최하여 참가자에게 특별한 체험을 주는 컨벤션은 만족도가 높다. 그런데 지자체의 소유와 국토교통성의 소관으로 되어 있는 건축물은 사용이 가능하지만, 그렇지 않은 경우에는 거의 사용 허가가 불가한 것이 현재의 상황이다.

이상과 같이 JNTO가 제시하고 있는 「매뉴얼」에는 지자체와 뷰로만이 아니라 국가가 협력을 해야 할 항목이 있음에도 불구하고 그에 대한 구체적인 언급은 없다.

2. 컨벤션 유치 프로세스와 결정 요인

그림 5-1 | 국제 컨벤션 유치 프로세스[213]

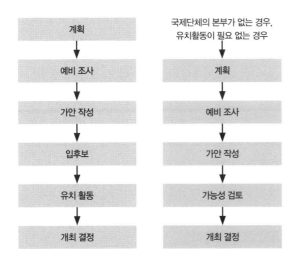

국제 컨벤션은 대개 Corporate Meetings(기업회의 · 견본시), Association Meetings(다양한 국제기관이 개최하는 대회, 학회)으로 대별되는데, 대체로 회의의 성격과 단체의 특성에 의해 유치활동의 필요성이 발생한다. 유치활동의 필요가 없는 것은 개최국 부담이 표준화되어 개최지가 순회하는 국제회의로, 국제 대응단체가 개최 의사를 결정하여 개최 준비를 한다. 한편, 유치활동이 필요한 경우에는 영리를 목적으로 국내 요청이 있으면서 기념행사의 일환으로 개최되는 회의로, 경쟁 상대가 없는 경우에는 이사회의 심의를 통해 총회에서 결정된다. 하지만 그렇지

---

213) 앞의 책, (独)国際観光振興機構(1999), 6쪽.

않은 경우에는 표결에 의해 총회에서 결정되므로, 표결을 둘러싼 로비와 리셉션 개최 등의 유치활동이 필요하게 되는데[214], 최근 대다수의 국가는 국제 컨벤션의 개최지로서 입후보하고 있다.

이와 같이 입후보한 각 국가는 국제 컨벤션 유치를 위해 국제본부의 임원과 키맨[215]을 초청하여 개최지로서의 매력과 메리트, 시설, 관광자원, 국제회의의 보조금 등 수용체제에 관한 선전을 하고 있으며, 그 역할은 주로 국제 컨벤션 유치의 담당조직(일본의 경우에는 JNTO)과 각 도시의 뷰로가 맡고 있다.

그림 5-2 | 국제회의 개최지 결정에 관한 조사

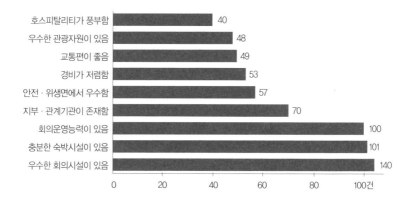

참고 : JNTO(1999) 『国際会議マニュアル』 13쪽.

---

214) 앞의 책, (独)国際観光振興機構(1999), 4-5쪽.
215) 본부의 키맨(Key-man)은 개최지의 결정권을 가진 사람으로, UAI의 조사에 따르면, 회장과 사무국장이 50%, 이사가 30%로, 이 세 사람에게 유치활동을 전개하는 것이 효과적이라고 보고하고 있다(앞의 책, JNTO, 14쪽).

5부 컨벤션 뷰로의 동향, 그리고 PCO 및 관련 조직

그러한 활동에 관해서 JNTO의 조사결과(그림 5-2)에 의하면, 「회의
시설」「숙박시설」「회의운영능력」「지부·관계 기관의 존재」가 상위를
점하고 있으며, 도시의 하드웨어의 정비가 중요하다고 시사하였다. 이
요소는 컨벤션 개최에 직접 관계되는 것들이다.

한편, 「관광시설」「호스피탈리티」는 하위를 점하고 있으나, 최근 컨벤
션 참가자의 가족 Excursion(견학)이 증가하는 경향이 있어 이 두 요소
는 경시할 수 없다.

제3장

일본 지역의 컨벤션뷰로의 동향

1. 조사대상 및 방법

조사기간은 2007년 8월부터 2009년 3월까지이며, 대상은 컨벤션 유치 활동을 적극적으로 실시하고 있는 도시인 삿뽀로시, 센다이시, 도쿄, 치바시, 요코하마시, 나고야시, 교토시, 오사카시, 고베시, 가나자와시, 히로시마시, 후쿠오카시의 컨벤션뷰로이며, 직접 방문을 통해 인터뷰조사를 실시하였다(표 5-2).

표 5-2 | 일본 컨벤션뷰로의 인터뷰조사 개요

기관명	대상	실시일
(재)치바국제교류컨벤션뷰로	유치지원과	2007년 8월 27일
(재)도쿄관광재단	컨벤션사업부	2007년 8월 28일
(재)요코하마관광컨벤션뷰로	사업부	2007년 8월 29일
(재)히로시마관광컨벤션뷰로	컨벤션진흥부	2007년 11월 15일
(재)오사카관광컨벤션협회	컨벤션부	2007년 11월 30일
(재)교토문화교류컨벤션뷰로	유치추진과	2007년 12월 27일
(재)나고야관광컨벤션뷰로	컨벤션부	2008년 1월 25일
(재)고베국제관광컨벤션협회	컨벤션사업부	2008년 1월 31일
(재)후쿠오카관광컨벤션뷰로	컨벤션부	2008년 2월 5일
(재)삿뽀로국제플라자	유치지원과	2008년 2월 28일
(재)센다이관광컨벤션협회	사업본부	2008년 4월 18일
(재)가나자와컨벤션뷰로	컨벤션부	2009년 3월 24일

조사내용은 컨벤션뷰로를 대상으로 컨벤션뷰로의 구성단체, 사업비 및 직원 수, 지원제도, 영업활동 및 전략과 과제, 해외 컨벤션뷰로와의 교류 등에 관해 인터뷰조사를 실시하였다.

2. 조사결과

조사내용은 뷰로의 구성단체와 기본재산, 사업내역 및 사업비와 직원 수, 조성제도, 영업활동 및 과제로 나누어 정리하였다.

구성단체 및 기본재산에 관한 분석

컨벤션뷰로의 구성단체는 〈표 5-3〉과 같이 각 지자체의 현과 시·상공회의소가 중심이 되어 기업이 참여하고 있는 것을 알 수 있다. 또한 설립 당시의 기본재산은 최저 1억 3,000만 엔에서 최고 21억 엔까지 거대한 자금이 비축되어 있는데, 이것은 기본재산의 이자를 컨벤션뷰로의 운영자금으로 활용하기 위해서였다. 그러나 최근 저이율이 계속되고 있어 컨벤션뷰로의 운영을 위해 각 현과 시의 보조금 지원이라는 형태를 취할 수밖에 없는 상황으로, 지방 재정의 영향을 받기 쉽기 때문에 운영의 어려움을 겪고 있다. 한편, 컨벤션뷰로에는 호텔을 중심으로 관광 및 컨벤션 관련 기업과 단체가 회원으로 가입하고 있으며, 대체로 300~600개 사의 회원을 확보하고 있으며, 삿뽀로시는 개인회원의 가입도 인정하고 있다.

표 5-3 | 일본 컨벤션뷰로의 구성 내역(2008년도 기준)

기관명	구성 단체	기본재산(엔)	회원 수(사)
(재)삿뽀로국제플라자	삿뽀로시	5억	315(개인 1,077명 별도)
(재)센다이관광컨벤션협회	미야기현, 센다이시, 센다이상공회의소, 민간기업	2억 1천만	약 600
(재)도쿄관광재단	도쿄도, 민간단체	3억	약 330
(재)치바국제교류컨벤션뷰로	치바현, 치바시	21억	약 380
(재)요코하마관광컨벤션뷰로	가나가와현, 요코하마시, 요고하마상공회의소, 민간기업	10억	약 538
(재)나고야관광컨벤션뷰로	나고야시, 민간기업	4억 4천만	약 420
(재)교토문화교류컨벤션뷰로	교토부, 교토시, 교토상공회의소	3천만	약 258
(재)오사카관광컨벤션협회	오사카부, 오사카시, 오사카상공회의소, 민간기업	2억 3천만	약 680
(재)고베국제관광컨벤션협회	효고현, 고베시, 고베상공회의소	1억 3천만	약 160
(재)가나자와컨벤션뷰로	이시카와현, 가나자와시, 가나자와상공회의소	1억5천만	약 400
(재)히로시마관광컨벤션뷰로	히로시마시, 히로시마상공회의소	9억 7천7백만	약 450
(재)후쿠오카관광컨벤션뷰로	후쿠오카현, 후쿠오카시, 후쿠오카상공회의소, 민간기업	7억 9천6백만	약 592

사업내역 및 사업비, 직원 수에 관한 분석

컨벤션뷰로의 사업내역(표 5-4)을 보면, 컨벤션 사업을 중심으로 관광사업과 국제교류, 시설의 위탁운영 등 다양한 사업을 담당하고 있으며, 필름커미션사업도 담당하고 있어, 영화나 드라마의 로케이션에 관한 정보 제공을 관광사업의 일환으로 포함하고 있음을 알 수 있다.

그런데 사업내역에서 특색 있는 것은 센다이컨벤션협회의 「특산물사업」과 고베컨벤션협회의 「기금관리」를 들 수 있다. 센다이컨벤션협회에 따르면, 센다이는 관광 기반 및 물산 기반이 취약하므로 관련 협회인 관광협회와 물산협회를 컨벤션뷰로와 합병시키는 등 취약한 조직을 일원화시키는 과정에서 「특산물사업」을 담당하게 되어 오늘날에 이르고 있다. 그런데 특산물사업에는 많은 준비과정이 필요함에도 불구하고 2명의 담당자가 운영하고 있어 관광사업과 컨벤션 사업으로부터의 지원이 필수불가결하게 이루어지고 있으며, 이것은 조직의 합병에 따라 효율적인 사업의 진행을 위한 사업내역의 재조명이라는 절차 없이 통합되었기 때문으로 사료된다.

한편, 도쿄관광재단을 제외한 대부분의 컨벤션뷰로는 총사업비의 약 80~90% 정도 현이나 시로부터 보조금을 받고 있으며, 기타 사업내역에서 알 수 있듯이 현이나 시로부터 시설의 위탁운영을 받고 있는데 이것은 컨벤션뷰로의 사업운영을 위한 사업비 조성의 일환으로 생각할 수 있다. 또한 다양한 사업을 담당하는 경우에는 사업비의 책정이 높게 나타나고 있는데, 고베컨벤션협회는 컨벤션 사업을 비롯해 관광사업, 효고현 소유의 공공시설물의 운영뿐만 아니라 기금관리사업도 맡고 있다.

컨벤션 사업비가 가장 많은 곳은 삿뽀로국제플라자로 8,500만 엔이며, 가장 낮은 곳은 히로시마컨벤션뷰로로 1,900만 엔이다. 총사업비에 대한 컨벤션 사업비의 비율이 가장 높은 곳은 가나자와컨벤션뷰로로 50%인데, 이곳은 컨벤션 사업과 필름커미션사업만을 담당하고 있기 때문이라고 생각된다. 그 다음으로 치바컨벤션뷰로가 43.3%, 도쿄관광재단이 29%, 삿뽀로국제플라자가 23.7%, 센다이컨벤션협회가 19.8%이며, 가장 낮은 곳은 고베컨벤션협회로 2.24%를 나타내고 있다. 이 비율에서 알 수 있듯이 컨벤션뷰로에게 있어서 컨벤션 사업은 중심사업이라기보다는 관광사업의 일환으로 취급되고 있음을 알 수 있다.

표 5-4 | 일본 컨벤션뷰로의 사업내역 및 직원 수(2007년도 기준)

기관명	컨벤션 사업비 (백만 엔)	총 사업비 점유율 (%)	사업내역	직원 수(명)				
				총 인원	컨벤션담당직원			
					소계	정직원	파견	기타
(재)삿뽀로 국제 플라자	85	23.7	컨벤션, 국제교류, 필름커미션, 「텐진산국제하우스」 운영★도쿄사무소 운영	41	12	4	시 1 긴투2	5
(재)센다이 관광 컨벤션 협회	32	19.8	컨벤션, 관광, 특산물 사업, 필름커미션	42	9	4	긴투1	4
(재)도쿄관 광재단	29	29.0	컨벤션, 관광, 필름커미션, 「도쿄국제호스텔」 운영★보조금 없음	35	6	—	—	—
(재)치바국 제교류 컨벤션뷰로	77	43.3	컨벤션, 국제교류, 필름커미션	28	9	3	여행2 현·시 4	—
(재)요코하 마관광 컨벤션뷰로	400	-	컨벤션, 관광, 필름커미션, 「인형의 집」 운영	32	7	—	—	—
(재)나고야 관광 컨벤션 뷰로	44	16.7	컨벤션, 관광, 필름커미션, 「나고야국제회의장」 지정관리자★동경사무소 운영	72	9	4	시 4 JTB 1	—

	직원수	사업비	사업내용				파견	
(재)교토문화교류 컨벤션뷰로	77	56.2	컨벤션, 교토문화 발신, 「교토영빈관」 지원	11	6	—	—	—
(재)오사카 관광 컨벤션 협회	63	10.5	컨벤션, 관광, 「오사카성 천수각」 운영	—	10	3	부 1 긴투1 일영1 긴철1 계한1	2
(재)고베국제 관광 컨벤션 협회	47	2.24	관광, 컨벤션, 필름커미션, 「고베컨벤션센터」 지정관리자, 「스마해변수족원」 및 아리마 온천의 4개시설 운영,기금 관리 및 관련 사업 보조	88	12	6	시 4 JTB 1 긴투1	—
(재)가나자와 컨벤션뷰로	34	50.0	컨벤션, 필름커미션	5	5	1	시 1 상공2	1
(재)히로시마 관광 컨벤션 뷰로	19	16.0	컨벤션, 관광, 필르커미션, 「관광시설」 운영	30	7	5	JTB 1 긴투1	
(재)후쿠오카 관광 컨벤션 뷰로	21	13.0	컨벤션, 관광, 「하카다쵸 집(博多町家)」 운영	27	10	—	시 2 여행7 촉탁1	

1. 사업비는 2007년도 기준, 관리비와 인건비를 제외함. 단, 고베컨벤션협회는 2006년도 기준임.
2. 직원 수는 2007년도 기준(임원 제외). 교토컨벤션뷰로 사업비에는 인건비가 일부 포함.
3. 컨벤션 담당자의 내역에서 교토컨벤션뷰로는 시의 파견자, 도쿄관광재단과 요코하마컨벤션뷰로는 현·시·민간의 파견자를 포함.
4. 고베컨벤션협회의 기금은 「포토피아 '81 기념 기금」「고베 21세기 부흥기념 계승사업 기금」「고베로부터의 발신 계승사업 기금」으로, 국제회의의 보조사업, 시민참가와 협동 보조사업, 재해부흥 발신사업을 위해 설립된 기금임.
5. 「상공」: 상공회의소, 「긴투」: 긴기일본투리스트, 「일영」: 일본여행사, 「긴철」: 긴테츠전철, 「계한」: 계한전철을 말함.

　직원 수에서 보면, 컨벤션뷰로의 총인원의 약 20% 정도가 컨벤션 사업을 담당하고 있으며, 그 구성원은 정직원을 비롯해 현·시·상공회의소 등에서의 파견, 여행사 및 회원사로부터의 파견, 촉탁 등으로 구성되어 있다. 컨벤션 담당 정직원의 비율은 평균적으로 약 40~50%를 점하고 있지만, 오사카컨벤션뷰로(3명), 가나자와컨벤션뷰로(1명), 후쿠오카컨벤션뷰로(0명)는 다른 컨벤션뷰로에 비해 상당히 낮은 비율을 보이며, 특히 후쿠오카컨벤션뷰로는 지자체가 중심이 되어 있는 것이 특징이다.

업무의 배분에서 보면, 컨벤션뷰로의 정직원은 기획이나 조사 및 정보수집 등을 집중적으로 담당하고 있으며, 지자체 관련 파견자는 컨벤션 유치 및 개최에 있어서 지방 정부의 원활한 협력을 지원하는 역할을 담당하고 있다. 또한 컨벤션뷰로 회원사의 파견자는 대체로 긴기일본투리스트, JTB, 일본여행사 등 여행사가 대부분이며, 컨벤션 주최자를 대상으로 영업활동을 펼치고 있는데, 파견자 및 촉탁의 경우는 계약기간이 2~3년으로 정해져 있어 장기적 혹은 전체적인 컨벤션 사업에 관여하기 힘들다.

이와 같이 컨벤션뷰로의 구성원이 다양하기 때문에 생기는 문제점도 과시할 수 없다. 즉, 컨벤션 사업의 주도적인 역할을 하는 정직원은 해당 도시로의 컨벤션 유치를 우선시 하지만, 회원사의 파견자는 자사의 이익을 우선시할 우려가 있다는 점이다. 또한 파견자는 컨벤션뷰로가 아닌 본사로부터 월급을 지급받고 있으므로, 파견자의 인력관리에 어려움이 있어 구성원 간의 갈등이 없다고 할 수 없다. 그러므로 정직원과 파견자 및 촉탁직원이 컨벤션 사업을 추진하는 데 있어서, 첫째 얼마나 원활한 협력관계를 유지하는가, 둘째 이해관계가 다른 회원사의 파견자가 도시의 이익을 얼마나 우선시하며 컨벤션 유치에 힘쓰는가 라는 점이 관건이라 할 수 있다. 이 문제의 해결이야말로 컨벤션뷰로의 내부적인 갈등을 최소화시킴과 동시에 컨벤션 유치 및 개최가 원활히 이루어질 수 있는 길이라 사료된다.

조성금제도 및 대출제도에 관한 분석

일본 전역에 컨벤션 시설의 건설 및 컨벤션뷰로의 설립에 의해 국내 컨벤션 유치는 어느 때보다 더욱 치열해졌으며, 컨벤션 유치를 성공시키기 위해서 마련된 것이 조성금제도 및 대출제도이다. 이 두 제도는 컨벤션 개최 예정 도시가 일정한 서류심사를 통해 지급하는 것으로, 조성금제도는 상환 의무가 없으나 대출제도는 대체로 3년간 무이자라는 조건하에 상환 의무가 있다.

조성금제도의 내역(표 5-5)은 최고 금액만을 표시하고 있으며, 조성금은 30만 엔에서 1,000만 엔까지 지원 금액이 크지만, 실제로 200만 엔에서 300만 엔 정도가 지급되고 있으며, 국내회의보다 국제회의에 대한 조성금 지원이 우선되는 경우가 많다.

도쿄관광재단, 고베컨벤션뷰로, 가나자와컨벤션뷰로와 같이 조성금이 큰 경우에는 국제회의가 주 대상이고, 센다이컨벤션협회의 경우에도 국제학술학회를 주 대상으로 하는 등 대부분의 컨벤션뷰로는 국제회의 유치를 우선시하고 있음을 알 수 있다.

한편, 대출제도는 일반적으로 200만 엔에서 300만 엔이 많으며, 최고액은 500만 엔으로 조성금보다 금액이 적다. 대부분의 대출제도는 국제 및 국내를 불문하고 각 지역에서 개최 예정인 컨벤션을 주 대상으로 하고 있다.

표 5-5 | 일본 컨벤션뷰로의 조성금제도 및 대출제도(2008년도 기준)

기관명	조성금제도		대출제도	
	금액 (만 엔)	대상	금액 (만 엔)	대상
(재)삿뽀로국제플라자	30	삿뽀로시 개최 컨벤션 사업, 국제화 관련 사업	300	삿뽀로시 개최 컨벤션
(재)센다이관광컨벤션 협회	200	1,500명 이상의 센다이시 개최 국제 및 국내회의★셔틀버 스 보조(최대 50만 엔)	200	센다이시 개최 국제 및 국내회의
(재)도쿄관광재단	1,000	1,500명 이상, 도쿄개최 국 제컨벤션★해외초청비 1/2 보조	없음	—
(재)치바국제교류 컨 벤션뷰로	200	치바현 개최 컨벤션	500	치바현 개최 컨벤션
(재)요코하마관광컨벤 션뷰로	1,000	5,000명 이상의 요코하마 시 개최 컨벤션	없음	—
(재)나고야관광컨벤션 뷰로	200	1,000명 이상의 나고야시 내 개최 국제컨벤션	500	나고야시내 개최 대형 국제회의
(재)교토문화교류컨벤 션뷰로	없음	—	300	교토시내 개최 회의
(재)오사카관광 컨벤 션협회	300	300명 이상의 오사카부내 개최 국제컨벤션	200	오사카부내 개최 회의
(재)고베국제관광컨벤 션협회★병용사용 가능	각 500	포트피아기념기금(300명이 상), 고베시내 개최 국제회 의	300	고베시내 개최 국제회의
		(재)나카우치컨벤션진흥재 단(50명 이상), 효고현 개최 국제회의		
(재)가나자와컨벤션뷰 로★병용사용 가능	700 350	이시카와현 개최 국제회의 가나자와시 개최 대회	300	가나자와시 개최 회의
(재)히로시마관광컨벤 션뷰로	200	히로시마현 개최 컨벤션	300	히로시마현 개최 국제 회의
(재)후쿠오카관광컨벤 션뷰로	300	100명 이상, 후쿠오카시 개최 국제컨벤션	300	후쿠오카시 개최 컨벤 션

영업활동 및 전략과 과제에 관한 분석

지방의 컨벤션뷰로는 해당 지역의 컨벤션 시설의 관계자와 함께 지역을 포함해 도쿄에서도 컨벤션 유치 활동을 펼치고 있다(표 5-6). 즉, 도쿄, 치바, 요코하마, 오사카, 고베를 제외한 삿뽀로, 센다이, 나고야, 가나자와, 히로시마, 후쿠오카 등의 컨벤션뷰로는 도쿄소재의 협회나 학회의 사무국을 대상으로 유치 활동을 펼치면서, JNTO을 통해 컨벤션 관련 정보를 수집하고 있는 것으로 사료된다.

컨벤션 유치활동은 시의 정책에 따른 활동과 도시의 컨벤션 수용체제를 고려한 활동으로 대별할 수 있다. 시의 정책에 맞추어 활동을 하는 곳은 요코하마, 나고야, 고베의 컨벤션뷰로이며, 도시의 컨벤션 수용체제를 고려한 활동을 하는 곳은 도쿄, 치바, 가나자와의 컨벤션뷰로이다. 특히, 정책이라 함은 환경, 의료 분야가 가장 많으며, 특별한 정책을 수립하고 있지 않은 도시인 삿뽀로, 센다이, 교토, 오사카, 히로시마, 후쿠오카 등의 컨벤션뷰로는 컨벤션 담당자에게 맡겨져 진행되는 경우가 많아, 담당자의 이동이 컨벤션 유치에 적지 않은 영향을 미치는 경우도 있다. 최근 주목받고 있는 인센티브투어에 있어서 삿뽀로를 비롯해 도쿄, 치바, 요코하마, 오사카, 후쿠오카 등의 컨벤션뷰로는 인센티브투어 유치에 좋은 결과를 올리고 있으나, 정확한 통계의 집계는 아직 이루어지지 않고 있다. 또한 해외 시장을 전략대상으로 선정하고 있는 컨벤션뷰로는 삿뽀로, 도쿄, 치바, 요코하마, 오사카, 고베 등 대도시가 대부분이다.

한편, 각 도시의 컨벤션뷰로가 가장 심각하게 생각하고 있는 컨벤션의 과제는 인재부족이며, 그 다음이 정직원과 파견자와의 관계로 나타났다. 전술한 바와 같이, 컨벤션뷰로는 정직원을 중심으로 파견자와 함께 유치활동을 펼치고 있지만, 기본적인 입장이 상이하므로 유치활동에 의견차이가 발생할 수 있다. 게다가 파견자의 근무관리에 관한 평가도 명확하게 규정되어 있지 않아서 파견자가 적극적으로 유치활동을 하는 경우와 그렇지 않은 경우가 발생한다. 후자의 경우, 파견자에 대한 어떠한 조치도 취하지 않고 방관하는 경향이 강하기 때문에 파견제도의 불필요성이 대두되고 있다. 따라서 컨벤션뷰로의 원활한 협력을 위해서는 적합한 인재의 파견이 요구된다.

컨벤션 사업의 전개에 있어서 시민의 이해가 필요하다고 인식하고 있는 곳은 교토컨벤션뷰로로 시민을 대상으로 컨벤션 산업에 관한 이해 촉구 등의 움직임이 이루어지지 않음으로 인해, 컨벤션 산업에 관한 인식이 높다고 할 수 없다.

표 5-6 | 일본 컨벤션뷰로의 운영 활동과 전략, 과제(2007년도 기준)

기관명	영업활동 및 전략	과제
(재)삿뽀로국제플라자	-2001년도부터 JNTO와 함께 인센티브투어에 적극 참가 -국제회의는 구미를 대상으로 추진 -영업대상 : 해당 지역의 주최자 및 북해도 출신 교수 -정보수집 : 도쿄 사무실 및 JCCB의 데이터 활용 -데이터관리 : 도쿄 사무실과 당 플라자가 공동 관리	-인재부족 : ① 컨벤션 프로듀서 ② 국제회의 분석가 ③ 인센티브투어에 적합한 외국인 인재 -도쿄사무소와 당 플라자의 정보의 일원화가 필요성 -이문화에 적응 가능한 정확한 정보발신의 필요성

(재)센다이관광컨벤션협회	-컨벤션 전략 없이 사업 추진 -동북대학(국제학회의 80-90%)를 중심으로 한 국제학술학회 집중 -「동북관광추진기구」를 통해 해외시장을 대상으로 한 관광과 인센티브투어 영업활동 개시 -도쿄소재의 협회 사무국, PCO, 여행사 등을 대상으로 영업활동	-재정의 감소로 컨벤션 지식을 갖춘 인재 부족 -인프라 정비의 필요 : ① 국제센터의 경우 1,000명 이상 수용 불가능 및 호텔, 전시장의 부재 ② 센터까지의 교통체제 정비 필요 -당 협회의 담당자 이동에 의해 장기적인 컨벤션 유치의 불가능 -동북지역개최 학회가 대부분 센다이로 결정되므로 위기감 부족
(재)도쿄관광재단	-구미 시장 개척 -규모를 불문하고 기업계의 국제회의 유치 -회의나 인센티브투어 등의 회의기획가 초청 -국제회의 코디네이터 인재 육성 교육 실시	-사업비의 지원이 없으므로 재정기반이 위약 -컨벤션 예산이 적으므로 PR 비용이 적음 -인적 자원 및 노하우의 축적이 별로 없음
(재)치바국제교류 컨벤션뷰로	-국제회의 유치와 마쿠하리 메세 개최의 국내전시회의 국제화 -전시장을 활용한 인센티브 투어 유치 -해외 컨벤션에 참가하여, 치바의 PR과 정보수집, 해외 관계자와의 네트워크 구축	-인재부족으로 장기적인 마케팅 계획 수립이 곤란 -정직원과 기업의 파견자 간의 인식의 차이 -주최자와 지속적인 커뮤니케이션의 부재가 향후 컨벤션 유치에 악영향을 미침
(재)요코하마관광 컨벤션뷰로	-중·대형 컨벤션 유치 -요코하마시의 전략분야인 IT, 바이오, 환경관련 컨벤션 유치 -시민 참가형 전시회 유치	-유치 지원체제와 수용체제의 정비 -각종 시설과 사업자 간의 협력체제 강화 -인재육성

(재)나고야관광 컨벤션뷰로	-물건만들기, 공학계, 환경, 의료, 복지 관련 컨벤션 유치를 통해 선진도시 지향 -도쿄사무소와 당 뷰로의 연계를 통해 도쿄소재 학회 사무국과 지역을 대상으로 영업활동	-컨벤션 시설의 지정관리자제도에 관한 상반된 의견 부상 -나고야시내 호텔의 높은 가동률로 인해 컨벤션의 필요성이 낮으며, 그로 인해 당 뷰로의 사회적 필요성의 저하 우려 -비즈니스 방문객과 컨벤션 방문객의 조화가 필요
(재)교토문화교류 컨벤션뷰로	-컨벤션 개최에 있어서 국립교토국제회관을 포함하여 교토 문화를 주최자에게 PR 및 개최도시로서의 정보발신	-도시의 매력을 얼마나 PR할 것인가 -경쟁력 향상을 위해 시설의 확충 및 인재 확보 -시민 이해의 도모 필요성
(재)오사카관광 컨벤션협회	-전략이 없음 -인터넷 및 에이전트, 기업을 대상으로 영업활동 -국제회의보다 인센티브투어 유치에 집중	-일본에 관한 정확한 정보발신이 부족 -당 뷰로의 역할에 민간기업의 발상이 필요 -정직원과 파견자의 의식의 차이 -컨벤션 개최지로서 PR 부족
(재)고베국제관광 컨벤션협회	-환경, 방재, 패션, 의료, 네트워크 관련 정비 및 의료산업도시구상과 관련된 의료기관과 연계된 컨벤션 유치 -교토, 나라, 히로시마, 히메지성 등 주변 세계문화유산을 포함한 PR -주최자에게 새로운 시설, 먹거리, 관광자원 등 정보제공	-표적시장을 선정하여 구체적인 접근방법의 구축 필요 -컨벤션 개최를 위한 도시의 제반 정비 점검

(재)가나자와 컨벤션뷰로	-수용체제에 적절한 참가자 300명 대상의 질 높은 컨벤션 유치 및 기획 -JNTO로부터 정보수집 및 가나자와대학을 대상으로 영업활동	-정직원의 부족 및 컨벤션뷰로의 인지도가 낮음 -컨벤션 개최 시, 관리의 어려움 -컨벤션 시설의 부재로 호텔과의 연계성이 필요
(재)히로시마관광 컨벤션뷰로	-국제회의 유치를 중심으로 한국, 대만의 인센티브투어 유치 -히로시마 및 도쿄에서 영업 전개	-도시의 지명도는 높으나 관광지가 산재 -지자체 파견자와 정직원의 의식의 차이
(재)후쿠오카관광 컨벤션뷰로	-큐슈대학을 중심으로 후쿠오카대학과 도쿄(연 2회)에서 영업전개 -컨벤션 시설이 부재인 야마구치현, 사가현, 구루미시를 대상으로 영업	-정직원의 부재 -컨벤션 시설의 확충 및 주변에 철도, 비즈니스호텔 등의 건설로 집객력의 증대가 필요

기타 사항

해외도시와 다른 지역과의 교류에 있어서 대부분의 컨벤션뷰로는 아직 활발한 교류를 보이고 있지 않으며, 주로 JNTO의 해외사무소 또는 JNTO나 JCCB가 주최하는 회합을 통해 정보수집 및 정보교환을 하고 있는 것으로 밝혀졌다. 특히, 국내의 컨벤션뷰로는 컨벤션 유치에 있어서 서로가 경쟁자라는 의식이 강하기 때문에 필요한 경우가 아니면 연계를 취하는 경우가 거의 없다. 또, 대도시의 컨벤션뷰로를 제외한 대부분의 컨벤션뷰로는 해외도시와의 교류를 실시하고 있지 않다.

국내 컨벤션뷰로 간의 교류에 대하여 상세히 고찰해보면, 대도시의 경우는 수도권의 3도시인 도쿄관광재단을 비롯해 치바컨벤션뷰로와 요코하마컨벤션뷰로가 「도쿄베이CB연락회」를 결성하여 연 2~3회 회합을 통해 정보교환을 하고 있다. 또한 오사카는 인센티브투어에 있어서 오사카를 포함하여 다카마쓰, 고베, 오카야마, 와카야마, 나라, 시가 등 긴기지역을 폭넓게 연계하여 실시하고 있다.

그 밖에 임의단체를 조직하는 경우도 있는데, 가나자와를 포함하여 모리오카, 시즈오카, 다카마쓰, 구마모토 등 컨벤션 도시 단위로 결성된 연락회가 있다. 이 조직은 지역이 상이하므로, 블록 단위로 순회하며 개최하는 컨벤션을 대상으로 정보수집 및 교환을 실시하고 있다. 또한 현 단위로 결성된 중부 컨벤션 조직으로 이시카와, 도야마, 후쿠이, 기후, 아이치, 시즈오카, 나가노, 니가타 등이 연 1회 회합을 하고 있으나 활동이 미온적이다. 한편, 후쿠오카는 「큐슈지구 컨벤션 추진 단체 연합회」를 결성하여 일본국제 Meeting Expo(IME)에 공동으로 출전하고 있다.

해외 도시와의 교류에 있어서는 삿뽀로, 도쿄, 치바, 교토, 큐슈지역 등이 활동을 하고 있는데, 특히 (재)삿뽀로국제플라자는 2010년 10월에 한국의 대전컨벤션뷰로와 MOU체결을 하였으며, 향후 컨벤션 유치를 위한 정보 교환 및 해외 공동 PR사업을 전개할 예정이다. 그리고 후쿠오카컨벤션뷰로와 구마모토컨벤션뷰로는 한국의 부산, 제주도, 대전, 대구, 광주와의 연계를 통해 국제회의가 한국과 큐슈에서 순차적으로 개최되도록 협력하기로 하였으나 구체적인 활동은 유보적이다.

제4장

일본의 PCO(Professional Congress Organizer)

1. PCO의 설립과 역할

PCO란, 컨벤션 등을 전문적 그리고 종합적으로 조직 · 기획 · 운영하며 관련 서비스를 제공하는 법인으로서, 회의개최에 관한 모든 업무를 총괄적으로 취급하는 전문업자이다.

특히, 일본의 PCO는 컨벤션 유치보다는 컨벤션 운영만을 담당하고 있다. 그 역할[216]은 다음과 같다.

① 회의운영의 종합 컨설팅
② 회의 전체(예산, 운영 요원)의 관리
③ 통신 문서 작성
④ 운송 · 숙박의 수배
⑤ 동시통역 · 일반통역자의 공급
⑥ 프로그램, 초대장, 회의 의사록 작성
⑦ 관련 행사(리셉션, 견학, 동반자 프로그램)의 기획 · 실시 등

---

216) 앞의 책, (독)국제관광진흥기구(1999), 151쪽.

일본에서 PCO가 싹트기 시작한 것은 1964년 도쿄올림픽의 개최부터이다. 올림픽 전에 국제비즈니스가 발달함에 따라 번역업무가 시작되었다. 1963년에 후데타니(筆谷尚弘)가 ISS를 창업하였는데, 당시에 아카사카(赤坂)에 있었던 힐튼호텔 안에 비즈니스센터를 만든 것이 PCO의 원형[217]이라 할 수 있다.

그 후 도쿄올림픽의 개최에 의해, 하드웨어와 소프트웨어의 체제정비가 진행되는 속에서 국제회의의 개최가 가능한 노하우를 겸비한 회사가 창설되었다.

당초 일본의 국제회의시장에 있어서 PCO는 질 높은 통역자 수배에 힘을 쏟았으며, 통역 에이전시도 통역자의 활용을 위해 국제회의 안건을 수주할 필요성이 대두하여, 국제회의의 운영을 수주하는 PCO 비즈니스 부문을 회사에 설치하였다.[218]

1960년 중반에는 에이전시 겸 PCO가 4개 사가 설립되었다. 1963년에 ㈜ISS의 설립을 시작으로 사이마르 · 인터내셔날, 일본컨벤션서비스㈜(JCS : Japan Convention Service)가 도쿄에서, 1966년에 ㈜인터그룹이 오사카에서 본격적인 활동을 개시하였다(표 5-7).[219]

한편, JTB는 1965년 올림픽 대회의 사무국을 대행하였으며, 국제회의, 스포츠, 예능 등 국제친선을 목적으로 방일한 외국인에게 공익적 입장에서 접대를 하였다.

---

217) 컨벤션종합연구소의 오타(太田正隆)소장(CPA의 사무국장을 겸함)의 인터뷰조사를 참고함 (2007년 12월 20일 실시).
218) 佐藤あずさ(2004)『日本通訳産業研究』早稲田大学大学院博士論文, 43쪽.
219) 위의 논문, 佐藤(2004), 44쪽.

표 5-7 | 1960년대 PCO 설립 연표

연도	지역	회사명	설립자	특징
1963년	도쿄	㈜ISS	筆谷尚弘	- 국제커뮤니케이션의 프로 어학전 문가 집단 - 호텔의 숙박객의 통역자와 어학 스텝 소개
1965년		사이마르 · 인터내셔날	村松增美, 國弘正雄, 荒井良民, 今井正明, 小松達也	- 통역자 스스로자 설립 - 독자적인 강점을 가짐
1967년		일본컨벤션 서비스㈜ (JCS)	近浪廣	- 번역과 속기 - 스페셜 인재의 파견
1966년	오사카	㈜인터그룹	小谷泰造	- 국제회의 기획 운영, 동시통역자 양성, 통역 번역 서비스가 주업무 - 1970년 오사카박람회에 인재 공급 을 목적으로 설립

　또한 각종 국제회의장에는 사원을 파견하여, 출석자의 국내 여행에 안내 및 알선을 하는[220] 등 국제 컨벤션의 운영에도 관여하였다. 그것을 계기로 1967년에 본사에 국제부의 외국인 여행 중앙영업소에 국제회의 과를 별도로 설치함으로써 국제회의 관련 사업에 주목하고 있었음을 알 수 있다.

　1970년에 오사카박람회의 개최에 따라 방일 외국인의 증가와 함께 국제회의의 개최가 증가하였고 PCO사도 증가하였다.

---

220) 日本交通公社(1962)『50年史 1912-1962』324쪽.

당초 PCO사는 주로 개인경영의 회사가 많았으나, 1978년에 JTB가 ㈜ICS컨벤션디자인을 설립함으로써 대형 여행사에 의한 PCO사의 설립이 시작되었으며, 회사의 규모도 확대되어, 도쿄를 본사로 하여 삿뽀로, 나고야, 오사카, 후쿠오카 등의 지역에 지사를 두는 대형 기업도 다수 나타났다.

다시 말해, ㈜ICS컨벤션디자인, 일본컨벤션서비스㈜, ㈜콩그레, ㈜인터그룹, ㈜컨벤션링게지, ㈜콘벡스, ㈜제이코무 등이 대형 기업이며, 그 외의 기업은 아직도 개인경영이라 할 수 있다.

최근 PCO업계에는 대형 여행회사가 노하우를 살려서 국제회의 컨벤션 비즈니스에 참여하고 있다.

또한 국제회의의 개최 중에 열리는 다양한 행사를 담당하는 이벤트 회사와 통역 회사 등도 컨벤션 업무까지 확장시키는 경우가 증가하고 있어, PCO사와의 구별이 애매한 상황이다.

게다가 지역에 따라 컨벤션 시장의 규모와 환경이 상이한데도 불구하고, 지역에 기반을 둔 PCO는 많지 않아 대형 PCO사의 지사가 그 업무를 담당하고 있다.

2. PCO 관련 조직

일본의 PCO 업계 조직에는 컨벤션 업체의 질 향상과 활성화를 목적으로 설립된 일본 PCO협회(JAPCO)와 일본컨벤션사업협회(CPA)가 있다. 이들 협회에는 컨벤션 산업과 관련된 PCO 회사, 숙박업, 항공운송업, 여행업, 이벤트 회사, 통역·번역사, 각 지역의 컨벤션센터와 뷰로가 회원으로 등록하고 있다.

처음 설립된 일본의 PCO 협회는 1986년에 PCO 회사에 의해 발족된 JAPCO이다. 이 협회의 목적[221]은 회원사의 비즈니스의 건전한 발전과 진흥을 도모하고, 일본의 PCO업 및 컨벤션 관련 업계의 발전과 진흥도 도모하면서 국제교류에 기여하는 것이다.

그런데 1998년 JAPCO의 회원에서 일부 회원이 분리하여 CPA를 설립하였다. CPA의 설립 목적도 JAPCO와 유사하지만, 사업 전개가 조금 상이하다. 또한 컨벤션 관련 업자는 양 협회의 회원이 될 수 있으나, PCO사에 한해서는 한 쪽을 선택해서 가입을 해야 한다.[222]

최근 일본 PCO업계뿐만 아니라 컨벤션 산업 관련 협회의 교류가 이루어지고 있다. 2008년 12월 17일에 CPA의 설립 10주년 기념식에서 관광청과 경제산업성의 관계자, 컨벤션 산업의 관련 협회의 임원이 참석하여, 향후 일본 컨벤션 산업의 네트워크 형성이 필요하다는 의견이 모아졌다.

---

221) 日本PCO協会 홈페이지(http://www.japco.org/pages/page2.html, 2009년 8월 30일).

222) 컨벤션종합연구소의 오타(太田正隆/CPA의 사무국장을 겸함)소장의 인터뷰조사를 참조함 (2007년 12월 20일).

컨벤션 산업의 관련 협회란, 일본이벤트산업진흥협회(JACE), 일본전시회협회(日展協), JAPCO, CAP, 일본투어리즘산업단체(TIJ) 등이다. 특히, 컨벤션 업계의 교류가 추진된 경위와 향후 방향에 대하여 CPA의 사무국장은 다음과 같이 의견을 밝혔다.

회의 컨벤션과 관련된 JAPCO와 CPA가 좋은 방향으로 대화가 진행되고 있고, 전시 컨벤션의 일전협(日展協)은 전시의 주최자들의 협회로 CPA의 회원이므로, 향후 조직적으로 가까워질 것을 얘기하고 있다.

또한 CPA의 회장을 포함하여 많은 임원이 JTB의 관계자이고, TIJ도 회원이므로, 사이가 좋다. 이상과 같이 CPA쪽에서 본다면 관련 협회와 관계성이 있으니까 네트워크와 교류를 진행하는 데 유리한 입장이다.

그리고 일본이벤트산업진흥협회도 사업을 함께하자는 의견도 있었다. 공동으로 사업을 진행할 경우, 조직은 설립하지 않고 컨벤션(또는 MICE)을 생각하는 심포지움을 개최하여, 다양한 입장에서 대화하는 것이 좋다고 생각한다. 이와 같이 관련 협회가 공동으로 함께 사업을 하자는 분위기가 나타나고 있다.

오늘날까지 일본의 컨벤션 산업의 관련 협회는 상호 교류를 하지 않았기에, 이러한 움직임은 큰 의의를 갖는다. 향후 관련 협회의 연계에 의해 일본 컨벤션 산업이 지금보다 더욱 발전해갈 것을 기대해본다.

일본컨벤션 사업협회(Convention Planners Association of Japan : CPA)[223]

CPA는 컨벤션 산업에 준한 민간단체가 모여 만든 임의단체로, 사무국은 ㈜ICS컨벤션디자인이 담당하고 있다. 동 협회의 주요 목적은 컨벤션 업무의 스킬 업과 정보교환이며, 회원인 기업들이 보유한 노하우와 향후 요구되는 노하우를 공유하여 주최자와 참가자가 만족할 수 있는 서비스의 향상을 도모하는 것이다.

CPA의 운영은 〈표 5-8〉과 같이 5개의 전문위원회를 통해서 추진하고 있다. 그 위원회는 연간 회비인 약 600만 엔과 회원의 자원봉사로 운영되고 있다.

특히, 기능향상위원회에서는 인재육성을 9년간에 걸쳐 실시하고 있으며, 2006년도까지 약 120명 (매년 약 20명)의 수료생을 배출하는 등 컨벤션 업계를 지탱하고 있다.

표 5-8 | 일본컨벤션사업협회(CPA) 전문위원회의 역할[224]

전문위원회	역할
기준화 · 표준화 위원회	컨벤션 서비스의 기준화 · 표준화를 추진하고, 협회 안으로 침투시키면서 밖으로 정보를 발신함.
뉴테크놀로지 위원회	IT 및 첨단기술의 연구를 실시함과 동시에 세미나를 개최하여 그 성과를 알림.
기능향상위원회	인재육성을 위해 연구회와 강습회를 실시함.
홍보 · 선전위원회	홈페이지, 팸플릿 등 퍼블리시를 실시함.
회원 · 교류위원회	비즈니스 매칭을 위해 교류 포럼의 개최와 회원간 상호 이해를 위해 연구를 실시함.

---

223) 일본컨벤션사업협회(CPA) 사무국의 인터뷰조사를 참조함(2007년 8월 28일).
224) CPA의 회원용 리플렛을 참조함.

일본PCO협회(Japan Association of Professional Congress Organizers : JAPCO)[225]

1986년에 발족한 JAPCO는 PCO가 중심이 되어 설립된 임의단체이다. 회원은 60개 사 정도이며, 7개 사의 PCO사에서 대표를 선출하고 있으며, 2002년부터는 JCS가 대표 간사와 사무국을 담당하고 있다.

주요 활동은 회원의 기능 및 서비스 향상, 회원 간 정보교환 및 컨벤션 관련 국내외 단체와의 연락협력, 컨벤션 유치활동 및 서포트 등이며, 특히 중점을 두고 있는 것은 교육과 연구이다.

즉, 연 1회 각 지역의 뷰로의 협력을 얻어 참가형 연수회 및 견학 · 스터디 등의 실시와 함께 매년 개최되는 국제미팅엑스포(IME)에 참가하고 있다.

현재, 일본에는 컨벤션에 특화된 교육기관이 없기 때문에 2006년에는 모 외국어대학과 연계하여 컨벤션 강좌를 개설을 통해 컨벤션 홍보를 추진하였는데, 학생들의 모집이 저조하였는데 그것으로 컨벤션의 이미지가 높지 않음을 알 수 있다고 협회의 스텝은 진술하였다 .

---

225) 일본PCO협회 사무국의 인터뷰조사를 참고로 함(2007년 8월 28일).

5부 컨벤션 뷰로의 동향, 그리고 PCO 및 관련 조직

제5장

기타 컨벤션 관련 조직

1. 중앙기관의 컨벤션 지원

국토교통성(구, 운수성)

국토교통성은 일본인의 해외여행촉진(아웃바운드 정책) 및 외국인 유치와 수용체제의 정비(인바운드 정책)에 대한 대책을 강구하고 있다. 특히, 컨벤션 진흥을 위하여 1965년에 외곽단체인 국제관광진흥회(현, JNTO)에 일본컨벤션뷰로(JCCB)를 설치하였고, 1986년에는 컨벤션 상담실을 개설하여 지자체의 상담에 응하고 있다. 또한 1986년에는 「국제컨벤션 도시구상」을 책정하여 각 지역의 컨벤션 도시로서 기본적인 기능의 정비 및 진흥책을 도모하였다. 이와 더불어 1986년 5월부터 「민간사업자의 능력 활용에 의한 특정 시설의 정비 촉진에 관한 임시 조치법(민활법)」에 근거하여 국제회의장의 정비에 대한 투자, 세제 등의 조성조치가 강구되었다.[226]

더욱이 1987년에는 컨벤션 진흥 체제의 강화를 위하여 국제운송 · 관광국 · 관광부 기획과에 컨벤션 진흥 지도관을 설치하였는데, 2008년

---

226) (財)運輸経済研究センター(1988)『コンベンション・データーベースの整備方策に関する調査研究(報告書)』18-19쪽.

10월에 국토교통성의 산하기관으로 관광청이 발족되어, 이곳에서 컨벤션 관련 업무를 담당하게 되었다.

경제산업성(구, 통산성)

경제산업 정책국을 중심으로 컨벤션을 이벤트의 하나로 인식하고 있다.[227] 특히, (독)일본무역진흥기구(JETRO)를 통해서 해외시장을 대상으로 견본시와 전시회의 지원 및 정보제공을 하고 있다.

외무성

지역의 국제화 추진을 위하여, 1986년 2월에 설치된 국제회의 상담센터를 통해서 국제회의와 심포지움의 지방 개최를 위한 어드바이스, 해외 홍보활동의 지원, 유학생과 홈스테이 등 인적 교류의 추진, 자매 도시 제휴의 추진 등을 실시하고 있다.[228]

일본이 주도 또는 제창하는 대규모 국제회의는 개최국이 일본이 되어 매회 일본에서 개최됨으로써 유치활동의 필요성이 없어진다. 이 회의 중에서 외무성이 관여하고 있는 것은 1960년대에 개최된「무역과 관세에 관한 일반협정(GATT)」과 1997년 12월에 교토에서 열린 기후변동조약 범위 조약인 제3회 제약국회합인데, 각각「도쿄 라운드」와「교토협정서」라 불리고 있다. 이상과 같이 외무성에 의한 국제회의의 유치는 지명도를 향상시킴과 동시에 다수의 보도 관계자와 NGO관계자가 일본을

---

227) (財)静岡総合研究機構(1988)『コンベンション機能集積促進調査報告書』83쪽.
228) 위의 책, (財)運輸経済研究センター(1988), 20쪽.

방문하는 기회를 만들어, 회의 전후 및 개최 중에 다양한 이벤트의 개최와 프레스투어의 실시[229]가 가능하다. 이것은 일본의 국제적 공헌을 세계로 확산시키는 데 큰 역할을 하고 있다.

문부과학성

교육 · 학술 분야에서의 국제교류촉진을 위하여, 국제 심포지움 등의 컨벤션을 지원하고 있다. 교류활동으로는 학술교류와 유학생의 수용이 있으며, 1986년 4월에 학술정보센터가 설치되었다.[230]

특히, 스포츠뿐만 아니라 여러 국가와의 상호이해, 우호친선 등을 추진하는 것이 취지이며, 경기 스포츠대회부터 일반시민의 평생 스포츠에 이르기까지 폭넓은 교류사업을 실시하고 있다. 예를 들면, 2002년 FIFA 월드컵을 계기로 일본 공동미래 프로젝트가 발표되어, 지방공공단체에서 한일 스포츠 교류사업이 추진되었다. 이러한 대규모 대회의 개최는 국제 경기력의 향상, 청소년 스포츠 진흥, 대회의 개최도시의 지명도 상승, 국제교류의 촉진, 경제파급효과에까지 연결되는 등 국제대회의 메리트는 크다고 할 수 있다.[231]

환경성

글로벌화에 의해 지구환경은 점점 큰 과제로 떠오르고 있으며, 그것

---

229) コンベンション総合研究所(2006)『国際会議, 国際文化・スポーツイベント等を通じた観光交流拡大のための市場調査』96-98쪽.

230) 앞의 책, (財)運輸経済研究センター(1988), 20쪽.

231) 앞의 책, コンベンション総合研究所(2006), 100-102쪽.

은 컨벤션 업계에도 영향을 미쳐, 최근에는 환경을 배려한 컨벤션 운영이 요구되고 있다. 특히, 구미에서는 환경을 배려한 회의와 이벤트의 운영회사를 대상으로 표창을 주는 제도가 설립되었는데, 독일에서는 환경을 배려한 회의의 개최를 위한 가이드라인이 제정되는 등 회의 개최에 있어서 환경 배려가 추진되고 있다. 한편, 일본도 한정되어 있긴 하지만, 환경을 배려한 회의를 실시하고 있는데, 그 활동은 폐기물의 분리수거와 자료·배포물의 그린 구입에 머무르고 있다.[232] 따라서 환경성은 일본에서 개최되는 회의를 대상으로「회의 개최에 있어서 환경 배려 가이드라인」을 제정하는 등 향후 환경을 배려한 회의를 추진할 방침이다.

이 가이드라인은 크게 환경부하를 발생시키는 회의에 대하여 환경부하의 감소를 실현시키기 위하여 환경부하의 감소를 도모하며, 다양한 기회를 활용하는 것을 목적으로 하고 있다. 그 대상은 일본 국내에서 개최되는 회의를 상정한 것으로, 주로 회의의 주최자, 회의운영회사, 호텔, 회의시설, 행정 및 지역 주민, 참가자이며, 각자의 입장에서 환경배려의 상황을 평가하여 개선의 정도를 확인하여, 평가 체크리스트에 맞춰 평가를 실시하고 개선활동을 펼치는 것이다. 또한 그 결과를 공개함으로써 다음의 회의개최를 위한 과제와 의견을 수집하는 툴로서 이용할 수 있다는 것이다.

이상과 같이 환경을 배려한 회의를 진행함과 동시에 세계를 향해 일본의 환경배려를 어필함으로써 환경 관련 국제회의의 유치에 긍정적인 활동으로 생각될 수 있으나, 이 정책의 지속적인 실행과 현장의 추진력

---

232) 環境省(2007)『会議の環境配慮ガイドライン(案)』3쪽.

이 얼마나 실현될 수 있는지가 중요할 것이다.

2. 컨벤션 사업의 추진 기관

관광청

관광청은 2008년 10월에 국토교통성의 외곽기관으로 설립되었다. 관광청이 설립된 경위는 ① 국가 차원에서 관광입국의 추진을 발신함과 동시에 관광교류 확대에 관한 외국 정부와의 교섭을 효과적으로 실시하기 위함이며, ② 관광입국에 관한 목표의 실현을 위한 리더십을 발휘하여 관련 기관의 조정·참여를 강력히 추진하고, ③ 정부가 일원화되어 「살기 좋고, 방문하고 싶은 나라 만들기」의 추진을 발신하면서, 지방 공공단체·민간의 관광지 만들기의 추진을 강력히 지원하는 것이다. 이것을 실현하기 위하여 관광청을 통하여 관광입국을 종합적 그리고 계획적으로 추진[233]할 뿐만 아니라 경제산업성에서 인재파견을 하는 등 인재교류도 실시하고 있다.

향후 관민교류를 강화하여, 새로운 의식과 조직문화의 창조를 추진해 간다는 생각이 실현될 것으로 기대가 모아진다.

독립행정법인 국제관광진흥기구(JNTO)

JNTO는 외국인 관광객의 방일촉진을 목적으로 1964년에 설립되어,

---

233) 관광청 홈페이지(http://www.mlit.go.jp/kankocho/about/, 2009년 8월 30일).

국토교통성의 독립행정법인 정부 관광국이다. JNTO의 역할은 해외의 관광선전, 외국인 관광객에 대한 관광안내 및 외국인 관광객의 방일 촉진에 필요한 업무를 효율적으로 실시[234]하는 것이다. 특히, 컨벤션에 있어서 컨벤션 도시를 대상으로 컨벤션 유치에 관한 정보를 정기적으로 제공하고, 해외에서의 지명도 향상을 위한 선전, 유치활동의 지원을 하고 있다. 그리고 Visit · Japan · Campaign(VJC)의 추진기관으로 2010년까지 방일 외국인 여행자 수 1,000만 명 실현을 목표로 세우고, 학술회의 및 기업의 인센티브투어 등을 중심으로 각종 사업을 추진하는 데 중심역할을 한 결과, 목표 달성을 하였다.

JNTO의 운영은 국제회의관광도시로부터의 협찬금(부담금)과 운영비의 교부금으로 추진되고 있으며, 회원의 협찬금에 따라 JNTO가 제공하는 서비스의 내용은 상이하다(표 5-9).

표 5-9 | (독)국제관광진흥기구의 협찬금 내역

협찬금 선택사업	협찬금(단위: 천 엔)		
	도시A	도시B	도시C
기초사업	3,000	1,800	1,200
기초사업 + 마케팅사업 A	4,200	2,600	2,000
기초사업 + 마케팅사업 B	3,800	2,200	1,600
기초사업 + 마케팅사업 A와 B	5,000	3,000	2,400

상기의 「기초사업」이란, 국제 컨벤션 유치 · 개최에 관한 기본적인 지

---

234) JNTO홈페이지(http://www.jnto.go.jp/jpn/about_us/profile/index.html, 2009년 8월 30일).

원 사업으로, 정보수집의 활동 성과(유치정보 등)의 정보 제공, 인재육성, 홍보선전을 실시하는 사업이며, 운영관리비도 포함되어 있다. 「마케팅 사업A」는 키맨 초청사업이며, 「마케팅사업B」는 해외에서 실시하는 유치 세미나 사업으로 컨벤션 니즈가 가장 높으며, 비용대비 효과가 높은 사업이다. 단, 기초사업은 필수이며, 도시A는 정령도시, 도시B 및 도시C 는 과거 유치 실적에 근거하여 구분[235]하고 있다. 본 연구대상의 대부분 의 도시는 정령도시인 도시A이다.[236]

JNTO의 큰 사업 중에 하나인 컨벤션 유치 및 개최에 있어서 유치 시 에 지자체의 경제계가 중심이 되고 있으나, 최근에는 지자체의 경제적 상황이 좋지 않아 JNTO의 예산에도 영향을 미치고 있다[237]고 볼 수 있 다. 다시 말해, 경제불황이 계속됨으로써 각 뷰로는 예산의 축소와 직원 의 감소라는 과제를 안고 있는 등 유치 추진체제가 위태로운 상황에 놓 여 있어 JNTO 회원에서 탈퇴하려는 경우도 발생하고 있다.

한편, JNTO의 역할에 대한 인터뷰조사에 따르면, 대다수의 뷰로는 불만을 갖고 있는 것으로 나타났다. 일본 컨벤션 사업의 과제를 받아들 이기에는 JNTO의 힘이 약하고, 연 2회의 연수회는 뷰로의 정보교환과 교류에 지나지 않아 컨벤션 유치와 PR에 있어서 전략적 요소가 보이지 않는다는 것이다. 국제회의관광도시로서 회비를 JNTO에 지불하고 있 으나, 그에 합당한 정보를 얻을 수 없음을 지적하는 뷰로가 적지 않다. 특히, 각 도시는 컨벤션이 수용체제가 상이한데도 불구하고, 컨벤션 유

---

235) JNTO『平成18年度年次報告書』.
236) 제6부에서 사례로 들은 가나자와시와 마쓰에시는 중핵도시임.
237) JNTO 컨벤션유치부의 인터뷰조사를 참고함(2007년 5월 28일).

치 시에는 일률적으로 모든 도시가 입후보하고 있어 해외의 주최자가 개최지를 선정하는 데 있어서 판단에 주저할 수밖에 없는 상황을 만들고 있다는 것이다.

JNTO는 2015년 방일 프로모션사업의 중심적 조직으로서 새로운 출발을 시작하였다. 「독립행정법인 개선 등에 관한 기본적인 방침」(2013년 12월 24일 각료 회의결정), 「관광입국 실현을 위한 액션·프로그램 2014」(2014년 6월 17일 관광입국 추진 각료회의 결정) 및 「『일본재흥전략』개정 2014」(2014년 6월 24일 각료회의 결정)에 있어서 JNTO는 방일 프로모션 사업의 실시주체로 자리매김하고, 2020년 올림픽 도쿄대회를 시야에 넣은 인바운드(방일 외국인 여행자)의 비약적 확대를 위한 추진에 있어서 중심적인 역할을 하고 있다.

JNTO는 방일 프로모션 사업의 실시 주체로서 지금까지 충실하게 사업을 추진해 오고 있다. 특히, JNTO 해외사무소의 사업 기획과 현지인에 맞는 프로모션의 전개는 물론, 시장 동향의 변화에 신속하게 임기응변에 대응하여 외국과의 경쟁에서 성공할 수 있는 효과적인 프로모션 활동을 실시하고 있으며, 수용체제 정비와 매력 있는 관광지 만들기를 추진하는 기관이다.

일본 콩그레스·컨벤션·뷰로(JCCB)

JCCB는 전신인 일본컨벤션진흥협회(JCPA)가 1995년 5월에 해산한 것을 계기로 설립되었다. JCCB는 JNTO의 컨벤션 유치부의 내부에서 활동하고 있으며, 각 지역의 뷰로뿐 아니라 민간의 회의시설, 숙박시설, 여행회사, 운영기관, PCO 등에 의해 설립된 임의단체이다. 이 기관의 설립 목적은 국제·국내 컨벤션 유치 촉진 및 컨벤션 종사자의 인재육성 사업을 추진함과 동시에 컨벤션 진흥을 위한 시책을 확립하여, 일본 전체의 컨벤션 진흥을 도모하는 것이다. 주요 사업은 일본 유일의 국제미팅엑스포(IME)의 개최(연 1회)를 주관하고 있으며, 국제 및 국내 회의, 인센티브투어를 포함한 컨벤션의 정보 제공을 하고 있다.

그런데 JCPA의 해산에 의해 국내 컨벤션 상황이 변화했다는 의견[238]도 있다. 즉, 1988년에 설립된 JCPA는 사단법인으로 컨벤션 지정도시의 관할과 일본 국내의 컨벤션 선전 및 홍보를 실시하는 등 컨벤션을 보급시키는 목적으로 설립되었는데, 1994년에 행정 외곽기관의 개혁의 일환으로 JCPA가 해산되어, JCPA의 기능이 JNTO로 이전되었다. 당시, 제1차, 제2차 컨벤션지정도시는 컨벤션법에 의해 국제회의관광도시라는 명칭으로 재인정되었다. 오늘날의 JNTO은 국제적인 사업만을 추진하고 있고, JCCB는 임의단체이므로 국내의 컨벤션의 중요성을 계몽하는 담당자가 없어진 것이다. 결국, JCPA의 해산은 일본 컨벤션의 전환기에 결과물이라고 할 수 있다.

3. 컨벤션 교육 현황

일본의 고등교육기관

일본의 고등교육기관 중에 컨벤션 관련 강좌가 개설되어 있는 곳은

---

238) (재)쿠니비키메세 유치과(현, JCCB의 임원)의 인터뷰조사를 참고함(2009년 3월 12일).

많지 않다. 2009년 문부과학성이 실시한 고등교육기관의 학부별 입학 상황의 결과에 따르면 관광학부에 입학한 학생은 791명이었다. 2007년 도 일본의 대학에는 관광학부가 22개교, 관광학과는 37개교 정도 설립 되어 있지만, 컨벤션 관련 과목이 개설되어 있는 곳은 별로 없다.

대학의 경우, 일본에서 첫 관광학부를 설립한 릿교대학 관광학부에는 「컨벤션 산업론」이라는 과목이 3학년 학생 대상의 선택과목으로 개설 되어 있다. 그 외의 대학에도 「컨벤션」 과목을 개설하고 있으나, 거의 대 부분 선택과목으로 되어 있다. 예를 들면, 조사이(城西)국제대학 관광학 부에 「이벤트 · 컨벤션 사업론」, 토요(東洋)대학 국제지역학부의 국제관 광학과에 「컨벤션론」, 스즈카(鈴鹿)국제대학에 「이벤트 · 컨벤션론」, 메 이오(名桜)대학의 관광산업학과에 「국제 컨벤션」, 한난(阪南)대학 국제 관광학과에 「컨벤션 산업론」[239] 등이 있다.

전문학교의 교육 프로그램으로는 니치베(日米)영화화학원과 CPA가 컨벤션 비즈니스 강좌를 개설한 것이 유일하다. 내용은 컨벤션 · 매니지 먼트, 컨벤션 · 마케팅 외에 5교과목의 프로그램이 개설되어 있으며, 컨 벤션을 주최측, 참가자측, 유치자측 등으로 유형화하여, 유치자측에서 보는 컨벤션의 메리트와 목적에 관한 내용[240]도 포함되어 있다.

일본 컨벤션 연구회

2006년부터 삿뽀로시에서 개최된 「국제관광 컨벤션 포럼」은 전국에

---

239) 앞의 책, コンベンション総合研究所(2006), 123쪽.
240) 앞의 책, コンベンション総合研究所(2006), 124쪽(2009년 현재 휴강임).

서 컨벤션 관계자가 모여 교류를 통해 컨벤션의 정보교환을 하고 있다. 이 포럼은 2009년 마쓰에대회부터 「일본 컨벤션 연구회」라는 학회로 조직화되었다. 이 학회는 삿뽀로시를 거점으로 하는 일본 유일의 컨벤션 관련 학회로, 일본 각지에서 컨벤션 산업과 관련한 산관학의 관계자와 지역을 거점으로 한 컨벤션 사업을 추진하는 조직이 연계하는 전국적인 연구 조직이며, 현장에서의 실천을 기반으로 하고 있다. 특히, 21세기 컨벤션의 집객교류를 구상하고, 그와 관련한 이론, 기술, 인재육성을 비롯하여 글로벌적 연계를 추진하고, 아카데믹적인 시각을 기반으로 미래를 향한 지속 가능한 컨벤션의 창조적 의의를 연구하는 것을 목적[241]으로 하고 있다.

컨벤션의 교육 프로그램의 사례

① 사례1 : (공익재단법인) 도쿄관광재단의 교육 프로그램

2008년도부터 실시되고 있는 「MICE인재육성강좌」는 도쿄도의 호텔, 회의시설, 여행사 및 회의운영사에서 MICE 유치에 관여하고 있는 담당자를 대상으로 유치의 노하우와 MICE에 관한 실천적 스킬의 향상을 도모할 목적으로 실시하고 있다. 도쿄로의 컨벤션 유치를 촉진시킬 인재를 육성하기 위하여 도쿄도가 뷰로에게 수탁사업으로 실시[242]하고 있다. 2015년 현재, 국제회의와 인센티브로 나눠 6일간씩 실시하였다. 2009년 실시한 강좌의 내용을 보면, MICE의 정의를 시작으로 MICE의

---

241) 日本コンベンション研究会HP(http://www.japan-convention.net/index.html, 2009년 8월 30일).
242) (公財)東京観光財団(2009)『平成21年度事業計画』6쪽.

마케팅 전략, 주최자측에서 본 국제회의의 과제 등 MICE의 실천에 관한
내용이 많다(표 5-10).[243]

표 5-10 | (공재)도쿄관광재단의 교육 프로그램

제1일차(8월 24일)		
시간	강의내용	강사
09:00-09:30	오리엔테이션	
09:30-10:30	개론1 「MICE란 무엇인가-마켓 환경과 필요한 스킬」	(공재)도쿄관광재단
10:40-11:40	개론2 「MICE란 무엇인가-Meeting & Incentive」	MPI Japan
12:40-13:40	개론3 「MICE란 무엇인가-Convention」	카와시마어소시에이츠
13:50-15:10	개론4 「MICE란 무엇인가-Exhibition」	CMP Japan 그룹
15:20-16:20	사례연구 「MICE 비즈니스의 실제」	킨키일본투어리스트㈜
16:30-18:00	기초지식 「비즈니스 콘트랙트(계약)」	프리맨국제법률사무소
제2일차(8월 25일)		
09:00-09:30	오리엔테이션	
09:30-10:30	C유치 「사례연구: 주최자의 입장에서」	㈜일본수도협회
10:40-11:40	C유치2 「유치 현장에서 공급자에게 요구되는 것 」	카와시마어소시에이츠
12:40-13:40	M&I 유치1 「사례연구 : MICE획득전략과 마케팅」	그랜드하이얏트도쿄
13:50-14:50	M&I 유치2 「사례연구 : MICE와 플래닝」	IHG ANA호텔그룹
15:00-16:00	M&I 유치3 「사례연구 : 주최자의 입장에서」	일본증권㈜
16:10-18:00	M&I 유치4 「유치의 현장에서 공급자에게 요구되는 것」	MPI Japan
제3일차(8월 26일)		
09:00-17:10	연습 : 그룹 워킹 및 프리젠테이션	MPI Japan 카와시마어소시에이츠
17:20-18:00	정리 및 수료식	

---

243) (公財)東京観光財団HP(http://www.tcvb.or.jp/ja/t_conv/news/images/200906_kouza.pdf,
　　2009년 8월 30일).

② 사례2 : 일본컨벤션사업협회(CPA)의 교육 프로그램

앞에서 서술한 대로 CPA와 니치베(日米)영회화학원이 개설하고 있는 컨벤션 비즈니스 강좌는 CPA의 기능향상위원회와 테크놀로지위원회가 중심이 되어 실시하고 있다. 커리큘럼은 회원사의 주력 분야에 관한 강의로 구성되어 있으며, 강사는 자원봉사자가 실시하고, 참가비는 회의장의 렌탈비로 사용된다. 강좌의 내용은 컨벤션의 이론을 포함하여 운영업무 및 매니지먼트, 컨벤션 업계에 관한 사례연구가 중심이 되어 있다. 2007년 기준으로 커리큘럼은 각 과목이 2코마(합계 48코마)로, 1코마(90분)의 강의와 사례연구를 주 3회씩 3개월간에 걸쳐 실시되었다(표 5-11).[244]

표 5-11 | 일본컨벤션사업협회(CPA)의 컨벤션 비즈니스 코스

과목명	1	2	3	4
컨벤션 실무	컨벤션의 종류와 개최 목적	컨벤션의 개최 프로세스	컨벤션 준비실무	운영업무
컨벤션 · 매니지먼트	계획 입안	재무	조직	매니지먼트력
컨벤션 · 마케팅	컨벤션의 효과	기업의 컨벤션 · 마케팅	지역과 컨벤션 · 마케팅	컨벤션 · 마케팅
이벤트와 컨벤션	세계의 이벤트 · 컨벤션 비교	일본의 이벤트 · 컨벤션 비교	민간 이벤트 업계	민간 컨벤션 업계
업계 연구	PCO	컨벤션 업계와 관련 산업	컨벤션뷰로	전시 업계
학술적 연구	컨벤션의 역사	커뮤니케이션과 통역의 역할	정보보장	국제사회의 공통 과제 해결

---

244) 일본컨벤션사무협회(CPA) 사무국의 인터뷰조사를 참고함(2007년 8월 28일).

제6장

소결

일본의 컨벤션 산업은 뷰로가 컨벤션 유치를 담당하고, PCO가 컨벤션의 운영관리를 하고 있다. 이에 반해 한국의 뷰로는 컨벤션 지원만을 하고 있으며, 컨벤션 유치와 운영은 PCO가 담당하고 있다.

1980년대부터 지역의 경제활성화를 위하여, 현과 시를 포함하여 각 지역의 경제계가 함께 컨벤션 사업에 뛰어들어, 컨벤션 시설의 건설과 컨벤션 유치의 추진 조직으로서 뷰로를 설립하였다. 1973년에 교토뷰로를 시작으로, 당초에는 임의단체로서 사업비와 인재의 확보는 현, 시, 상공회의소에서 담당하였는데, 나중에는 재단법인으로 바뀌었다.

각 도시의 뷰로의 실태를 고찰하기 위하여 12개의 뷰로를 대상으로 인터뷰조사를 실시하여, 그 내용을 정리하였다.

먼저, 뷰로의 설립에는 각 지자체인 현과 시, 상공회의소가 중심이 되고 기업이 참가하고 있으며, 기본재산인 1억 3,000만 엔에서 9억 7,700만 엔까지 대규모의 자금이 비축되어 있다. 뷰로의 운영자금은 기본재산의 이자로 충당하는 구조로 되어 있었으나, 오늘날 이자율이 저하됨에 따라 도쿄재단을 제외하고 대부분의 뷰로는 현과 시로부터 보조금의 급부를 받고 있어 지방재정의 영향을 받기 쉽다. 또한 뷰로는 처음에 컨벤션 사업만을 담당하는 조직으로 설립되었으나, 점차 관광사업, 국제교류, 필름커미션, 물산사업(센다이뷰로), 시설의 위탁운영관리 등 다채로운 사업을 담당하게 되었다.

　총사업비가 최대인 고베협회는 컨벤션 사업비가 최소의 비율(2.24%)이었으며, 총사업비가 최소인 가나자와뷰로는 컨벤션 사업과 필름사업만을 실시하고 있으므로 컨벤션 사업비의 비율(50%)이 가장 높았다. 그 외에 치바뷰로(43.3%), 동경재단(29%), 삿뽀로플라자(23.7%), 센다이뷰로(19.8%) 등 대다수의 뷰로는 컨벤션 사업보다 관광사업이 우선시되고 있었다. 직원 수에서 보면 뷰로의 총인원 중 약 20%가 컨벤션 사업을 담당하고 있으며, 그 중에서 전문가는 약 50% 이하이며, 오사카뷰로, 가나자와뷰로, 후쿠오카뷰로는 각 3명, 1명, 0명으로 다른 뷰로보다 적으며, 특히 후쿠오카뷰로는 행정부가 중심이 되어 있는 조직이다. 기타, 직원의 구성은 현·시·상공회의소 등의 행정측과 여행사를 포함한 기업측의 파견, 촉탁·전문가로 구성되어 있다.

　그러나 파견자와 촉탁직원은 계약기간이 정해져 있으므로 장기적·전체적으로 컨벤션 사업에 관여하는 것이 어렵고, 더욱이 전문가와 파견자의 생각이 달라 근본적으로 차이가 생긴다. 컨벤션 유치를 담당하는 기관인 뷰로는 컨벤션의 노하우와 유연한 사고를 가진 전문가의 확보, 전문가와 파견자 및 촉탁직원이 얼마나 협력이 가능한지가 과제로 대두하였다.

　한편, 조성제도 및 대출제도는 각 도시의 컨벤션이 원활히 개최되는 것을 목적으로 설치되었는데, 조성제도는 반환의 의무가 없지만, 대출제도는 대체로 3년간 무이자라는 조건으로 반환의무가 있다. 조성금은 대개 200만 엔에서 300만 엔까지가 많고, 국내회의보다 국제회의의 조성금이 커 국제회의가 우선 대상이 되고 있다. 또한 양 제도는 해당 도시에서 개최 예정인 컨벤션을 대상으로 하고 있다.

영업활동에 있어서는 시설의 활동과 유사한데, 뷰로도 지역을 포함해 도쿄 소재의 학회와 협회를 대상으로 실시하고 있다. 시의 정책에 맞춘 전략을 세워 활동을 하고 있는 곳이 요코하마, 나고야, 교토, 고베의 뷰로이며, 환경, 의료 분야가 가장 많다. 그 외의 뷰로는 특별한 전략을 세우고 있지 않고 컨벤션 수용체제에 맞추고 있으며, 뷰로의 담당자에게 맡겨진 상황으로 담당자의 변동에 의해 컨벤션 유치에 영향이 나타날 가능성이 높다. 또한 삿뽀로를 비롯하여 센다이, 도쿄, 치바, 요코하마, 오사카, 후쿠오카의 뷰로에 의한 인센티브투어 유치가 증가하고 있으나, 그와 관련한 정확한 추세는 파악하기 어렵다. 한편, 외국을 시야에 넣고 영업활동을 하고 있는 뷰로는 삿뽀로, 도쿄, 치바, 요코하마, 오사카, 고베 등이었다.

각 뷰로의 과제는 시설측과 마찬가지로, 전문가의 부족이 심각하다는 의견이 많았다. 또 전문가는 각 도시의 컨벤션 유치를 목표로 하고 있지만, 파견자는 도시를 넘어 자신이 소속되어 있는 회사의 이익을 우선하고 있어, 양자의 의식이 다름을 알 수 있다. 특히, 파견자에 대한 평가가 명확하지 않으므로, 파견자가 적극적으로 활동하지 않을 경우에 대응이 곤란하다. 따라서 뷰로의 전직원의 협력이 중요하며, 그러기 위해서는 파견자의 선정에 있어서 적절한 인재의 파견을 고려할 필요가 있다.

컨벤션 사업의 전개에 있어서 시민의 이해를 과제로 인식하고 있는 곳은 요코하마와 교토의 뷰로이다. 국내를 겨냥한 컨벤션 산업의 이해와 의식의 향상을 담당하는 곳이 명확하지 않은 상태로 현재에 이르고 있으므로, 일본의 컨벤션이 하나의 산업으로서 뿌리를 내리는 것이 힘들었다고 볼 수 있다. 즉, 일본 국내의 컨벤션의 지명도가 높지 않는 것은 시민의 이해를 촉구하는 활동이 생략되었기 때문으로 보인다.

기타, 타 도시와의 교류에 있어서 JNTO의 해외사무소와의 교류, JNTO와 JCCB가 주최하는 회합을 통한 정보수집, 다른 뷰로와의 정보교환은 실시하고 있으나, 각 뷰로는 컨벤션 유치에 있어서 상호 라이벌 관계를 강하게 의식하고 있어 필요한 상황에만 연계를 하고 있다. 한편, 도쿄재단을 비롯하여, 치바뷰로와 요코하마뷰로는 「도쿄베이CB연락회」, 가나자와를 포함한 모리오카, 시즈오카, 타카마쓰, 쿠마모토 등 컨벤션 도시가 결성한 「연락회」, 후쿠오카를 포함한 큐슈지역의 뷰로 연계회 「큐슈지구 컨벤션 추진 단체 연계회」 등이 결성되어, 임의단체로서 정보교환을 실시하고 있다. 해외교류에 있어서는 도쿄, 치바, 교토가 해외 컨벤션 전시회인 IMEX, MPI, IT&CMA에 참가하고 있으며, 후쿠오카 뷰로는 쿠마모토뷰로와 한국의 부산, 제주도, 대전, 대구, 광주와 연계하여 한국과 큐슈에서의 국제회의의 순차 개최를 계획하고 있다.

컨벤션을 실제로 운영·진행하는 PCO는 1964년 도쿄올림픽의 개최 시에 번역업무를 담당하는 것에서 시작되어, 점차로 컨벤션의 기획에서 운영, 회의개최와 관련한 서비스의 수배를 담당하는 등 그 역할은 전문적이며 총괄적으로 바뀌었다. 1960년대에는 개인 경영의 4개 사였던 것이 최근 PCO 업계에는 대형 여행회사가 노하우를 살려 국제회의 컨벤션 비즈니스에 진입하고 있다. 또한 국제회의 관련 이벤트회사와 통역회사 등도 컨벤션 업무까지 확장하고 있어 PCO의 구별이 애매한 상태이다. 또한 지역의 컨벤션 시장의 규모와 환경이 상이하고 지역에 뿌리를 둔 PCO는 많지 않아 대형 PCO사의 지사가 그 업무를 담당하고 있다. 그런데 대형 여행사와 대기업이 PCO 업무에 실패하는 경향이 나타나고 있는데, 그것은 노동집약산업인 컨벤션은 한 사람의 인재를 육성하는 데 많은 시간이 걸리므로, 대기업이 정착하기 쉽지 않은 환경이 원인이라고 볼 수 있다.

그 밖에 컨벤션 관련 중앙기관은 컨벤션 정책을 책정하는 국토교통성을 비롯하여 외무성, 문부과학성, 경제산업성, 환경성 등 다수의 기관이 관여하고 있다. 또한 2008년 10월에 관광청이 신설됨으로써 일본정부 관광국으로 활동해온 JNTO의 역할이 애매한 상황이 높아졌으나, 2017년 현재 JNTO는 관광청의 산하기관으로 국제관광업무를 추진하고 있다. 특히 컨벤션 추진기관인 JNTO, JCCB의 역할에 대하여 다수의 뷰로는 적절한 역할을 하고 있지 않다고 생각하고 있었다. 또한 국내의 컨벤션 홍보가 미약하다는 의견도 많았다. 그것은 컨벤션 추진에 있어서 주로 해외만을 대상으로 활동을 함으로써 국내의 컨벤션 인지도를 향상시키기 위한 홍보 활동이 저조했기 때문으로 보인다. 게다가 컨벤션 사업에 관한 시민의 이해를 촉구하는 활동도 이루어지지 않아 일본 국내의 컨벤션 인식은 낮다는 결과를 나았다.

교육 환경에 있어서는 관광청이 신설됨과 동시에 컨벤션 사업에 적극적인 추진이 이루어지고 있으나, 컨벤션 업계를 비롯한 고등교육기관에서는 컨벤션 교육 프로그램에 관한 확실한 계획이 이루어지고 있다고 할 수 없다. 일반적으로 컨벤션의 인재 육성은 약 3~4년 정도 걸린다고 보고 있다. 최근 국가의 도움으로 컨벤션 경쟁에 대비한 우수한 인재를 확보하여, 유치에 성공시키고 있는 아시아 국가와 비교하여 일본 컨벤션의 체제가 컨벤션 유치의 성공과 연결될 수 있을지 재조명이 필요할 것이다.

제6부
일본 컨벤션 도시의 현황

본 장에서는 일본의 컨벤션 개최도시 중에서 컨벤션 사업을 적극적으로 활발히 추진하고 있는 도시에 대하여 서술하고자 한다. 그런 도시로 도쿄를 비롯한 대도시인 정령지정도시(이하, 정령도시로 칭함) 11개 도시이다. 거기에 중핵도시 1개 도시와 중소도시 1개 도시를 합해서 총 13개 도시를 사례로 들었다. 각 도시의 컨벤션 개최 동향과 수용체제, 도시의 전략에 대하여 고찰하고자 한다. 제5부에서 서술하였듯이 각 도시는 구체적인 컨벤션 정책과 전략을 세우지 않고, 각 도시의 컨벤션뷰로에 일임하고 있다. 따라서 각 도시의 뷰로는 컨벤션 사업의 추진에 있어서 각 도시의 수용체제와 특징, 전략 등을 고려한 상태에서 활동을 펼치고 있으므로, 뷰로의 활동을 중심으로 검토를 하고자 한다.

제1장

정령지정도시(政令指定都市)의 컨벤션 사업 전개

1. 인센티브투어 특화, 삿뽀로(札幌)

삿뽀로시는 인구19만 4,340명(5위[245])으로, 삿뽀로시 소재의 대학은 14개교(홋카이도소재 36대학)가 있으며, 시 전체 토지면적의 64%가 삼림으로 구성되어 있는 홋카이도의 중추도시이다. 삿뽀로시의 국제 컨벤션 개최건수는 2000년부터 연간 40건 이상을 유지하고 있으며 2007년에는 44건으로 국내 10위를 차지했으며, 컨벤션 참가자 수는 1만 9,034명, 그 중 외국인은 2,116명이었다. 2008년 4월에 홋카이도 토야코서밋트 개최를 서포트하는 등 컨벤션 사업을 통한 지자체의 PR과 해외 발신을 적극적으로 추진하고 있는데, 특히 삿뽀로시는 2001년도부터 컨벤션 산업 중에서도 인센티브투어 사업에 전력을 가하고 있다.

삿뽀로시의 컨벤션 사업의 시작은 1985년에 계획된 「삿뽀로 21세기 구상」안에서 컨벤션 기능의 충실이 제창되면서부터이다. 그 구상에 근거하여, 다음 해에 삿뽀로시의 상공회의소에 「삿뽀로 컨벤션 도시 만들기 추진위원회」가 설립되었다. 1987년에는 삿뽀로시의 국제실에 컨벤션 추진과가 발족, 같은 해에 「국제교류추진기금」을 근거로 하여 임의단

---

245) 인구는 총무성의 국세조사를 근거로 함(2009년 9월 1일 기준). (   )은 인구 순위임.

체인「삿뽀로시 국제교류플라자 운영위원회」가 설치되었다. 이 단체는 컨벤션 조성사업과 해외 도시의 조사연구 조성 사업, 국제교류사업을 실시하였고[246], 1991년「(재)삿뽀로국제플라자」로 법인이 되어 오늘날에 이르고 있다.

컨벤션 사업의 주관 부서는 삿뽀로시 관광문화국으로, 이곳은 관광부, 스포츠부(삿뽀로돔관리, 스포츠 관련 사업 담당), 문화부(문화시설 관리 및 문화 이벤트 개최 담당)로 나뉘어져 있어, 관광부의 관광기획과의 시티PR 담당이 컨벤션 사업을 담당하고 있다. 특히, 관광문화국에 속해 있다는 것은 풍요로운 지역만들기라는 의미에서 문화와 관광이며, 삿뽀로시의 관광과 컨벤션의 의미는 경제적인 직결보다는 지역만들기에 좀 더 가까운 의미를 갖는다.[247]

컨벤션의 수용체제는 (재)삿뽀로국제플라자가 담당하고 있으며, 전용 컨벤션 시설로는 삿뽀로컨벤션센터를 시작으로 중심부 4개 지역과 마코마나이(真駒内)·죠잔케(定山渓) 지역, 기타 지역 등 많은 시설이 산재해 있다. 또한 호텔은 다양한 등급의 숙박시설이 정비되어 있다.

삿뽀로시의 컨벤션 사업의 특징은 세 가지로 들 수 있다. 인센티브투어의 적극적인 사업전개와 지역에「NPO법인 컨벤션 삿뽀로 네트워크」라는 서포트 조직의 존재,「컨벤션 시민공개 프로그램」의 실시이다.

---

246) 国際観光振興会(1988)『国際コンベンション振興システム開発調査』191쪽.
247) (재)삿뽀로국제플라자 컨벤션 담당자의 인터뷰조사(2008년 2월 28일).

표 6-1 | 삿뽀로시의 인센티브투어 실적

날짜	국가명	인센티브명칭	인원
2001. 2	한국	Amway	250
2002. 2	한국	Amway	660
2003. 2	한국	Amway	1,370
10	홍콩	Manulife	350
2004. 2	한국	Amway	770
6	홍콩	Prudential	400
6	싱가포르	Great Eastern	450
2005. 2	한국	We-Best International	900
2	한국	Amway	250
6	대만	南山人壽	5,500
2006. 1	한국	Johnson & Johnson	200
2	홍콩	Mass Mutual	270
2	한국	Amway	400
5	대만	Mass Mutual	2,000
2007. 1	한국	Amway	400
4	대만	泰人壽	2,300
5	한국	Metlife	2,000
5	대만	Mass Mutual	1,000

먼저, 삿뽀로시의 인센티브투어는 타도시보다 조금 이른 2001년부터 시작되었고, 높은 실적을 올리고 있다. 처음에는 관광을 위해 삿뽀로시를 방문한 대만관광객이 많았다는 점과 인센티브투어의 경비가 1인당 20~25만 엔 정도 발생하는 것에 착안하여, 인센티브투어 사업에 적극적으로 뛰어들었는데, 현재는 한국, 홍콩, 대만에서 인센티브투어를 삿뽀로시에서 진행하고 있다[248]고 한다. 특히, 〈표 6-1〉과 같이 인센티브

---

248) (재)삿뽀로국제플라자 컨벤션 담당자의 인터뷰조사(2008년 2월 28일).

투어의 인원 수는 매년 증가하고 있으며, 그 중에서도 대만의 참가자 수가 대단히 높다는 것을 알 수 있다. 그것은 인센티브 플래너에게 삿뽀로 시에서 개최 가능한 다채로운 파티 플랜, 즉 모에레누마공원과 오쿠라야마 점프경기장에서의 파티 플랜, 스키장과 온천을 연결한 플랜과 오타루와 연계한 플랜 등 다양한 모델 코스[249]를 개발하여 제공하는 등 매력 있는 도시로서의 PR이 성공한 결과라고 할 수 있다.

또한「NPO법인 컨벤션 삿뽀로 네트워크」라는 조직은 삿뽀로시를 거점으로 하면서 컨벤션의 진흥·발전을 통해 지역 경제의 활성화, 학술문화의 향상, 세계로 열린 지역만들기에 기여하는 것을 목적으로 하는 단체이다. 사업내용은 삿뽀로를 비롯하여 홋카이도에서의 컨벤션 유치·지원 등에 관한 정보제공, 국제관광 컨벤션 포럼의 개최, 컨벤션 관련 인재육성, 컨벤션 조사 및 연구 등을 실시하고 있다.

동 조직에는 호텔, PCO, 회의장 관련 서비스 등의 컨벤션 관련 기업을 비롯하여 통역, 인재파견, 광고, 렌탈 서비스, 인쇄 등 다양한 기업이 회원으로 가입하고 있으며, 컨벤션 관련 작업을 PCO만이 진행하는 것이 아니라 가능하면 많은 기업이 참가하는 것을 지향하고 있다. 연간 회비는 1만 엔(법인)이며, 어떤 기업이라도 회원이 될 수 있고, 필요한 시기에 따라 활동을 할 수 있는 등 강제적이 아닌 자발적으로 활동을 하고 있다. 회원 수도 증가하고 있으며, 각 기업이 전문 분야를 활용하여 새로운 기술을 개발하여 적극적으로 다양한 경쟁 입찰에 시도[250]하는 등 컨

---

249) (재)삿뽀로국제플라자의 제공 자료『インセンティブプランナーズガイド札幌 / 北海道』.
250) (재)삿뽀로국제플라자 컨벤션 담당자의 인터뷰조사(2008년 2월 28일).

벤션 업계에 있어서 독특한 조직이라 할 수 있다.

그림 6-1 | 삿뽀로컨벤션센터 전경 및 세미나실

마지막으로「컨벤션 시민 공개 프로그램」이란, 단순히 조성금의 지원과 자원봉사자의 파견, 안내소 설치 등으로 끝나는 것이 아니라, (재)삿뽀로국제플라자가 보유하고 있는 시민 자원봉사자와 협조 회원을 활용하여, 컨벤션의 홍보 및 PR의 네트워크를 이용하여 시민 대상, 학생 대상, 어린이 대상의 컨벤션 공개 프로그램을 개설하고 있다. 테마는 시류에 맞춰 시민이 이해하기 쉽도록 강연을 개최하는 등 삿뽀로시에서 컨벤션이 확대될 수 있도록 노력하고 있다.

삿뽀로시에 있어서 컨벤션의 경제적인 파급효과에 관한 통계는 많지 않으므로, 2006년 9월 3일부터 8일까지 개최된「제16회 국제현미경학회」의 보고[251]를 참조하고자 한다. 이 학회의 참가자는 총 2,073명으로

---

251) (재)삿뽀로국제플라자의 제공 자료『第16回国際顕微鏡学会議開催による札幌市経済への波及効果』.

총소비액은 30,071만 엔, 사무국 지출이 9,574만 엔을 합하면 39,645만 엔으로 추정되며, 그 중에 삿뽀로시내 소비액이 36,098만 엔이며, 이 학회에 의해 증가된 수요액은 30,145만 엔이었다. 총소비액과 1차 파급효과인 10,210만 엔, 2차 파급효과인 8,912만 엔을 합하면 총파급효과는 58,766만 엔으로 추정되었다.

2. 국제학술교류형 컨벤션 도시, 센다이(仙台)

센다이시는 인구 432만 9,459명(12위)이며, 센다이시 소재의 대학은 10개 교(미야기현소재 14개 대학)가 있어 미야기현에서 센다이의 대학 비율은 대도시 중에서 교토 다음의 2위로, 학술도시의 이미지가 강하다. 따라서 센다이 개최의 학술학회는 토호쿠(東北)대학이 관계하는 경우가 많다. 국제 컨벤션 개최는 2000년에 54건이 개최된 이후 개최건수가 46건, 41건, 37건 등 감소하는 경향이 보였으나, 2007년에 51건까지 회복하여 국내 제9위를 차지하였다.

컨벤션 사업의 소관부서는 경제국의 관광교류과이기 때문에 경제국의 방침에 맞는 사업이 진행됨과 동시에 (재)센다이관광컨벤션협회(이하, 센다이뷰로로 칭함)의 사업도 같은 경제국의 관리하에 있다.

센다이시가 컨벤션 사업을 시작한 계기는 1974년 센다이상공회의소에 의한 「컨벤션 도시, 뷰로 설립 등에 관한 제언」에서 비롯되었는데, 본격적인 움직임을 보인 것은 1983년에 컨벤션유치 센다이시협의회(민간주도)의 발족에 기인한다. 그 후, 1985년에 토호쿠경제연합회 및 컨벤션 유치 센다이시협의회에 의한 「컨벤션 도시 정비에 관한 제언」의 제시로 인해 「센다이컨벤션 도시연구회」가 설치되었고, 이 연구회는 2회에 걸쳐 「센다이시가 지향하는 컨벤션 도시」라는 보고서를 발행하였다. 1987년에 센다이뷰로가 설립되고, 다음 해에 국제 컨벤션 도시로 지정되었다[252]. 센다이시는 토호쿠 전체의 국제화의 거점 및 국제학술도시라는 구상에 기초하여 컨벤션 사업을 전개하게 되었다. 특히, 센다이시는 새로운 숲의 도시, 건강복지도시, 산업·정보도시, 국제학술도시, 교육문화도시라는 5가지의 도시상을 내걸고 있다. 그 시책 중에서 토호쿠의 중추도시만들기로써 「국제교류의 네트워크를 확대하는 도시만들기」를 주축의 하나로 하고 컨벤션 도시의 형성을 비롯하여, 국제학술교류촉진, 국제교류시설 등의 정비, 시민주체의 폭넓은 국제교류의 추진, 광역적·국제적 시점에서의 관광자원의 재구성[253] 등을 내걸고 있다.

이상과 같이 센다이시의 특징은 토호쿠대학이 중심이 된 「학술교류형 컨벤션」이며, 토호쿠지방의 유일한 컨벤션 전용시설인 센다이국제센터의 존재가 크다고 할 수 있다. 특히, 센다이시에서 개최되는 국제학회의 80~90%가 토호쿠대학과 연관이 있으며, 미야기현의 센다이국제센터의 이용률이 43.8%로 압도적으로 높다는 것에서 알 수 있다. 센다이국제센터는 1,000명 수용의 대홀, 755㎡의 전시·리셉션 홀 등 합계 12개의 대·중·소 회의실이 있으며, 회의장의 대여 이외에 시민과의 교

---

252) (재)센다이관광컨벤션협회의 제공 자료 『仙台圏域における主なコンベンション環境の変遷』, 2008년 4월 18일.

253) 運輸省(1993) 『第3回コンベンション振興フォーラム·学術交流型コンベンション都市仙台「実態調査報告書」』㈱情報伝達研究所, 5쪽.

류사업으로서 센다이카페라는 홈페이지를 통해 센다이의 정보발신 사업도 추진하고 있다.

이와 같이 센다이시는 학회의 개최에 대한 의존도가 높고, 1,000명 이상 수용이 가능한 대규모 시설과 전시장이 없으므로, 국제회의와 전시회의 동시 개최에 적절한 회의장의 수배가 어렵다는 약점이 있다. 또한 일본 전체의 공통적인 문제이긴 하지만, 시장의 교체로 인해 국제화와 컨벤션 사업이 큰 영향을 받아 지속적인 사업전개에 곤란한 상황이 나타나기도 한다.

그림 6-2 | 센다이국제센터 전경 및 대홀

센다이시는 2008년 4월에 새로운 집객 프로젝트과를 설치하여, 정확한 센다이의 정보를 발신함과 동시에 해외 PR과 컨벤션 집객 사업을 시작하였다. 그런데 현장의 정보를 잘 알지 못하는 행정 담당자에 의해 만들어진 기획은 현장을 고려하지 않았고, 국제화를 지향하고 있으나 담당자의 교체로 인해 인맥과 노하우가 축적되지 못한 채 현재에 이르고

있어, 정령도시 중에서도 뒤처지고 있다[254]고 센다이뷰로의 관계자는 과제로 인식하고 있다.

3. 국제화를 지향하는 ㈜마쿠하리메세(㈱幕張メッセ), 치바(千葉)

치바시는 인구 95만 4,617명(14위)이며, 치바시 소재의 대학은 9개교(치바현 소재 28대학)가 있다. 치바시의 국제 컨벤션 개최는 2000년 28건에서 감소하는 경향을 보였는데, 2004년에 59건으로 일시적으로 증가하였으나, 지속적인 증가는 보이지 않았다. 2007년에는 42건으로, 컨벤션 참가자 수는 1만 6,160명, 외국인이 1,892명이었다. 치바시의 컨벤션 개최가 증가하지 않는 원인은 수도권에 도쿄빅사이트와 도쿄국제포럼, 퍼시픽요코하마 등 대규모 회의와 전시회의 동시 개최가 가능한 시설이 증가했기 때문으로 여겨진다.

치바현의 컨벤션 사업은 도시개발구상과 깊은 연관을 있다. 다시 말해 1983년 6월에 치바현은 내륙부에 폭넓은 첨단기술산업을 도입시켜, 공업구조의 고도화와 균형적인 지역구조의 실현을 위하여 신산업 3각구상을 책정했다. 이 구상은 학술·교육기능의 마쿠하리(幕張) 신도심구상, 연구개발기능의 카즈사(かずさ) 아카데미파크구상, 국제적 물류기능의 나리타(成田)국제공항 도시구상이라는 프로젝트를 말한다.[255]

---

254) (재)센다이관광컨벤션협회의 인터뷰조사(2008년 4월 18일).
255) 幕張メッセ建設工事記録誌編集委員会(1990)『幕張メッセ建設工事の記録』千葉県企業庁, 22쪽.

특히, 마쿠하리 신도심 건설의 선행 프로젝트인 ㈜마쿠하리메세(용지 면적 약 39헥타르)는 국제견본시와 국제회의의 동시 개최가 가능한 컨벤션 시설로 치바현의 국제화 정책에 있어서 중요한 거점 시설로서 건설되었다.[256] ㈜마쿠하리메세는 1989년에 오픈 이후, 1997년에 전시장(제9~11홀)을 증설하여, 현재의 용지 면적인 21만 m^2를 완성시켰다. 이곳에는 국제전시장, 국제회의장, 마쿠하리 이벤트홀, 6,000대 수용이 가능한 주차장이 있다. 또한 전시장을 중심으로 이벤트홀에서의 스케이드 대회 등 다양한 스포츠 개최가 가능하다. 그런데 대규모 전시회, 예를 들어 도쿄모터쇼가 개최되는 경우에는 회의실의 이용이 불가능하다는 단점이 있다. 그리고 ㈜마쿠하리메세의 주변에는 6개의 호텔(전객실 수 2,229실)이 근접하고 있으며, 교통편도 도쿄도심과 나리타국제공항에서 자동차나 철도로 30분 정도이고, 카이하마마쿠하리역(海浜幕張駅)에서 도보 5분 거리에 위치하고 있어 편리하다. 게다가 마쿠하리신도심에는 비즈니스 지구가 있어 도쿄가스를 비롯하여 샤프, 후지쓰 등 국내외의 기업 400개 사가 자리 잡고 있다. 그리고 타운센터 지구에는 쇼핑, 음식, 문화, 스포츠, 어뮤즈먼트시설이 정비되어 있다.

한편, 2006년도 치바현의 ㈜마쿠하리메세의 경제파급효과의 보고에 의하면, 같은 해 컨벤션 개최건수는 합계 716건, 내장자 수는 약 512만 명으로, 컨벤션이 동반한 치바현의 경제파급효과는 970억 엔, 고용창출효과는 7,269명이었다. 특히, 치바현 소재의 백화점인 소고치바점과 미쓰코시치바점의 매출액 합계가 1,047억 엔으로, ㈜마쿠하리메세의 치

---

256) 幕張メッセ推進協議会(1986)『首都圈新時代ー国際交流拠点づくりが進む幕張』5쪽.

바현 내의 발생수요액인 936억 엔을 상회하지만, 치바현 내의 경제파급효과에 있어서는 마쿠하리메세가 970억 엔으로 2개사(합계 480억 엔)의 약 2배가 되어 ㈜마쿠하리메세의 경제파급효과가 높다는 것을 명확히 보여주었다. 또, 치바현 내의 관광객 수에서 보아도 ㈜마쿠하리메세(608만명)은 도쿄디즈니랜드(2,473만 명), 나리타산신쇼지(998만 명)에 이어 3번째 집객시설이다.[257]

치바현에는 대표적인 관광지가 드물고, 마쿠하리신도심에 가까운 관광지는 도쿄디즈니랜드가 유일하므로, 근린의 도쿄와 요코하마시와 비교하면 관광자원이 풍부하다고 할 수 없다. 따라서 치바시는 일본요리와 무도(武道), 서예 등의 체험형 애프터컨벤션 등의 소프트를 개발하여 실시하고 있다.[258]

치바현에는 관광사업과 컨벤션 사업·국제교류사업이 분리되어 있어, 전자는 (사)치바현관광공사가, 후자는 치바뷰로가 담당하고 있다. 일반적으로 국제회의관광도시에 설립되고 있는 뷰로는 해당 도시의 컨벤션 사업만을 담당하고 있으나, 치바뷰로는 치바현의 치바시·나리타시·키사라쓰시 등 3개 시의 국제회의관광도시의 컨벤션 사업을 담당하고 있다. 따라서 치바현 전역을 담당하는 유일의 컨벤션 추진기관이라 할 수 있다. 특히, 치바뷰로는 치바현으로부터 수탁사업으로 해외관광업무를 추진하고 있으며, 도쿄와 요코하마와 연계하여, 정보교환과 함께 한국의 컨벤션 업계와 협력을 실시하는 등 적극적인 활동을 펼치고 있다.

---

257) ㈱幕張メッセ(2007)『平成18年の幕張メッセコンベンション開催における千葉県への経済波及効果』.
258) 치바국제컨벤션뷰로 컨벤션부의 인터뷰조사(2007년 7월 25일, 10월 24일).

이상과 같이 ㈜마쿠하리메세는 치바현의 집객시설로서 확고한 역할을 하고 있음을 알 수 있다. 또한 치바뷰로는 치바현의 컨벤션 사업을 일원화하여 추진하고 있으며, 컨벤션 사업의 전개에 있어서 치바현의 이익뿐만 아니라, 주변의 뷰로와 연계하거나 해외의 조직과의 협력을 시야에 포함시키는 등 일본과 국제사회와의 관계를 고려하여 활동을 실시하고 있음을 알 수 있다.

그림 6-3 | ㈜마쿠하리메세 전경 및 이벤트홀

4. 일본의 컨벤션 비즈니스 허브, 도쿄(東京)

도쿄는 일본의 정치, 경제, 문화의 중심지이며, 사람 · 물류 · 정보가 가장 집중되어 있는 미니어처 일본이다. 도쿄(23구)의 인구는 880만 359명(1위), 도쿄소재의 대학이 91개교(도쿄도 소재 136대학)가 있어 대학교 수가 일본에서 가장 많다. 게다가 도쿄빅사이트와 도쿄국제포럼을 비롯하여 300개 이상의 컨벤션 시설과 일류 호텔부터 비즈니스 호텔까지 다양한 숙박시설이 건설되어 있어, 컨벤션 개최도시로서 최적의 조건을 갖추고 있다. 따라서 도쿄에는 컨벤션 관련 업계와 기업이 집중되어 있어, 컨벤션뿐만 아니라 다채로운 비즈니스가 활발히 추진되고 있다. 특히, 민간 주최의 컨벤션 관련의 강연회가 많이 개최되어 다수의 관계자가 참가하는 등 컨벤션에 대한 관심이 높다.

제2부에서 서술한 바와 같이, 도쿄의 컨벤션의 시작은 견본시이며, 국제회의로는 1920년「제8회 세계일요학교 도쿄대회」를 시작으로 초기의 국제회의는 도쿄 개최가 많았다. 국제회의가 도쿄에서 집중적으로 개최되는 경향은 전후 1970년대부터 약해지지만, 국제회의의 개최건수에 있어서는 도쿄가 톱을 차지하고 있음에는 변화가 없다. 2000년도에 들어서 도쿄개최의 국제회의는 308건이었는데, 다음 해부터 건수가 증가하여 400건 이상, 2007년도에는 440건으로 일본 전체 국제회의의 구성비에서 본다면 23.7%로, 도쿄 이외의 도시가 10% 미만인 것과 비교한다면 도쿄의 비중이 상당히 크다는 것을 알 수 있다.

한편, 조직구성에 있어서는 1935년 10월에 도쿄관광협회가 설립되어 일찍이 관광사업에 뛰어들었으며, 컨벤션 사업은 1997년 12월에 컨벤션 추진 강화를 위하여「(사)도쿄컨벤션·비지터즈·뷰로」가 설립되는 등 양 사업은 별도로 추진되어 왔다. 그 후 도쿄도는 관광사업에 힘을 집중시키기 위하여 2003년 10월에 기존의 추진기관을 강화시켜,「(재)도쿄관광재단」으로 재조직화하여 관광사업과 컨벤션 사업의 진흥을 추진하고 있다. 컨벤션 및 관광산업 관련의 정책은 도쿄도의 산업노동국 관광부 기획과에서 담당하고 있다.

도쿄도의 컨벤션은 고용창출과 높은 경제효과에 의한 지역 경제활성화라는 경제적인 면과, 국제적 인지도 및 국제적 명성의 향상이라는 PR면에 있어서 유효한 수단으로 인식되고 있다. 그러므로 도쿄재단은 아시아 마켓만이 아니라 국내에 파트너십을 갖고 있지 않는 구미지역도 타깃으로 삼고 있다. 또한 국제회의의 유치에 있어서는 규모와 관계없이 회의장으로서의 대학 이용, 외국인 다수 참가, 도쿄의 니즈에 맞는 회의[259]를 우선으로 하고 있다. 특히, 2007년에 공표된 「도쿄도 산업진흥플랜」에 의하면, 도쿄도는 2016년까지 외국인 유치를 1,000만 명 목표로 정하고, 국제 컨벤션 및 인센티브투어의 도쿄 개최를 위해 해외 플래너를 도쿄에 초빙하는 등 해외기업을 대상으로 한 정책을 수립하고 있다. 거기다 국제회의를 코디네이트하는 인재를 육성하기 위하여 2008년도부터 「MICE인재육성강좌」를 개설하고 있어, 도쿄도에서는 컨벤션 사업을 강화하고 있음을 알 수 있다.

그런데 도쿄는 일본의 「국제회의관광도시」로 인정될 수 없으므로, 컨벤션 도시라는 범위에는 들어갈 수 없다. 그 이유는 컨벤션법에서 규정하고 있는 컨벤션 도시의 인정이 가능한 도시는 도도부현을 제외한 시정촌(市町村)으로, 지역진흥이 목적이기 때문이다. 해외 대부분의 도시가 대표적인 컨벤션 개최지로서 수도를 거론하며 어필하고 있다. 특히, 한국의 경우에는 지방도시뿐 아니라, 서울특별시도 컨벤션 도시로 인정되고 있으며, 컨벤션 유치를 추진하고 있다. 그것과 비교하여 일본에서 컨벤션 개최가 가장 많은 도시인 도쿄가 「컨벤션 도시」로서 인정되지 않고 있

---

259) (재)도쿄관광재단의 제공 자료 『2009年度第1回「MICE人材育成講座」』.

다. 그로 인해 중앙기관인 JNTO의 해외 「일본의 컨벤션 프로모션」 실시에 있어서 도쿄는 별도의 부스를 설치하고 있어, 컨벤션 유치에 있어서 일본 전체를 어필하는 데 경쟁력이 약하게 보일 수 있다. 또한 컨벤션 유치에 있어서 일본이라는 국가를 어필하는 것이 먼저이며, 그를 위해 도시의 협력이 필요한데, 일본에서 컨벤션 도시 1위인 도쿄가 빠짐으로써 경쟁력이 떨어지는 결과를 피할 수 없다. 이 점에 대하여 업계의 관계자는 컨벤션법이 원인으로, 향후에는 개선해야 한다는 의견이 많았다.

그림 6-4 | 도쿄국제포럼   그림 6-5 | 도쿄빅사이트

5. 어반리조트로서 컨벤션 진흥 모색, 요코하마(橫浜)

요코하마시는 수도권에 속하고 있으며, 예부터 일본의 현관으로써 해외에 일찍이 알려진 국제도시로, 일본에서 인구가 2번째로 많은 367만 1,611명이 살고 있으며, 요코하마 소재 대학은 11개교(가나가와현 소재 27대학)가 있어, 대도시로서 성장을 거듭하고 있다.

요코하마시에 있어서 컨벤션의 위치는 국제문화도시와 지역 경제활성화를 지향하는 데 있어서 컨벤션 전략은 요코하마의 신도심인 「미나토미라이 21지구사업(이하, MM21지구로 칭함)」에 집결되어 있다. 다시 말해, MM21지구에 국립평화회의장, 국제전시장, 호텔이 일원화된 대규모 복합 컨벤션 시설(㈜퍼시픽요코하마)이 건설됨으로써 요코하마에서의 컨벤션 개최는 급상승하고 있다. 특히, 2001년 7월에 전시홀이 준공을 마치고, 다음 해인 2002년부터 요코하마시의 국제 컨벤션 개최 수는 급증하였으며, 2005년부터 국내에서 3위를 점하고 있다. 또한 ㈜퍼시픽요코하마는 전용 컨벤션 시설 중에서 국제 컨벤션 개최율이 가장 높으며, 2003년 이후에는 5년 연속 1위를 점하고 있으며, 학회 개최 수에 있어서도 2004년부터 3년간 연속으로 1위를 점하는[260] 등 일본 국내에서 우수한 컨벤션 개최도시로서 인식되고 있다.

　　MM21지구 사업의 목적은 첫째, 요코하마의 도심부가 국내 · 이세자키초(伊勢佐木町)와 요코하마역 주변 지구로 분리되어 있던 것을 일원화하여, 그 지구에 기업과 쇼핑 · 문화시설을 집중시켜, 경제기반을 확립하는 등 요코하마의 자립성을 강화하는 것이다. 둘째, 해변에 린코파크와 일본마루 메모리얼파크 등의 공원과 녹지를 정비하여, 시민이 휴식할 수 있는 공간을 제공하는 등 항만기능을 질적으로 전환하는 것이다. 셋째, 도쿄에 집중된 수도기능을 분담하고, 업무 · 상업 · 국제교류 등의 기능을 확대시키는 것이다. 요코하마시 정비국에 따르면, 2008년도를 기준으로 MM21지구의 취업인구가 약 6만 3,000명, 사무실 수는 약 1,250

---

260) ㈜퍼시픽요코하마의 제공 자료(2009년 9월 30일).

사, 방문자 수는 약 5,300만 명이며, 2007년도 시의 세수입은 약 120억 엔[261]이라고 보고했다.

또한 「요코하마시 관광객 만족 등 조사[262]」에 따르면, 요코하마를 방문하는 관광객이 요코하마시내에서 가장 많이 방문하는 장소는 1위가 미나토미라이(50%), 2위가 차이나타운(48%), 3위가 야마시타공원(46%), 4위가 모토마치야마테(35%)로, 요코하마 중심부 중에서도 MM21지구의 방문이 많은 것으로 보아 요코하마의 관광 스팟으로 정착하고 있으며, 또한 애프터컨벤션으로도 이용되고 있다고 볼 수 있다.

그 외에 요코하마는 수도인 도쿄에서 30분 정도의 거리에 위치하고 있고, ㈜퍼시픽요코하마를 포함하여 시내에 80개 이상의 컨벤션 시설이 있다. 숙박시설은 ㈜퍼시픽요코하마에 직결되어 있는 호텔과 일본에서 가장 높은 고층 호텔 등의 5성급부터 료칸, 온천 숙박시설, 유스호스텔 등 1만 8,000실 이상이 시내에 산재하고 있다. 또, 요코하마의 주변에 있는 관광지인 고도 카마쿠라와 온천 리조트지 하코네는 대표적인 애프터컨벤션이라고 할 수 있다.

요코하마시는 2004년에 「요코하마시 관광교류 추진계획」을 책정하여 민간 주체의 프로모션을 중심으로 집객력의 강화를 추진해 오고 있다. 3년 후인 2007년에는 그 계획을 개정하여, 지역자원과 특성을 살려

---

261) 미나토미라이21사업개요(http://www.city.yokohama.jp/me/toshi/mm21/gaiyo/, 2009년 9월 30일).

262) 요코하마시를 방문한 관광객의 동태에 관한 조사로, 2004년 11월부터 2005년 2월까지 실시함(http://www.city.yokohama.jp/me/keizai/kankou/kanko/plan/csr_gaiyou.pdf, 2009년 9월 30일).

서 도시의 종합력을 발휘하여 요코하마 전체에서 관광교류의 추진을 지향한다는 발표가 있었다. 그 중점 전략은 하네다공항 재확장 및 국제화를 시야에 넣은 관광 프로모션의 강화 전략, 개항 150년을 계기로 요코하마의 매력 향상 전략, 요코하마의 특색을 활용한 국제 컨벤션 도시의 확립 전략이다. 특히, 컨벤션 도시의 확립을 위한 전략으로 2가지를 들고 있다. 하나는 중·대형 컨벤션, IT·바이오·환경 등의 도시정책과 관련한 컨벤션, 기업 컨벤션 등의 유치와 시민 참가형의 이벤트 신설을 중점적으로 추진하는 것이다. 또 다른 하나는 시민과 관련 산업이 연계하여 요코하마 개최의 컨벤션을 지원[263]하는 것이다.

이상과 같이 요코하마시의 컨벤션 사업은 「요코하마시」가 처음부터 적극적으로 참가하여 컨벤션 정책 및 시설의 계획을 세우는 등 컨벤션 사업을 적극적으로 추진하고 있다.

그림 6-6 | ㈜퍼시픽요코하마   **그림 6-7** | 미나토미라이21지구

한편, 컨벤션 관련 조직으로써 요코하마 컨벤션 추진협의회가 설립되

---

263) 横浜市(2007)『横浜市観光交流推進計画(改訂版)』.

었는데, 그 조직은 1988년 7월 23일에 요코하마시, 가나가와현, 경제계에 의해 재단법인 요코하마 컨벤션뷰로로 개편되었다. 1998년 4월 1일에 요코하마국제관광협회와 합병하여, 국내외의 관광사업과 컨벤션 사업의 추진 조직으로서 재단법인 요코하마관광컨벤션뷰로(이하, 요코하마 뷰로로 칭함)로 개칭하여 현재에 이르고 있다. 요코하마뷰로는 요코하마시의 컨벤션정책에 맞춰 2008년도의 중점 사업[264]인 동아시아(한국, 대만, 중국, 홍콩) 지역의 관광객 유치 촉진, 요코하마시의 중점 정책과 관련한 국제 컨벤션의 유치, 「요코하마ㆍ가나가와 Destination Campaign」을 통한 프로모션 사업의 강화, 「개국 요코하마 150」이라는 이벤트의 개최에 의한 내방객의 체재지원의 강화, 인터넷을 활용한 정보발신의 추진, 「요코하마 인형의 집」의 매력 향상 등 적극적으로 전개해 오고 있다.

6. 도시의 브랜드를 활용한 컨벤션 도시, 나고야(名古屋)

나고야시는 인구가 225만 8,185명으로 일본에서 4번째로 큰 도시로, 대학이 11개교 있다. 또한 아이치현에는 도쿄도와 오사카후 다음으로 대학이 51개 있어, 컨벤션 유치와 깊은 관계를 맺고 있다. 국제 컨벤션 개최건수에 있어서 2000년도에는 84건, 다음 해는 하락하여 62건, 2002년 이후에는 86건이 개최되어, 일시적으로 하락이 보이지만, 그 후

---

264) (財)横浜観光コンベンションビューロー『ANNUAL REPORT 2008ㆍ平成20年度年次報告書』1쪽.

에는 점차로 증가하여 2005년에는 108건으로 국내 3위를 점하였다. 그 이유는 같은 해 2월 17일에 추부국제공항 센토레아의 개항과 3월 25일부터 개막한 2005년 일본국제박람회(아이치만박)의 영향으로 보인다. 2006년과 2007년에 109건의 국제 컨벤션이 나고야시에서 개최되어, 상위 5위를 점하는 등 국내에서의 경쟁력이 높아졌다.

나고야시에 있어서 컨벤션은 도시의 매력과 개성 확립에 크게 기여하는 '기능'이며, 창조적 도시만들기의 일부를 담당하는 '수단'으로 기대하고 있다. 나고야시의 관광사업과 컨벤션 사업을 담당하는 조직으로써, 1985년 7월에 사단법인 나고야 관광추진협회가 설립되었다. 1990년 2월에 나고야국제회의장이 개관하고, 같은 해 10월에 추진협회가 해산되어, (재)나고야관광컨벤션뷰로(이하. 나고야뷰로로 칭함)로 재조직되었다.[265] 동 뷰로의 사업비는 아이치현, 나고야시, 81의 민간단체로부터 약 10억 엔의 출자금의 이자 및 나고야시로부터의 운영비로 충당되고 있는데, 사업비의 약 90%는 나고야시가 원조하고 있기 때문에, 뷰로의 활동은 나고야시 주도로 추진되고 있다. 또한 나고야시의 컨벤션 정책은 나고야시의 시민경제국의 관광추진실이 담당하고 관광과 컨벤션 정책을 계획하고 있으나, 항시 나고야뷰로와 연계를 하면서 사업을 실시하고 있다.[266]

나고야시는 일본의 중앙에 위치하고 있어, 추부국제공항을 비롯하여 신간센과 고속도로망 등의 교통 인프라가 정비되어 있다. 또한 컨벤션

---

265) (財)名古屋観光コンベンションビューロー(2001)『10周年記念誌』.
266) (재)나고야관광컨벤션뷰로 인터뷰조사(2008년 1월 25일).

시설로는 3,000명 수용 가능한 나고야국제회의장을 비롯하여 다채로운 시설이 건설되어 있을 뿐만 아니라 숙박시설도 시티호텔부터 비즈니스 호텔까지 선택의 폭이 자유롭게 1만 9,000실의 호텔이 나고야 시내에 산재하고 있다.[267]

특히, 나고야국제회의장에서는 1989년에 나고야시정 100주년 기념식이 개최되었고, 세계디자인박람회의 테마관으로 이용된 시라토리센추리플라자를 모토로 정비되어, 1990년 2월에 나고야의 중핵시설로 개관하였고, 1994년 10월에 전관이 개시되었다. 본래 나고야국제회의장을 시라토리정원과 시라토리공원, 호리가와가 둘러싸고 있는 형상으로 배치하여, 그 주변을 「국제 컨벤션파크」로써 정비할 계획[268]이었으나, 실행은 이루어지지 않았다.

한편, 나고야뷰로의 영업활동은 대학주최의 학회를 주요 대상으로 하고 있다. 특히 물건만들기, 공학계, 환경, 의료, 복지 관련 등의 컨벤션 유치를 성공시켜, 그 분야에서 선진적인 사례를 창출하여, 선진도시로서 어필하는 것을 염두에 두고 있다. 예를 들어, 2010년에는 참가자가 3,000~4,000명이고, 3주간 개최되는 국제연합회의 「생물다양성조약 제10회 체결국회의(COP10)」이라는 회의가 나고야에서 개최되어, 환경문제에 있어서 나고야시의 이미지 상승뿐 아니라 마을만들기와 연계하는[269] 등 나고야의 비전을 고려하여 컨벤션 유치에 임하고 있다.

---

267) (재)나고야관광컨벤션뷰로 홈페이지(2009년 10월 15일).
268) 名古屋市ビジターズ戦略ビジョン策定懇談会 『名古屋・世界的な交流拠点都市をめざして』名古屋市・(財)名古屋観光コンベンションビューロー, 32쪽.
269) (재)나고야관광컨벤션뷰로 인터뷰조사(2008년 1월 25일).

나고야시의 컨벤션 경제효과의 분석에 관해서는 2001년에 나고야뷰로가 실시한 「학술회의가 가져온 경제효과분석」을 참고하고자 한다. 그것은 2000년 10월 15일부터 20일까지 개최된 「제23회 국제병리 아카데미 국제회의 및 제14회 세계환경병리회의」가 미친 경제효과를 분석한 것[270]이다. 그 조사는 회의참가자의 지출이 약 1억 3,000만 엔, 사무국 지출이 약 2억 800만 엔으로, 합계 3억 3,826만 엔을 직접 효과로 추정하였다. 그 직접효과가 아이치현 내의 산업에 미친 생산액은 4억 1,903만 엔으로, 양쪽을 합한 종합효과는 7억 5,729만 엔으로, 아이치현 내의 고용 수는 34명, 현의 세수가 약 2,000만 엔, 나고야시의 세수가 약 1,000만이라고 추정하였다.

특히, 나고야뷰로는 컨벤션 유치에 있어서 나고야대학을 비롯한 의학연구, 기계공학과 세라믹 등의 재료연구, 자동차산업과 공작기계기술을 활용한 국제학술회의의 유치에 힘써야 한다고 인식하고 있다.

그림 6–8 | 나고야국제회의장 전경 및 국제회의실

---

270) 양 회의는 나고야국제회의장에서 동시 개최되었고, 참가자는 69개국에서 1,566명(국내 703명·국외 863명, 동반자 포함)으로 앙케이트의 응답자 수는 472명이었다((재)나고야관광컨벤션뷰로(2001) 『国際学術会議がもたらす経済効果分析』).

7. 일본문화의 원류인 교토문화를 세계로, 교토(京都)

교토는 일본문화가 남아 있는 고도라는 이미지를 유지하면서 국책에 의해 국제회의 전용 시설인 국립교토국제회관이 일본 최초로 건설됨으로써 일본을 대표하는 도시임과 동시에 내셔날 컨벤션 도시[271]라고도 할 수 있다.

교토시는 국제 컨벤션 개최건수에 있어서 국내에서 도쿄에 이어 2위(183건 · 2007년도)를 점하고 있다. 그것은 교토에 국립교토국제회관이라는 시설만이 아니라, 교토 소재의 28개 대학(교토후 소재 31대학)과 단기대학을 비롯하여 다수의 연구소가 있기 때문으로 보인다. 또한 교토시 내에는 17유네스코 세계문화유산으로 등록된 17개의 절 · 신사 · 성을 포함하여, 약 2,000개의 유적지(일본 국보의 약 20%, 중요문화재의 약 14%가 존재)라는 풍부한 문화관광자원이 산재해 있으며, 그것들은 도시의 매력으로 관심을 집중시키기 때문이다. 따라서 2008년도에 관광객 수[272]가 5,000만 명을 넘는 최대의 기록을 보였는데, 그 중에서 교토시 인구(146만 5,917명 · 7위)의 약 64%에 해당하는 외국인(93만 7,241명)이 교토 시내에 숙박하는 등 다수의 외국인 관광객이 방문하고 있다.

교토에 있어서 컨벤션의 의의[273]는 학술 · 문화진흥면에서는 정보수집 및 발신기능의 담당, 국제교류면에서는 문화, 사회, 정치, 경제의 교

271) 国際観光振興会(1988) 『国際コンベンション振興システム開発調査』221쪽.

272) 京都市観光調査年報(http://kaiwai.city.kyoto.jp/raku/kanko_top/kankochosa.html/2009년
   10월16일).

273) コンベンション都市研究委員会(1987)『コンベンション都市京都への提言』6쪽.

류를 촉진시키는 「세계문화 자유도시」의 유효한 수단, 경제진흥면에서는 서비스 경제화에 대응한 기반만들기 및 기존 산업의 활성화와 신산업의 신장의 수단으로 인식되고 있다. 한편, 교토시의 「신오코시야스플랜21[274]」에는 관광진흥을 위한 전략적 시책으로써 국제 컨벤션의 유치 강화를 거론하고 있다. 즉, 국제회의 수용을 위한 인프라정비를 추진함과 동시에 (재)교토문화교류컨벤션뷰로(이하, 교토뷰로로 칭함)의 강화를 도모하여, 국제 컨벤션과 견본시의 유치활동을 적극적으로 실시하는 것이다. 그러므로 교토시는 예부터 관광산업이 큰 역할을 해왔으므로, 컨벤션 사업은 독립하지 못한 채, 관광정책의 일부로 구성되어 있어, 컨벤션 진흥에 관한 상세한 정책의 계획이 쉽지 않다.

한편, 컨벤션 시설에 있어서는 국립교토국제회관, 교토시권업관(미야코메세), 교토시국제교류회관 등 다수의 시설이 교토시내에 산재하고 있다. 게다가 약 13개의 고급 호텔을 비롯하여 35개 이상의 비즈니스호텔, 교토의 분위기를 만끽할 수 있는 료칸 등 다양한 숙박시설이 정비되어 있다. 또한 교토에는 공항이 없지만, 특급전철과 리무진버스를 이용해 간사이공항까지 약 70분~100분 내로 도착이 가능한 거리에 위치하고 있다.

특히, 1966년에 개관한 국립교토국제회관은 총면적 15만 6,100㎡, 총공사비 39억 4,000만 엔으로 건설되어, 규모면에서 당시 뉴욕의 UN 회의장, 제네바의 뒤를 잇는 세계 제3위의 회의장이었다. 관리운영은 「국유의 회의장 시설 관리의 위탁에 관한 특별조치법 시행령」에 의해

---

274) 京都市(2006)『新京都市観光振興推進計画~ゆとり、うるおい、新おこしやすプラン21』.

6부 일본 컨벤션 도시의 현황

관리위탁자인 대장성(현, 재무성)이 교토시를 관리위탁자로 선정, 교토시가 (재)국립교토국제회관을 관리 재수탁자로 지정하고 있다.[275] 동 회관은 개관 후에도 프레스센터와 이벤트홀 등의 증축과 최신 기재의 정비가 이루어져, 국제기관과 정부 간의 국제회의에 적합한 회의장으로 역할을 수행해 왔다. 그런데 최근 다수의 도시에 대규모 컨벤션 시설이 차례로 개관함으로써 국립교토국제회관의 경쟁력이 다소 약해지고 있다고 볼 수 있다.

한편, 교토시의 컨벤션정책 소관부서는 산업관광국 관광부 관광진흥과가 관광산업과 함께 담당하고 있으며, 이 사업의 추진기관은 교토뷰로이다. 1973년 4월에 「교토컨벤션뷰로」가 교토시 관광협회의 일부로 조직되었으나, 그때의 역할은 국제회의의 준비 등의 대행 업무에 그쳤었다.[276] 1982년 12월에 교토후 · 교토시 · 교토상공회의소 · (사)교토관광연맹 · (사)교토시관광협회 · (재)국립교토국제회관 등 6개 단체에 의해 「교토컨벤션추진협의회」가 설립되고, 교토시 관광협회에 사무국를 설치, 정보수집과 유치 지원 등은 운영위원회와 전문위원회가 중심이 되어 추진되었다.[277] 그러다 교토 전체에 의한 컨벤션 진흥이 한층 높아져, 1990년에 교토뷰로로 재조직되어, 2007년 4월에 교토컨벤션뷰로와 교토문화교류사업이 통합되어, 현재의 교토뷰로가 되었다. 새로운 조직의 목적은 교토문화를 국내외로 발신하면서 교토 전체에 컨벤션 유치

275) (財)国立京都国際会館企画調整部 (1986)『国立京都国際会館20年のあゆみ』26쪽.

276) 앞의 책, コンベンション都市研究委員会(1987), 17-18쪽.

277) (株)UR都市設計(1984)『金沢コンベンション都市基本調査報告書』59쪽.

및 촉진을 도모하는 것이다.[278]

　이상과 같이 교토의 컨벤션 사업은 관광사업의 일환으로 자리매김되어 있으며, 국립교토국제회관을 중심으로 한 국제 컨벤션에 주력하고 있다. 또한 교토 소재의 사찰을 비롯하여, 역사와 전통이 있는 문화재, 교토영빈관과 토에이우즈마사영화마을[279] 등을 활용한 독특한 리셉션 파티를 실시하여 교토에서만 느낄 수 있는 체험이 가능하도록 프로그램을 구성하고 있다.

그림 6-9 | 국립교토국제회관 전경 및 메인홀

---

278) (재)교토문화교류컨벤션뷰로의 인터뷰조사(2007년 12월 27일).

279) 토에이우즈마사영화마을의 시설을 대여하여 연극공연, 콘서트, 각종 이벤트, 전시회, 리셉션으로 이용할 수 있다. 특히, 야간 대여의 경우, 해외 일본 자동차기업 · 공학계학회 · 청년회의소 · NPO단체 · 국제회의 친목회 등이 개최되었다(http://business.toei-kyouto.com/halls.html/ 2009년 10월 16일).

8. 국제교류의 허브 도시 지향, 오사카(大阪)

오사카는 도쿄와 나란히 견본시가 활발히 개최되었으며, 전후에는 일본의 첫 국제견본시가 열리는 등 컨벤션의 역사가 길며, 관련 조직과 시설이 정비되어 있다. 즉, 전시전용의 시설인 인텍스오사카와 복합시설인 오사카국제회의장을 비롯하여, 호텔에서도 국제회의가 활발히 열리고 있다.

오사카의 국제회의가 증가를 보인 것은 1990년부터인데, 1991년에 오사카후에서 개최된 국제회의가 98건, 다음 해는 2배 이상의 215건으로 증가하여, 교토후의 180건을 상회하여 간사이에서 톱의 자리를 차지하였다. 그 이유는 1992년 센리 라이프사이엔스센터의 개업에 의한 결과로 보인다. 그러나 오사카후에는 1,000명 이상 수용가능한 회의장이 없었기에 외국인 참가자 수에 있어서는 교토후의 9,163명의 반수 정도인 4,864명에 머물렀다.[280] 오사카후는 「중·대형컨벤션」회의(참가자 300명 이상)의 증가를 위해 2000년에 3,000명 수용가능한 대규모 국제회의장으로 오사카국제회의장을 오사카시에서 건설하였다. 이것은 교토후와 효고현에서 개최되고 있었던 대규모 국제회의를 오사카후에 유치하게 되는 계기가 됨은 물론 오사카시 개최의 국제회의가 한층 증가하게 되었다.

최근 오사카시에의 국제 컨벤션 개최는 증가가 정체된 상태이다. 국

---

280) (財)関西交通経済研究センター(1999)『関西における国際コンベンションと観光振興の連帯に関する調査研究報告書』7-8쪽.

제 컨벤션 개최건수에 있어서 오사카시는 2006년에 111건(국내 4위)이라는 최다 개최라는 기록을 세웠으나, 다음 해인 2007년에는 최저인 76건이 개최되었고, 2000년부터 2007년까지는 평균 개최건수가 약 88건보다 큰 폭으로 떨어졌다. 이상과 같이 오사카시의 컨벤션이 저조한 것은 오사카후에서의 보조금 삭감과 국제회의의 유치보다 인센티브투어에 주력하고 있기 때문으로 보여진다.

한편, 오사카시의 관광사업은 계속 증가하고 있으며, 2007년 관광객은 총 10,435만 명(당일여행 9,232만 명, 숙박 1,203만 명) 중에서 외국인 관광객은 180만 명이었다. 이에 따른 관광소비액은 약 1조 4,075억 엔, 생산유발효과는 약 2조 2,742억 엔이며, 소비액은 오사카시내의 백화점(10점포)의 판매액인 약 8,370억 엔[281]의 약 1.7배에 달하는 큰 경제효과를 가져 왔다.

오사카시는 인구 266만 1,556명(3위)로, 오사카시 소재 대학이 11개교(오사카후 소재 55대학)가 있으며, 정령도시 중에서는 대학 수가 가장 적지만, 간사이지역의 현관인 간사이공항을 비롯하여 철도, 고속도로 등의 인프라가 정비되어 있다. 또한 컨벤션 시설로는 키타지역 · 나카시마지역 · OBP지역 · 미나미지역 · 코스모스퀘어 지역 등 4개의 지역에 다양한 시설이 건설되어 있다.

특히, 오사카의 도심인 나카시마 서부에 위치하고 있는 오사카국제회의장은 1958년에 건설된 ㈜오사카국제무역센터의 부지에 오사카후(3억

---

281) 大阪市(2008) 『平成19年大阪市の観光動向調査』(http://www.city.osaka.lg.jp/yutoritomidori/cmsfiles/contents/0000009/9413/h19.pdf/, 2009년 10월 17일).

6부 일본 컨벤션 도시의 현황

엔 · 50%)와 미쓰이스미토모은행과 마쓰시다전기산업㈜ 등 오사카의 경제계(50%)가 출자하여 세계 수준에 비견될 수 있는 시설로 건설된 대규모 국제회의장이다. 동 회의장은 국제 · 국내회의 · 전시회, 문화 · 학술 · 예술 등의 기획 · 유치와 개최를 위하여, 그리고 오사카가 「세계도시」로써 발전하기 위한 국제교류, 정보의 수신 및 발신을 담당하는 중핵시설로써 회의장을 후민에게 개방된 공간으로써 디자인하는 것을 목적[282]으로 하고 있다. 동 시설은 규모 면에서 회의장과 전시장이 한 장소에 있으므로, 회의와 전시의 동시 개최가 가능하고 이동이 편리하지만, 수용 가능한 인원 수에 한계가 있다. 그 원인은 비어 있는 토지에 맞춰서 국제회의장을 건설했다는 점에 있으며, 더 이상의 증축이 불가능하므로 약 2,700명 이상의 대형 컨벤션의 개최는 불가능한 상황이다. 숙박시설은 바로 옆에 리갈로얄호텔이 있어 편리하지만, 근처에 숙박시설이 충분하지 않으므로 선택의 폭이 넓다고는 할 수 없다.[283] 또한 가장 큰 문제로 지적되고 있는 것은 교통편이었으나 게이한전철의 나카노시마역의 개통에 의해 해소가 되었다.

오사카의 컨벤션 사업의 추진기관은 1984년 2월에 오사카후 · 오사카시 · 오사카상공회의소에 의해 설립된 「오사카컨벤션뷰로」이다. 동 조직은 재단법인화를 거쳐 2003년 2월에 (사)오사카후 관광연맹 · (사)오

---

282) 오사카후 상공노동부 관광교류과 제공 자료 『大阪国際会議場の概要』 참고(2004년 9월 11일).

283) 오사카국제회의장에 대하여 오사카후, 오사카뷰로, PCO를 대상으로 인터뷰조사를 실시. 金錦香(2006) 「コンベンション施設の運営と課題」『都市文化研究』 大阪市立大学都市文化研究センター, 제8호, 55쪽.

사카관광협회와 통합되어, (재)오사카관광컨벤션협회(이하, 오사카뷰로로
칭함)로 재조직되었고, 2015년 4월 공익재단법인으로 바뀌면서 2017년
현재는 (공재)오사카관광국으로 개칭되었다. 오사카뷰로는 컨벤션 유치
사업과 관광진흥사업의 일원화를 도모하고, 종합적이며 효과적인 관광
컨벤션 사업의 추진을 목적으로 하고 있으며, 컨벤션 유치를 위하여 오
사카의 PR, 회의주최자와 미팅플래너를 대상으로 프로모션 활동을 실시
하고 있다. 그 외에 회의주최자를 대상으로 조성금 교부, 개최 준비자금
의 대부, 관광안내지도의 제공 등의 지원 활동도 실시하고 있다.[284] 그렇
지만 파견이라는 제도가 적절하게 활용되지 못하고 있고, 거기다 전문
인력의 부족으로 전문가의 양성이 시급한 과제로 떠올랐다.

그림 6-10 | 오사카국제회의장   **그림 6-11 |** 인텍스오사카

---

284) (공재)오사카관광국『平成16年度事業報告』참고.

9. 컨벤션 도시전략을 바탕으로 둔 고베(神戸)

고베시는 일본 컨벤션 산업의 선구자이다. 그 이유는 고베시에 처음으로 회의장·전시장·호텔이 한 곳에 정비됨과 동시에 1981년 3월 20일에 포트피아 '81이 개최되어 세계에서 일찍이 컨벤션 도시로 그 명성을 높였기 때문이다. 당시 고베시의 컨벤션 사업은 일본의 각 도시에 자극을 주었다.

고베시의 인구는 153만 6,395명(6위)로, 고베시에는 21개 대학이 소재하고 있으며, 효고현의 대학 비율(효고현 소재 42대학의 50%)이 높고, 서일본에서는 교토의 다음으로 높은 비율이다. 또한 고베시 개최의 국제 컨벤션 건수는 큰 변동이 없긴 하지만 2004년에 44건이 개최되어 최소를 기록하였다. 그 후의 2007년에는 89건으로 6위를 점하고 있어 점점 회복세를 보이고 있다.

고베시의 컨벤션센터의 건설이 시작된 계기는 1973년에 고베시에 의한 「패션도시선언」 중에 ㈜고베포토피아호텔[285]의 창업자인 나카우치(中内力)가 당시의 고베시장 미야자키(宮崎辰雄)에게 「컨벤션 만들기」관련 이야기를 한 것에서 비롯된다. 그 결과, 1966년부터 고베시가 추진해온 고베항의 앞을 매립하여 만든 인공섬 「포트아일랜드」에 회의장과 전시장은 고베시, 호텔은 민간이 건설하게 된다. 그리고 포토피아 '81은 고베시장이 포트아일랜드의 매립 공사의 완성과 컨벤션센터의 준공을

---

285) 동 호텔은 1981년에 개업(객실 수 740실)하였고, 1997년에 호텔 안에 국제회의장을 개장하여 PCO업무도 추진하고 있으며, 고베컨벤션센터와 공동전략을 세워 활동하고 있다.

기념하기 위해, 나카우치사장은 호텔 탄생을 기념하기 위해 계획된 이벤트[286]였다. 일반적으로 포트피아 '81을 위해 컨벤션센터와 호텔이 건설되었다고 알려진 것과는 다소 다른 배경이다.

이와 같이 고베시의 컨벤션 사업은 처음부터 계획된 상태에서 인프라의 정비가 이루어졌고, 포트아일랜드에는 고베컨벤션센터를 중심으로 200명 이상 수용가능한 회의장이 46개가 있는데, 전부 도보이동이 가능하다. 각 시설은 독자적으로 관리운영을 하고 있으나, 대규모 회의가 개최될 경우에는 상호 협력을 하는 등 하나의 시설에서의 개최만이 아니라 주변의 회의장과 호텔의 회의장을 포함하여 개최되는 경우가 적지 않다. 또한 지역 관계자와의 관계도 우호적이므로 포트라이너의 운영에 있어서도 협력을 얻어 전철의 임시 증차도 가능한 정도이다. 또한 근처에 호텔은 3곳이 있으며, 고베시내에는 호텔·료관업조합가맹의 호텔이 70개가 있어 호텔의 선택 폭도 넓다.[287] 고베시의 컨벤션은 고베컨벤션센터를 중심으로 포트아일랜드의 시설만이 아니라 호텔이 일체화되어 있고, 지역의 협력을 추진하고 있어 컨벤션의 인식이 높다는 것도 알 수 있다.

그 밖에 고베시는 국제교류추진이라는 도시비전를 바탕으로 컨벤션 정책을 추진하고 있으며, 국제도시 고베의 발신을 위해 컨벤션 유치를 전개함과 동시에 지역산업이 컨벤션에 포함되도록 계획을 세우고 있는데, 포트아일랜드의 「고베의료산업도시구상」이 그것이다. 이 구상은 기

---

286) 中内力(2004)『選択―すべては出会いから生まれた』神戸新聞総合出版センター, 136-148쪽.

287) (재)고베국제관광컨벤션협회의 인터뷰조사(2008년 1월 31일).

초부터 임상응용까지의 의료연구를 실시하는 「첨단의료센터」를 비롯하여, 임상연구정보의 거점인 「고베임상연구정보센터」, 바이오벤처를 지원하는 「고베바이오메디컬창조센터」 등 12개의 새로운 첨단의료기관이 정비되었다. 거기에서는 의료기구의 개발 및 치료를 위한 실험, 제품화 등이 진행되고 있으며, 시민의 건강 및 복지의 향상, 국제사회로의 공헌을 목표로 고베를 포함한 일본의 연구실와 연계를 하고 있다.[288] 그것과 함께 마취과학회 본부의 고베 이전, 2010년에는 세계 최첨단 · 최고속 차세대 슈퍼컴퓨터[289]의 건설, 고베가쿠엔대학, 효고의료대학, 고베슈쿠가와가쿠인대학 등 3개 대학이 포트아일랜드 캠퍼스를 개교하여 포트아일랜드에 컨벤션 기능을 집적시켜, 타도시와의 차별화를 도모하고 있다.

한편, (재)고베국제관광컨벤션협회(이하, 고베뷰로로 칭함)의 전신이라 할 수 있는 (재)고베국제교류협회는 1980년에 발족되었다. 1982년에 고베시에 컨벤션 추진본부의 설립, 1984년에 (사)고베국제관광협회에 컨벤션 서비스부의 설치를 거쳐, 1987년에 재단법인화와 함께 현재의 조직이 되었다. 고베뷰로는 고베시가 중심이 되어 고베시 관광사업의 진흥 및 컨벤션 유치 · 지원을 추진하고 있으며, 국제교류와 국제친선에 기여하는 것을 목적으로 설립되었다.

고베뷰로는 컨벤션의 유치에 있어서 해외도시와의 경쟁에 대응하여, 고베를 포함하여 교토 · 나라 · 히로시마 · 히메지 등 당일여행이 가능한

---

288) 神戸医療産業都市構想研究会(2006)『神戸医療産業都市構想』 팸플릿.
289) 국내 최고의 슈퍼컴퓨터 「지구시뮬레이터」의 약 250배의 속도, 고성능을 보유, 나노테크놀로지(초미세가공기술)와 생명과학분야의 연구, 신재료의 개발과 신약 개발에 연결됨(고베신문, 2007년 3월 28일).

지역에 산재해 있는 세계문화유산 및 문화재를 활용한 PR을 실시하고
있다. 또한 고베의료산업구상에 맞춰 의학학회, 최첨단기술과 관련된 학
회의 유치 등으로 고베시의 이미지에 부합되는 컨벤션 유치를 전략적으
로 우선시하고 있다. 거기다 고베시는 컨벤션 도시로서 잠재매력을 매
년 창출함과 동시에 「지향해야 할 도시상」의 추진에 투자하는 것을 목
적으로 「표적시장」을 보다 명확히 하고, 그에 맞는 구체적인 어프로치를
구축하지 않으면 안 된다[290]는 과제를 안고 있다.

그림 6-12 | 고베국제회의장   그림 6-13 | 월드기념홀

10. 국제평화문화도시, 히로시마(広島)

히로시마시는 추코쿠지방과 시코쿠지방 중에서 인구가 가장 많은
117만 479명(11위)으로 13개 대학(히로시마 소재 22대학)이 있는 정령도

---

290) (재)고베국제관광컨벤션협회의 인터뷰조사(2008년 1월 31일).

시이다. 히로시마의 관광객 수는 2008년에 전년대비 1.8감소로 1,043만 5,000명(과거 2번째 최대)으로, 그 중에서 일반 관광객이 981만 8,000명, 수학여행자가 30만 7,000명, 외국인관광객이 31만 명으로 4년 연속으로 1,000만 명 이상을 넘었다.[291] 한편, 국제 컨벤션 개최건수는 2000년에 들어서 35건이 개최되었으나, 2002년에는 최저의 12건, 2004년에는 26건으로 회복하는 듯하나, 2007년에 20건으로 증가가 둔화되고 있다.

히로시마시에는 공항과 JR, 훼리를 활용한 교통편만이 아니라 시내 중심부에 노면전차와 노선버스가 정비되어 있어 교통편의 정비가 충실하다. 또한「원폭돔」과「이쓰쿠시마신사(厳島神社)」라는 세계문화유산을 포함하여 히로시마성, 유키온천 등 다채로운 관광자원을 보유하고 있다. 그리고 히로시마시에는 평화기념공원을 중심으로 한 컨벤션존에는 히로시마국제회의장, 히로시마현민문화센터, 히로시마후생연금회관, 아스테르플라자 등의 컨벤션 시설과 호텔이 조성되어 있다. 그 밖에 히로시마 시내에는 객실이 200실 이상의 13호텔을 비롯하여 비즈니스 호텔부터 특급호텔까지 정비[292]되어 있다.

특히, 히로시마시는「국제평화문화도시」를 도시상으로 내걸고, 그 거점시설로 1989년 7월에 히로시마평화기념공원에 히로시마국제회의장을 건설하였다. 당 시설은 국제교류의 추진 및 시민문화의 향상에 기여하는 것을 목적으로 하며, 평화기념자료관과 연결되어 있다. 건물은 지

---

291) 広島市「平成20年広島市観光動向について」(http://www.city.hiroshima.jp/www/
    contents/116857572834/files/H20kankodokou.pdf. 2009년 10월 23일).
292) (財)広島観光コンベンションビューロー(2005)『広島コンベンションガイド』.

상 3층과 지하 2층으로, 1,500명 수용이 가능한 대홀에는 잔향가변장치(殘響可変装置)가 설치되어 있어 클래식 음악회에 적합한 시설이다. 국제회의홀·대회의실은 6개 국어 대응의 동시통역 설비가 완비되어 있고, 대소 회의실이 지하 2층에 집결되어 있어, 대홀을 둘러싸고 있으므로, 전관을 사용하는 규모의 행사에 적합하다. 그러나 동 시설은 20년 전에 건설되었기에 리뉴얼의 필요성이 대두하고 있는데, 그와 관련한 행정부는 아직 검토를 실시하고 있지 않다는 과제가 남아 있다.[293]

한편, (재)히로시마관광컨벤션뷰로(이하, 히로시마뷰로로 칭함)의 전신이라 할 수 있는 히로시마컨벤션추진협의회가 히로시마시와 히로시마상공회의소에 의해 1987년 1월 20일에 임의단체로 히로시마시의 기획조정과 안에 설치되었다. 당시의 업무는 컨벤션 도시 히로시마의 PR, JNTO를 통한 컨벤션 정보수집 및 유치 촉진 등 컨벤션 사업에 주력해 왔다. 이 조직은 1995년에 재단법인 히로시마컨벤션뷰로로 재조직되지만, 2002년에 「히로시마시 관광협회」와 통합되어, 현재의 조직이 되었다. 히로시마뷰로는 국내외의 컨벤션 유치 및 개최 지원, 관광객의 유치 및 관광자원의 정비·개발을 추진하여 히로시마현의 컨벤션 및 히로시마시와 그 주변지역의 관광 진흥을 도모하고 지역경제의 활성화와 국제 상호이해의 증진 및 문화 향상을 꾀하는 것을 목적으로 하고 있다.[294]

히로시마시에서는 컨벤션 중기·장기 비전을 기획하고 있지 않으므로, 히로시마뷰로는 설립 목적에 맞추어 국제회의의 유치와 한국·대만

---

293) (재)히로시마관광컨벤션뷰로의 인터뷰조사(2007년 11월 15일).
294) (재)히로시마관광컨벤션뷰로 홈페이지(2009년 10월 23일).

6부 일본 컨벤션 도시의 현황

을 대상으로 인센티브투어에 주력하고 있다. 한편, 히로시마는 국내 교통비가 비싸고, 숙박하는 도시가 아닌 통과 도시이므로, 타도시와의 연계가 중요하다. 그러므로 인바운드사업에 있어서 추부 및 시코쿠지역의 12시[295)와 연계하고 있으며, IME에도 공동으로 출전하고 있다.[296)

그림 6-14 | 히로시마국제회의장 전경   그림 6-15 | 이쓰쿠시마신사

한편, 히로시마시의 컨벤션 사업의 과제는 다음과 같이 담당자가 지적하였다.

히로시마는 관광산업이 안정되어 있지 않다. 우선, 대형버스회사가 없고, 수학여행의 경우에는 히메지 등 타도시에서 수배를 한다. 관광지가 한 곳에

---

295) (재)톳토리뷰로, (재)쿠니비키메세, 오카야먀뷰로, ㈜오카야마센터, (사)쿠라시키뷰로, (재)
    히로시마뷰로, (사)시모노세키뷰로, (재)야마구치협회, (재)토쿠시마뷰로, 나루토시관광컨
    벤션㈜, (재)타카마쓰뷰로, (재)마쓰야마협회, (재)고치현협회.
296) (재)히로시마관광컨벤션뷰로의 인터뷰조사(2007년 11월 15일).

집중해 있지 않으므로, 관광지 이용을 위한 교통편의 정비가 필요하다. 또, 통역사와 지역PCO가 부재하기 때문에 오사카와 후쿠시마로부터 수배가 되므로 그 비용에 의해 전체적인 개최 비용이 상승하는 결과를 초래한다.

이상과 같이 히로시마시는 컨벤션 수용체제와 관광자원, 교통편이 정비되어 있긴 하지만, 관광산업의 정비가 이루어지지 않았고, 숙박관광객도 많지 않아 관광 관련 기업이 뿌리내리지 못하였기에 타지역에서 필요 기업을 수배하고 있다. 또한 관광프로그램개발에 있어서 추부지역 및 시코쿠지역의 컨벤션관계자와 연계를 취하고 있다.

11. 큐슈 유일의 컨벤션 도시, 후쿠오카(福岡)

후쿠오카시는 인구 145만 149명(8위)로, 큐슈대학을 비롯해 11대학이 소재하고 있으며, 후쿠오카현(34대학)에 있어서 대학의 비율이 높다고 할 수 없으나, 큐슈지역에 있어서 컨벤션 개최는 1위로 큐슈의 중추도시라고 할 수 있다. 특히, 후쿠오카시의 국제 컨벤션은 2000년에 104건 개최되어 국내 3위를 차지하였으나, 다음 해부터 2004년까지는 개최건수가 76건으로 하락하였다. 2005년에는 97건으로 2000년 수준까지 회복하여 2007년에는 최대인 151건이 개최되었다.

1987년 후쿠시마는 큐슈의 현관으로써 아시아와의 교류 거점 도시만들기의 일환으로 컨벤션 도시만들기에 착안하여, 컨벤션 유치 및 개발, 추진체제구축, 시설 정비, 도시환경 정비 등을 추진하기 시작하였다.

특히, 후쿠시마시의 컨벤션 도시만들기는 지역경제 활성화, 국제화의 진전, 지역문화의 창조 및 도시이미지 향상을 도모하기 위한 중요한 도시전략으로 인식되었다. 따라서 컨벤션존을 조성하고, 본격적인 회의장 · 전시장 등 새로운 컨벤션 시설의 건설, 기존 시설의 정비[297] 등 시설면에서의 정비가 이루어졌다. 또한 해외 23도시와 연결되어 있는 후쿠오카 공항을 포함해, 하카다항, 신칸센과 고속도로 등 교통환경이 정비되었다. 더욱이 시내에는 시티호텔부터 리조트호텔, 비즈니스호텔까지 140여 개의 호텔과 숙박시설(객실 수 2만 실)[298]이 정비되었다.

후쿠오카시의 대표적인 컨벤션 시설로는 컨벤션존과 시내의 아크로스후쿠오카를 들 수 있다. 아크로스후쿠오카는 1995년에 현청사 북쪽 부지를 이용하여 건설된 공민복합시설로, 「국제 · 문화 · 정보의 교류거점」으로써 현민의 문화 향상과 지역사회의 활성화에의 기여를 목적으로 하고 있다. 동 시설에는 음악전용의 후쿠오카 심포니홀과 국제회의장, 강연회와 전시회 등 다양한 이벤트가 개최되는 다목적홀, 문화교류갤러리[299] 등에서 시민교류 및 문화활동의 무대로 활용되고 있다.

한편, 중앙부두지역의 일대에 형성된 컨벤션존에는 4개 시설이 정비되어 있다. 즉, 2003년에 개관한 후쿠오카국제회의장을 비롯하여 후쿠오카산파레스, 마린메세후쿠오카, 후쿠오카국제센터가 유기적인 기능을 하고 있으며, 다양한 니즈에 대응하고 있다. 동 시설은 제4부에서 서술한 바와 같이 지하철의 개통 및 호텔의 건설이 과제로 지적되는 등 컨

---

297) 福岡市(1987)『福岡市コンベンションシティづくり基本構想』54쪽.

298)『(재)후쿠오카관광컨벤션뷰로』팸플릿.

299) アクロス福岡『施設利用のご案内』.

벤션존까지의 교통편이 불편하다는 의견이 많았다. 하지만 지하철 고후쿠마치역에서 도보로 15분 정도의 거리에 있으므로, 컨벤션존과 지하철역을 연계한 셔틀버스의 운행 등을 고려할 필요가 있다고 보여진다. 또한 후쿠오카시의 컨벤션을 한층 발전시키기 위해서는 새로운 시설이 필요하지만, 그와 관련한 마린메세 제2시설의 계획인 「1998년도 후쿠오카컨벤션존 기본구상」의 책정이 있었으나, 대규모 사업의 재검토라는 당시의 방침에 의해 그 구상은 동결되었다.[300] 이와 같이 후쿠오카시도 도시의 결정권자의 교체로 인해, 컨벤션정책이 계속적으로 추진되기 쉽지 않다. 더욱이 행정부인 시가 책정하는 컨벤션정책에는 명확한 안건이 없는 경우도 적지 않으며, 현장을 정확히 파악한 상태에서 실현 가능한 정책을 기획하는 것이 요구된다.

후쿠오카시의 컨벤션 사업의 추진기관으로 1987년 9월에 관민일체가 되어 (재)후쿠오카컨벤션뷰로가 큐슈운수성의 인정을 받아 설립되었다. 1994년 4월에 컨벤션과 밀접한 관계가 있는 관광을 일원화하여 추진하기 위해서 동 기관과 (사)후쿠오카시 관광협회가 합병, 현재의 (재)후쿠오카관광컨벤션뷰로(이하, 후쿠오카뷰로로 칭함)가 발족되었다. 후쿠오카뷰로는 재원의 90%(기본재산 8억 엔)가 후쿠오카시에서 지원된 행정의 성격이 강한 조직으로서, 후쿠오카시의 컨벤션과 관광객의 유치, 관광의 진흥에 의한 인적 교류의 촉진, 지역경제의 활성화, 문화의 향상에 기여하는 것을 목적으로 하고 있다. 특히, 컨벤션 유치 활동에 있어서는 큐슈지역의 뷰로가 조직한 임의단체 「큐슈지역 컨벤션 추진단체연합

---

300) (재)후쿠오카관광컨벤션뷰로의 인터뷰조사(2008년 2월 5일).

6부 일본 컨벤션 도시의 현황

회」를 통해서 각 도시의 컨벤션 정보를 상호 제공하고 있다. 또한 한국의 부산·제주도·대전 등 해외 도시와도 정보교환을 추진하고 있다.

그런데 후쿠오카뷰로는 PR 및 유치활동에 있어서 타도시의 뷰로가 미국과 유럽, 아시아에서 개최되는 견본시에 적극적으로 출전하는 것과 달리, 국내의 견본시에 머물고 있다. 그것은 후쿠오카시의 「아시아의 교류거점」이라는 지향점이 해외로 발신되고 있지 않음을 시사하는 것으로, 향후 세계를 향해 컨벤션 도시 후쿠오카의 발신이 요구되고 있다.

그림 6-16 | 후쿠오카국제회의장

그림 6-17 | 후쿠오카국제회의장 메인홀

제2장 ━━━━━━━━━━━━━━━━

중핵도시의 컨벤션 사업의 추이

전술한 바와 같이, 컨벤션 유치에 있어서 대도시 및 정령도시가 대형 컨벤션 유치를 우선하고 있는 것과 대조적으로 중핵도시는 중소형 컨벤션 유치에 주목하고 있다.

특히, 미국에서는 인구 15~30만 명 전후의 중소도시를 「Second Tier City(2번째 도시)」라고 하는데, 그 중소도시는 대도시에서 개최된 대규모 컨벤션과는 달리, 다수의 중규모 컨벤션이 개최되고 있다.

그러한 도시가 출현한 배경으로는 다음 4가지를 들 수 있다.[301]

① 대도시보다 저가로 개최가 가능하다는 점
② 대도시의 매력이 저하한 점
③ 대회의보다 분과회의가 중요시된다는 점
④ 충실한 서비스 등

일본에서는 정령도시를 제외하면, 많은 도시가 2번째 도시에 해당된다. 오늘날까지 다수의 컨벤션이 일본의 대도시에서 개최되었으나, 새로운 도시에서의 개최와 섬세한 서비스가 요구되고 있으며, 동시에 컨벤

---

301) ㈱UR都市設計(1984)『金沢コンベンション都市基本調査報告書』31-34쪽.

션의 분과회의의 증가로 큰 회의장의 필요성이 낮아졌으므로 중소도시에게도 호기회로 작용하고 있다고 보인다. 그것을 반증하는 것으로 2007년 국제 컨벤션을 규모별로 보면, 300명 미만의 국제 컨벤션(1,233건)이 전체(1,858건)의 66.4%를 차지하고 있어 중소도시의 컨벤션 개최의 가능성이 높음을 알 수 있다.

따라서 중핵도시의 컨벤션 사업의 전개에 주목할 필요가 있다. 그 사례로 일본에서 일찍이 컨벤션뷰로를 설립한 가나자와시와 컨벤션 시설이 뷰로의 역할을 하고 있는 마쓰에시를 들어, 두 곳의 컨벤션 사업의 추진 사항에 대한 고찰을 하고자 한다.

1. 국내의 컨벤션 거점을 지향하는 가나자와(金沢)

가나자와시는 호쿠리쿠지역의 최대 상업도시이며, 인구 45만 7,231명(45위)의 중핵도시로, 일본의 전통공예와 백만석마쓰리로 잘 알려진 곳이다.

2007년도 가나자와 숙박객수는 총 229만 8,503명(외국인 9만 1,604명)으로, 일본 3대정원인 겐로쿠엔과 21세기미술관, 가나자와성공원을 방문하는 관광객이 압도적으로 많다.[302]

또한 2007년도 국제 컨벤션 개최 수에 있어서 이시카와현에서는 26

---

302) 金沢市産業局観光交流課(2007)『金沢市観光調査結果報告書』(http://www.kanazawa-kankoukyoukai.gr.jp/images/kankouchousa-2007.pdf#search=金沢市の観光客), (2009년 10월 22일).

그림 6-18 | 이시카와현의 컨벤션 현황

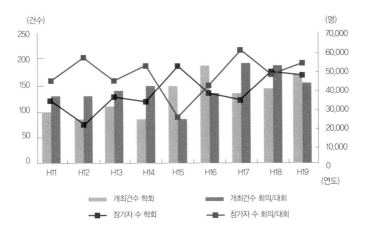

건 개최되어 국내에서 14위가 되었으나, 그 중 80%인 20건이 가나자와 시에서 개최되었다. 이시카와현에 의하면 현의 컨벤션 개최(그림 6-18) 는 불규칙하지만 증가를 계속하고 있으며, 특히 의약관련의 컨벤션이 제일 많이 개최되고 있다[303]고 보고하고 있다.

가나자와시는 컨벤션 사업을 타도시보다 일찍 주목하여, 1981년에 「가나자와의 전산업의 번영과 도시만들기를 위해 컨벤션 도시를 목표로 해야 한다[304]」는 취지 아래 컨벤션 사업을 시작하였다.

그 후 가나자와시가 지향해야 할 컨벤션 도시의 형태와 체제에 대하여 1984년「가나자와 컨벤션 도시 기본조사 보고서[305]」에서는 다음의 3가

303) 石川県(2009)『石川県コンベンション誘致推進計画(案)』을 참고함.
304) 金沢駅西開発協議会都市計画委員会(1981)『金沢のひとつの未来像』5쪽.
305) 앞의 보고서, ㈱UR都市設計(1984), 112쪽.

지를 제시하고 있다.

첫째, 컨벤션 형태는 '미국형'이며, 문화, 학술, 산업 등 모든 분야의
정보교류의 장을 제공.

둘째, 국내 컨벤션의 거점으로써 항상성 · 정기성 · 복합성 · 지역
성 · 첨단성 · 화제성 · 국제성을 기본방침으로 하여 지역경제에 파급효
과가 큰 국내 컨벤션의 유치와 기획을 도모.

셋째, 수용체제로써 컨벤션뷰로와 컨벤션센터의 건설이 필요.

그 후인 1998년에 컨벤션 시설의 건설에 관한 「컨벤션 시설 정비 기
본조사 보고서[306]」에서는 회의를 중심으로 한 컨벤션 시설이 시내 중심
부에 정비됨으로써 교통편과 집객성이 높아지며, 동시에 어느 정도 규
모의 전시 수요의 추진도 기대할 수 있다고 제시하면서 역 서쪽지역에
컨벤션 시설의 건설을 포함한 신도심 개발이 제안되었다. 그러나 현재
까지 전용 컨벤션 시설의 건설은 이루어지고 있지 않다.

한편, 컨벤션 유치를 위해 상세한 방침은 2009년에 「이시카와현 컨
벤션 유치추진계획」에서 발표되었다.

특히, 의약계와 국제학회에 중점을 두고, 민간기업의 회의를 유치하
기 위해 도쿄에 유치 전임직원을 배치하고, 거기다 가나자와시의 역사
적 건축물과 가가와 노토반도 등의 온천지역을 활용한 애프터컨벤션
의 개발이 중요 내용이다.

---

306) 金沢市(1998)『コンベンション施設整備基本調査』.

가나자와시의 수용체제 중에서 전용 컨벤션 시설이 없다는 것은 약점일 수 있다. 가나자와시의 경우, 견본시 · 전시회의 회의장으로써 이시카와현 생산전시관의 사용이 많지만, 전시관의 위치가 시내에서 떨어져 있기 때문에 교통편이 좋지 않다.

또한 회의실로는 이시카와현립 음악당과 가나자와시 문화홀이 사용되고 있다. 전자의 음악당은 가나자와역에 근접해 있기 때문에 교통편이 편리하다는 이유로 이용률이 높지만, 전체 회의와 분과회의의 개최가 필요하게 되면, 역 주변의 호텔과 연계가 필요하므로, 비용이 올라가는 경우도 있다. 후자의 문화홀은 시티호텔이 인접하고 있어 300~500명 수용의 컨벤션에 대응할 수 있다.[307]

컨벤션 추진기관인 (재)가나자와컨벤션뷰로(이하는 가나자와뷰로로 칭함)는 일본의 현지사 허가 제1호 뷰로이다. 처음에는 1983년에 「가나자와컨벤션 도시협의회」로 발족되었는데, 1985년 5월에 이시카와현과 가나자와시, 가나자와상공회의소가 각각 5,000만 엔씩 출자하여, 재단법인으로 가나자와뷰로를 설립하였다.

2010년 현재, 직원 수는 5명으로 그 중에 전문가는 1명이기 때문에 인재의 보충이 선결 과제이다.

동 조직의 목적은 이시카와현 및 가나자와시의 컨벤션 유치 및 지원을 실시하는 것이며, 지역경제의 활성화와 문화의 향상에 기여하는 등 타 도시의 뷰로와 동일하다. 그 중에서 중요한 역할은 「컨벤션 개최에 있어서 상이한 목적과 인식을 가진 산관학을 중개하는 것이 뷰로의 역

---

307) (재)가나자와컨벤션뷰로의 인터뷰조사(2009년 5월 10일).

할이다.

또한 컨벤션 유치에 있어서 가나자와시의 수용체제에 적합한 컨벤션(참가자 300명)을 대상으로 유치활동을 추진하는 등 컨벤션의 규모가 아니라 질 높은 컨벤션의 유치와 기획을 실시해나갈 계획[308]」이라고 담당자는 밝혔다.

또한 가나자와뷰로의 인재 보충과 파견기간의 재검토가 필요하다. 전문가가 1명인 것은 컨벤션의 경험과 지식 등의 노하우가 축적되지 못하므로, 향후 컨벤션 경쟁력이 뒤떨어지는 결과로 이어질 수 있다. 게다가 파견자의 짧은 근무기간도 노하우의 축적을 단절시키는 것과 동일하다. 이러한 점은 가나자와의 컨벤션 사업이 뒤처지고 있음과 연결되는 과제라고 할 수 있다.

그림 6-19 | 일본 전통정원 켄로쿠엔

그림 6-20 | 이시카와현립음악당의 콘서트홀

---

308) (재)가나자와컨벤션뷰로의 인터뷰조사(2009년 5월 10일).

이와 같이 가나자와시에 전용 컨벤션 시설이 없는데도 불구하고, 공공시설과 호텔 등 지역의 산업과 연계하여 컨벤션 체제를 구축하고 있다는 점은 시사하는 바가 크다.

2. 국제문화관광도시, 마쓰에(松江)

마쓰에시는 이즈모타이샤(出雲大社)로 유명한 시마네현청의 소재지로, 인구는 19만 4,461명(134위)의 중소도시이다.

마쓰에시의 컨벤션 개최(표 6-2)는 2007년에 105건으로 전년도의 148건과 비교해 20% 감소하였으나, 2001년부터는 계속적으로 100건 이상 개최되고 있다. 또한 2007년도 관광객 수는 약 860만 명(외국인 8만 7,382명)으로 전년도의 823만 명보다 4.5% 증가했다.

표 6-2 | 마쓰에시의 컨벤션 개최건수[309]

연도	2001	2002	2003	2004	2005	2006	2007
건수	110	113	138	123	142	148	105

---

309) (재)쿠니비키메세 제공자료 『(財)くにびきメッセの概要』.

마쓰에시의 컨벤션 수용체제로 가장 중요한 컨벤션 시설은 (재)쿠니비키[310] 메세를 비롯하여 시마네현민회관, 마쓰에테루사, 마쓰에시종합문화센터 등 컨벤션 시설과 호텔의 회의실을 합해서 39개의 회의시설이 있으며, 500명 이상 수용가능한 시설은 11개소(1,000명 이상은 4개소)가 있다.

게다가 마쓰에시는 이즈모공항과 요나고공항이 근접하고 있으며, JR과 고속버스 등 교통편이 정비되어 있다.[311]

마쓰에시는 「컨벤션을 산업으로써 일으키고, 도시의 서비스 기능을 높여서 도시의 수입 증가를 도모하는 경제효과와 도시 이미지 및 문화기능의 향상이라는 사회개발 효과의 양면성을 가지는 복합적인 도시경영 전략」으로써 컨벤션을 인식하고 있다.

따라서 마쓰에시는 시마네현립산업교류회관(애칭 : (재)쿠니비키메세)를 건설하여, 정체되고 있었던 현의 산업 활성화를 위한 수단으로써 기업활동의 자극 제공, 신분야・이업종에의 관심을 가지게 하는 기회를 제공하는 장으로써 컨벤션 도시만들기를 추진[312]해 왔다.

이러한 취지에서 건설된 (재)쿠니비키메세는 1993년에 개관한 시마네

---

310) 「쿠니비키(くにびき)」란, 이즈모국의 창시자인 신이 굵은 그물로 땅을 끌어당겨, 국가를 넓혔다는 『이즈모국풍토기(出雲国風土記)』의 「국가설립신화」에 바탕을 둠(쿠니비키메세의 팸플릿에서 인용).

311) 松江市 『平成19年版松江市観光白書』(http://www.city.matsue.shimane.jp/kankou/h19_hakusyo/04.pdf, 2009년 10월 22일).

312) (財)中国産業活性化センター(1993) 『松江地域振興計画調査報告書(松江コンベンション都市づくり基本構想調査)』 13쪽. 동 보고서는 마쓰에시의 컨벤션 도시만들기에 관한 유일한 자료임.

현의 중핵적인 존재이며, 회의시설과 전시시설이 한 곳에 있는 유일의 전용 컨벤션 시설이다. 최대 5,000명 수용이 가능한 대전시장을 비롯하여, 4개 국어 동시 통역 설비의 국제회의장, 다목적홀, 소홀, 17개의 회의실이 있어 다양한 행사의 개최가 가능하다.

또한 동 시설은 마쓰에역에서 도보 7분 거리에 위치하고 있으며, 역 주변에는 마쓰에시의 전체 호텔 23개 중 반이 집중하고 있어, 교통편과 숙박시설의 편리성이 좋다.

동 시설은 지정관리자제도를 도입한 재단법인으로서 기본재산의 약 8억 900만 엔(시마네현 · 마쓰에시 · 산업계의 출자)의 운용과 협조 회원의 수입으로 운영되고 있으며, 관리운영에 있어서는 원칙적으로 이용료의 수입으로 충당되고 있어 현과 시로부터의 보조금은 없다.

시설의 가동률은 개관 당시에는 행사건수가 409건으로 58.4%에서 시작되었으나, 2007년에는 행사건수가 1,642건으로 가동률이 34%로 나타내고 있어, 행사의 개최건수는 증가했으나 가동률은 저하되고 있다.

조직으로는 시설의 관리운영 업무를 담당하는 총무사업과와 컨벤션 유치 · 지원 업무를 담당하는 유치지원과가 있다.[313]

특히, 유치지원과는 마쓰에시에 뷰로라는 조직이 설치되어 있지 않으므로 (재)쿠니비키메세를 포함하여 마쓰에시의 뷰로로써의 역할을 수행하고 있다.

처음에 마쓰에시가 뷰로의 설립을 검토하고 있었을 때 시마네현은 현의 산업육성에 공헌할 수 있는 견본시회의장의 건설 계획을 추진하고 있

---

313) (財)くにびきメッセの提供資料『(財)くにびきメッセの概要』.

그림 6-21 | (재)쿠니비키메세의 전경 및 대전시장

었다. 그런데 그 두 가지의 계획에 시마네현이 관여하고 있다는 점과 업무의 내용이 유사하는 점을 이유로 하나의 조직으로 출발하였다.

유치지원에 있어서 전체 사업비는 6,800만 엔(6,000만 엔은 보조금)이며, 그 중 실제적인 유치사업비는 800만 엔이다. 또한 (재)쿠니비키메세에는 현과 시로부터 교부된 보조금이 없기 때문에 운영에 있어서 수익을 올려야만 한다.

반면, 현과 시에 의한 간섭이 없기 때문에 타도시보다 유연한 컨벤션 유치활동이 가능하며, 그만큼 책임이 무겁다[314]는 점도 있다.

컨벤션의 유치에 있어서 마쓰에시는 도시의 인지도를 높이는 것을 비롯하여 1,000명과 2,000명 참가의 국제 또는 국내회의의 유치를 추진해왔는데, 마쓰에시의 수용체제가 정비되어 있지 않은 것을 고려하여,

---

314) (재)쿠니비키메세 인터뷰조사(2009년 3월 12일).

2001년부터는 참가자가 500명 이하의 회의를 대상으로 전략[315]을 세우는 등 지역에 적합한 회의를 유치하고 있다.

---

315) (재)쿠니비키메세 인터뷰조사(2009년 3월 12일).

제3장

소결

각 도시의 컨벤션 사업의 특징을 다음과 같이 정리할 수 있다.

삿뽀로시는 한국 · 홍콩 · 대만을 대상으로 한 인센티브투어의 적극적인 사업전개와 지역에 「NPO법인 컨벤션 삿뽀로네트워크」라는 민간 서포트 조직이 존재하며, 삿뽀로시의 컨벤션이 확대되도록 「컨벤션 시민공개 프로그램」을 실시하고 있다.

센다이시는 토호쿠대학을 중심으로 한 국제학술 컨벤션 유치에 중점을 두고 있으며, 토호쿠지방의 유일의 전용 컨벤션 시설인 센다이국제센터가 있음으로 인해, 컨벤션 도시로써의 센다이의 이미지가 높다고 할 수 있다.

치바시는 마쿠하리신도심의 개발과 함께 건설된 ㈜마쿠하리메세가 치바현의 중핵시설로 굳건히 자리 잡고 있다. 치바뷰로는 수도권의 도쿄 · 요코하마와 연계를 하면서 해외의 뷰로와 협력을 추진하여 ㈜마쿠하리메세와 치바의 국제화에 힘을 쏟고 있다.

도쿄는 일본에 있어서 최대의 컨벤션 개최도시로, 시설과 호텔 등의 컨벤션 수용체제의 정비만 아니라 민간 차원의 컨벤션 강연회가 개최되고 있다는 점에서 컨벤션에 대한 관심이 높다고 할 수 있다.

요코하마시는 요코하마시의 전략하에 미나토미라이21지구와 ㈜퍼시픽요코하마의 건설이 추진되었으며, IT · 바이오 · 환경을 테마로 한 도시

정책과 관련하여 중형·대형의 컨벤션 유치에 임하는 등 요코하마시의 적극적인 참가와 지원을 엿볼 수 있다.

나고야시는 환경·의료·공학계·물건만들기 등과 관련된 컨벤션 유치에 주목하고 있으며, 컨벤션을 활용하여 나고야시의 이미지 향상과 마을 만들기에 연계시키고 있다. 또한 나고야국제회의장은 중부지역의 유일한 전용 컨벤션 시설로써 이용률이 높다.

교토시는 일본의 대표적인 관광지로써 세계적으로 도시이미지가 강하며, 일본 전통문화와 문화유산이 다수 보존되어 있을 뿐만 아니라 국립교토국제회관의 건설로 인해 컨벤션 도시로서의 위치도 높다고 할 수 있다. 특히, 교토는 국제 컨벤션 유치와 다수의 문화유산을 활용한 프로그램의 개발 등 교토의 특징을 활용한 전략을 세워서 추진하고 있다.

오사카시는 오사카국제회의장을 중심으로 국제 컨벤션이 다수 개최되고 있으나, 국제회의보다 다양한 이벤트 개최의 비중이 높다고 할 수 있다. 또한 오사카뷰로는 인센티브투어에 중점을 두고 있다.

고베시는 일본의 컨벤션 도시 중, 선구자로써 포트아일랜드의 개발과 함께 컨벤션 시설의 건설을 추진하는 등 시의 전략으로서 컨벤션 사업이 추진되고 있다. 특히, 포트아일랜드에는 컨벤션 기능의 집중화와 함께 일원화된 지원을 하고 있다. 또한 그 지구에는 의료산업도시구상을 바탕으로 관련 산업과 연구 단체의 유치를 추진하는 등 도시전략에 맞춰 컨벤션 사업을 실시하고 있다.

히로시마시는 히로시마국제회의장을 비롯하여 호텔, 교통편, 관광자원 등이 정비되어 있긴 하지만, 숙박 관광객이 많지 않으며, 관광산업이 뿌리를 내리지 못하고 있기 때문에 관광 및 컨벤션 사업의 추진에 있어서 추코

쿠와 시코쿠 지역의 컨벤션 관계자와 연계를 통해 추진하고 있다.

후쿠오카시는 컨벤션 시설의 건설과 후쿠오카뷰로에의 적극적인 지원 등 행정부가 컨벤션존의 형성을 지탱하고 있다. 특히, 후쿠오카시의 도시상인 「아시아의 교류 거점」으로써 컨벤션 유치 시에 국내시장을 비롯하여 국제회의의 유치를 위해 한국과 협력을 하고 있다.

가나자와시는 전용 컨벤션 시설이 없는데도 불구하고, 지역의 문화시설을 회의장으로 활용하여 컨벤션 유치를 추진하고 있다. 즉, 가나자와시의 문화시설과 호텔의 규모에 맞는 컨벤션 유치를 추진하여 성공을 거두고 있다. 그것은 대부분의 컨벤션이 소규모로 개최되고 있다는 경향에 따른 것으로, 향후 중소도시의 컨벤션 유치의 가능성이 높아지고 있음을 시사하고 있다고 보인다.

마쓰에시도 가나자와시와 동일하게 마쓰에시의 호텔과 컨벤션 시설의 수용 능력을 고려한 상태에서 컨벤션 유치에 임하고 있다. 특히, 마쓰에시의 (재)쿠니비키메세는 시마네현의 전용 컨벤션 시설로 폭넓게 사용되고 있으며, 시설의 관리운영 뿐만 아니라 시마네현과 마쓰에시의 뷰로로써의 역할도 수행하고 있다.

이상과 같이, 각 도시는 컨벤션 도시 만들기에 의한 지역경제의 활성화를 기본 방침으로 내걸고 컨벤션을 추진해 왔으나, 그것과 관련한 상세한 전략의 책정은 이루어지지 않은 채 뷰로의 활동에 맡겨져 왔다. 그런데 각 도시의 뷰로는 한정된 예산과 인재부족의 상황에서 컨벤션 유치와 지원에 주력을 하고 있다. 대도시는 대형 컨벤션과 국제 컨벤션의 유치를 대상으로 하고 있으며, 그 중에서 도시의 재개발과 컨벤션 지구가 조성된 도시로 차비, 요코하마, 고베, 후쿠오카의 경우는 시와 깊은 관계를 맺고 있다. 또한 중소도시는 지역의 컨벤션 환경에 맞춰 중소형의 국제·국내 컨벤션을 대상으로 유치 활동을 전개하고 있다.

마지막으로 지금까지의 일본 컨벤션 산업의 변천과 동향을 정리하면서, 인터뷰조사에 의해 명확하게 드러난 과제, 본 연구의 한계 및 향후 전망에 대하여 서술하고자 한다.

1. 일본 컨벤션 산업의 변천과 동향

컨벤션이란, 제1부에서 「어떤 목적을 위하여 사람들이 한 곳에 의도적으로 모여, 특정한 조직에 의해 정해진 일정에 맞춰 물건과 정보의 교류를 도모하여 경제적 · 문화적으로 유익한 결과를 만들어내는 것」이라 정의하였다. 컨벤션 개최 시에 컨벤션센터, 뷰로, PCO는 필수불가결의 존재이며, 컨벤션 산업에는 다양한 산업이 관여한다는 특징이 있기 때문에, 본 연구에서는 국제회의를 주요 대상으로 하였다. 컨벤션은 특정한 목적을 가진 기관과 단체의 전문가를 대상으로 하여, 시설을 포함한 개최 지역의 관광자원을 유인력으로 하면서 교류와 비즈니스를 주요 목적으로 하고 있는데, 반면 관광은 일반인이 대상이며 여가를 주목적으로 한다는 상이점을 밝혔다.

세계관광인구의 증가에 따른 컨벤션 시장의 성장도 낙관적으로 인식되었으나, 미국의 컨벤션 비즈니스의 증가에 빨간 신호등이 켜지고 있다는 조사결과와 함께 2001년부터 국제 컨벤션의 개최건수가 정체되고 있음은 분명하다. 지금까지 미국과 유럽을 중심으로 개최되었던 국제 컨벤션이 아시아 개최로 변화하고 있으며, 그 중심부에 있는 국가는 싱가포르, 일본, 한국, 중국이다. 특히, 선진사례로 국가에 의해 일관된 정책과 적극적인 지원으로 아시아 컨벤션 시장을 리드하고 있는 싱가포르, 세계의 네트워크를 가진 프랑스, 전문 인재가 풍부한 뉴욕, 정부의 관광기관이 선도하고 있는 한국을 들었다.

한편, 일본 개최의 국제 컨벤션을 참가자 수에서 본다면, 외국인이 국내 참가자 수보다 크게 낮다는 점에서 국내시장으로 구성되어 있음을 알 수 있다. 또한 부문별로 본 국제 컨벤션은 「과학 · 기술 · 자연」이 가장 많아 이 분야에서의 일본 수준이 세계적으로 인정되고 있음을 시사하고 있다. 그리고 도시별 국제 컨벤션 개최에 있어서 도쿄의 개최율이 타도시와 비교하여 여전히 높다는 것은 도쿄의 국제적 이미지가 높다는 것, 컨벤션 시설과 도시 인프라 정비의 우수성, 정보와 서비스, 우수한 인재의 집중 등을 그 요인으로 볼 수 있다.

세계 및 일본의 컨벤션 변천에 대한 고찰은 제2부에서 이루어졌다. 유럽에 있어서는 325년에 민족 · 국가 대립을 넘어 종교문제를 해결하기 위해 개최된 「제1니카이아공회의」가 오늘날의 국제회의의 원류라고 할 수 있다. 또한 미국의 경우, 1774년에 13개 식민지(연)의 대표가 식민지의 자치와 자유의 회복을 위해 결성한 「제1회 대륙회의」가 출발점으로써 정치 풍토에서 컨벤션이 탄생하였음을 알 수 있다. 그 이후, 컨벤션은 국제조직의 설립을 계기로 정치, 경제, 사회, 문화, 스포츠, 학술 등 다방면에 걸쳐 개최되어 오늘날 통상의 관광과는 상이한 비즈니스 모델 산업으로써 발전해 왔다.

일본에 있어서 초기의 컨벤션은 국제회의를 의미했으므로, 무역과 상업 거래를 위해 개최된 견본시 및 전시회와는 처음부터 인식의 차이가 있었으며, 컨벤션은 국제교류라는 인식이 깊이 자리 잡고 있었기에 「Business」로 정착되고 있지 않았다.

전전(戰前)에는 일본의 이미지 상승과 국제교류를 위해 도쿄와 교토를 중심으로 대규모 국제회의가 개최되었다. 전후(戰後), 일본에서 개최된 국제회의는 1953년 9월에 도쿄에서 개최된 「제2회 ILO(세계노동기구) 아시아지역회의」로, 그 후에 교토, 오사카, 나고야, 요코하마 등 지방에서의 국제회의 개최가 증가했다. 국제회의는 국가재건과 경제회복, 일본의 어필을 위하여, 국제견본시는 무역의 확대를 위하여 도쿄와 오사카에서 개최되었다. 1960년대부터 1970년대까지는 도쿄올림픽과 오사카박람회의 개최에 의해 국제회의의 개최가 급격히 증가하였기 때문에 각 지역에서는 전시장이 건설되었고, 또한 국립컨벤션 시설로 국립교토국제회관이 건설되었다. 특히, 국립교토국제회관의 건설에 의해 기존의 견본시 개최가 일변도였던 것이 국제회의에 관심을 가지게 되었다. 1980년대부터 1990년대에는 컨벤션법의 제정에 의해 컨벤션 붐이 일어났으며, 각 도시의 컨벤션 도시 만들기를 위한 시설의 건설과 뷰로의 설치, 국제회의관광도시의 지정이 추진되었다. 그러나 국제회의관광도시의 인정과 컨벤션 시설의 증가는 국내의 컨벤션 경쟁을 격화시키는 결과를 나았다. 2000년대 들어서부터 컨벤션의 개념이 기존의 학술적인 국제회의(협의의 컨벤션)에서 전시회, 견본시, 인센티브투어를 포함한 MICE로 변화하는 등 컨벤션 산업의 영역이 확대되었다. 그에 따라 일본은 정부기관으로서 관광청을 설치하여 MICE의 진흥을 적극적으로 추진하고 있다.

제3부에서 명확히 한 것은 일본의 컨벤션은 국제관광의 진흥을 위한 유효한 수단이라는 점에서 알 수 있듯이 관광산업의 일부로 취급되어 왔다. 따라서 컨벤션의 협의의 의미인 국제회의만 한정적으로 지원되었다.

　일본의 국제관광정책은 1893년 「키빈카이(喜賓会)」의 설립을 시작으로, 1912년 「JTB」의 설립, 1930년에 철도성에 의한 「국제관광국」의 설치 등, 국내관광보다는 국제관광에 중점을 둔 시행이 이루어졌다. 관광법률은 기본방침에 중점을 둔 기본법이 많으며, 구체적인 계획은 1996년의 「웰컴플랜21」부터이며, 2003년의 「관광입국」의 선언에 의해 관광산업은 국가의 주요 산업으로써 자리매김되는 등 관광산업에 큰 전환을 맞이하였다. 특히, 국제관광에 있어서 관민일체가 되어 VJC(Visit Japan Campaign)을 추진함으로써 방일 외국인이 계속 증가하는 등 큰 성과를 올리고 있다. 그러나 관광정책에서 구체적인 시책이 강구되는 데 오랜 시간이 걸린 것은 다타(駄田)가 지적했듯이 일본은 공업입국을 지향했기에 서비스 중심의 포스트 공업사회로의 전환이 늦어진 것과 관련이 있다고 추측할 수 있다.

　한편, 컨벤션 관련의 첫 시책인 국제 컨벤션 도시구상은 1994년의 컨벤션법 제정에 의해 「국제회의관광도시」가 시행되어, 2016년 기준으로 52개 도시가 지정되어 있다. 그런데 국제회의관광도시로 지정되어도 확실한 지원을 받고 있다고 할 수 없다. 또한 대부분의 뷰로 담당자는 일본에는 국제회의관광도시가 너무 많기 때문에 그 명칭은 사용하지 않고 있다는 의견도 많았다. 그러므로 국제회의관광도시의 지정 의의와 지정도시에 대한 지원책의 재검토가 필요하다고 생각된다. 그리고 2008년 10월에 관광청의 신설에 의해 컨벤션은 국제회의에서 MICE로 영역이 확대되어 「MICE추진 액션플랜」이라는 상세한 시책이 강구되었다. 이 플랜은 컨벤션 관계자가 모여, 현장의 실태가 반영되어 기획되었다는 점에 큰 의의가 있다.

이상과 같이 컨벤션 관련 정책과 시책이 상세히 강구되는 것은 2009년 부터라고 할 수 있다. 컨벤션 시설과 조직 등 수용체제에 관한 시책은 1980년으로 아시아에서 빠른 출발을 보였으나, 그 시점부터 최근까지의 공백이 길었으며, 그 사이에 컨벤션 관련 대책이 실행되지 않았기에 다른 아시아 국가에게 리드자리를 내주게 되었다.

이러한 문제점을 구체적으로 서술한 것은 제4부로, 컨벤션 유치 시에 결정 요인인 컨벤션 시설에 대하여 고찰을 하였다. 일본의 컨벤션 시설은 전시를 중심으로 한 시설의 건설이 선행되어 1966년에 회의전용시설인 국립교토국제회관이 개관하였다. 1980년에 진입하자 각 도시는 컨벤션 시설의 건설을 추진하였으며, 전국적으로 컨벤션의 하드웨어의 정비가 추진되는 등 아시아에서 컨벤션 시설의 정비가 일찍이 진행되었다. 그런데 오늘날 시설의 기능은 문화시설의 기능과 중복되고 있으며 적자경영, 비효율 운영 등의 평가가 계속되어 중핵장치로써의 역할이 애매한 상태이다.

따라서 컨벤션 시설의 역할에 대한 고찰을 위해 12개의 컨벤션 시설을 대상으로 인터뷰조사를 실시하여 그 분석 결과를 정리하였다.

먼저, 컨벤션 시설은 국제교류, 문화장치, 정보집적 및 발신의 중핵시설이며, 도시기능의 개선, 관광자원 등의 역할을 수행하고 있으며, 동시에 방대한 경제적 파급효과를 가져오는 집객장치임을 명확히 하였다. 또한 컨벤션 시설과 문화시설의 차이점을 고찰하여, 컨벤션 시설이 국제화와 대규모화를 적극적으로 추진하여 개최 지역에 경제적 · 문화적으로 큰 파급효과를 미치고 있음도 밝혔다.

한편, 미국의 대형 컨벤션 시설은 소 · 중규모 이벤트 개최, 중형 컨벤션 시설은 복수의 이벤트의 동시개최가 가능하도록 개장하거나 증축하는 경향이 있다. 시설의 소유자는 공공단체가 민간과 기타 조직보다 많지만, 관리운영에 있어서는 민간기업이 공공단체와 기타 조직보다 많으며, 관리운영의 효율화를 도모하기 위하여 직영에서 민영으로 전환되고 있다.

그에 반해 일본의 시설은 국가와 지자체가 소유하고, 운영은 재단법인과 주식회사에 위탁하는 「공설민영(公設民營)」방식이지만, ㈜마쿠하리메세와 ㈜퍼시픽요코하마는 스스로 시설을 소유·운영하는 「민설민영(民設民營)」방식이다. 관리운영의 경우에는 국립교토국제회관이 관리위탁제도, 도쿄빅사이트, 도쿄국제포럼, ㈜마쿠하리메세, ㈜퍼시픽요코하마가 주식회사로 운영하고 있으며, 나머지 7개 시설은 지정관리자제도를 도입하고 있다.

컨벤션 시설 중에서 도쿄소재의 케이단연회관(経団連会館), 도쿄국제포럼, 도쿄빅사이트가 타도시의 시설보다 이용률이 높다. 특히 ㈜퍼시픽요코하마는 전시장과 회의장이 한 곳에 인접한 복합형이며, 센다이국제센터는 센다이시의 중심부에 있는 토호쿠지역의 유일한 컨벤션 전용 시설이기 때문에 이용률이 높다. 또한 컨벤션 개최건수는 대학에서의 개최가 많으나, 참가자 수에 있어서는 ㈜퍼시픽요코하마, 도쿄국제포럼, 국립교토국제회관 등의 컨벤션 시설이 압도적으로 많은 것에서 대규모 컨벤션 시설은 집객력이 크다는 것은 분명하다. 평균 가동률은 76.9%로 높다고 할 수 있으나, 시설의 평가에 있어서 각 도시의 인구와 경제적 능력, 수용체제, 시설의 규모 등도 고려할 필요가 있다. 또한 시설의 직원은 전문가, 파견, 촉탁으로 분류되며, 파견은 시와 민간기업으로부터가 대부분이며 주로 영업을 담당하고 있다.

각 시설은 국제회의, 대형 컨벤션, 의학관련 학회를 주요 유치대상으로 영업활동을 하고 있으나, 기존의 컨벤션을 중시하면서 신규 컨벤션의 유치를 추진하고 있다. 수도권과 오사카, 고베를 제외한 지역의 시설은 지역뿐만 아니라, 도쿄소재의 학회와 협회의 본부를 대상으로 한 영업활동, JNTO로부터 정보수집을 하고 있는데, 이것에서 일본의 컨벤션이 도쿄에 집중되어 있음을 알 수 있다.

각 시설은 시설의 노후화에 의한 설비의 수선과 확장 등 다양한 요구에 맞춰 시설의 증축 및 개장이 필요한 상황으로, 부지와 재원의 확보가 과제로 대두되었다. 거기다 관리운영에 있어서 인재의 확보, 운영의 소프트웨어의 충실이 현안인데, 그 개선책으로 민간사업자와 단체의 참가가 가능한 지정관리자제도가 도입되어, 공공시설의 질을 높여 효율적인 경영을 시도하고 있다. 그런데 국제감각을 가진 인재의 확보가 아직 진행되지 않고 있으며, 4년이라는 단기간의 계약에 맞춘 계획을 세워야 하기 때문에, 장기적인 계획이 필요한 국제회의 유치에 적절한 대응이 불가능한 것도 과제로 밝혀졌다.

향후, 컨벤션 시설이 지역의 중핵시설로 자리잡기 위해서는 각 도시의 컨벤션 시설의 의미를 명확히 하면서, 경제적 · 문화적 · 사회적 평가를 제3자에 의한 객관적인 실시로 지역주민과 이용자를 대상으로 그 역할을 명시할 필요가 있다. 그러한 움직임으로 컨벤션 시설에 관한 객관적인 평가를 비롯하여 컨벤션 유치 · 개최의 평가와 효과에 관한 깊은 이해와 인식이 확대될 것으로 기대된다.

제5부에서는 컨벤션뷰로를 비롯하여 PCO, 중앙기관 등 컨벤션 관련 기관에 대한 고찰을 하였다.

1973년에 교토뷰로를 시작으로 각 지역에 설립된 뷰로는 현과 시로부터 사업비의 보조와 파견이라는 재정적 · 인적 지원으로 운영되고 있으며, 컨벤션 유치와 지원이 중요한 역할이다. 현과 시로부터 지원이 이루어지고 있으나, 컨벤션 사업에 있어서 전략성이 결여되어 있는데, 특히 인재부족과 다양한 기관에서의 파견자의 관계 조정이 현안으로 떠올랐다. 또, 일본의 뷰로는 컨벤션 유치를 담당하고, PCO는 컨벤션의 운영관리를 담당하는 등 역할이 나뉘어져 있다.

12곳의 뷰로를 대상으로 한 인터뷰조사에 의하면, 뷰로는 지자체인 현과 시, 상공회의소, 기업이 중심이 되어 설립되고, 운영자금은 기본재산의 이자로 충당되는 구조이다. 그러나 최근 이자율이 저하됨으로써 도쿄재단을 제외한 대부분의 뷰로는 현과 시로부터 보조금의 교부를 받지 않을 수 없는 상태이다. 당초 뷰로의 사업은 컨벤션 사업만을 담당하는 조직이었으나, 점차로 관광사업, 국제교류, 필름커미션, 물산사업(센다이뷰로만 해당), 시설의 위탁운영 등 다양한 업무를 담당하게 되었다.

또한 총사업비에 대한 컨벤션 사업비의 비율은 높지 않으며, 관광사업비에 많이 사용되고 있다. 뷰로의 직원은 전문가, 현 · 시 · 상공회의소 등의 행정부, 여행사를 포함한 기업의 파견자, 촉탁 · 파견 · 전문위원으로 구성되어 있다. 특히, 컨벤션 담당자는 총직원 수에 대해 20% 정도이며, 그 중에 전문가는 평균 50% 이하이며, 오사카(3명), 가나자와(1명), 후쿠오카(0명)의 뷰로는 극히 적다는 것이 판명되었다. 컨벤션은 장기적 · 전체적인 계획이 필요함에도 불구하고 전문가의 부족이라는 상황에 놓여 있으며, 컨벤션의 노하우와 유연한 사고방식을 가진 전문가의 확보, 전문가와 파견자 및 촉탁직원의 협력이 요구되고 있다.

한편, 각 도시는 국제회의를 우선하고 있으며, 대체로 200만 엔에서 300

만 엔까지 지원되는 조성제도와 대출제도를 운영하고 있다. 영업활동에 있어서는 시설의 활동과 마찬가지로 지방 도시의 뷰로는 해당 지역을 포함하여 도쿄의 학회와 협회의 본사를 대상으로 활동하고 있다. 이 활동에 있어서 시의 정책에 맞추고 있는 곳은 요코하마, 나고야, 고베의 뷰로이며, 분야로써는 환경, 의료가 가장 많고, 그 외 다른 뷰로는 특별한 전략보다는 컨벤션 수용체제에 맞춰 추진되고 있는 등 뷰로의 담당자에게 맡겨져 있기 때문에 담당자의 변동에 의해 컨벤션 유치에 영향이 생겨날 수밖에 없다. 뷰로의 과제는 시설과 동일하게 전문가의 부족이 심각하며, 컨벤션 사업에 관한 시민의 이해를 구하는 것이다. 지금까지 국내의 컨벤션 산업의 이해와 의식의 향상을 위한 담당기관이 분명하지 않았기 때문이며, 결과적으로 국내 컨벤션의 인지도를 향상시키는 것을 등한시한 결과이다. 또한 각 뷰로는 JNTO의 해외사무소, JNTO와 JCCB가 주최하는 회합을 통해 정보수집과 타 뷰로와의 정보교환을 실시하고 있으나, 컨벤션 유치에 있어서는 상호 라이벌 의식이 강하다. 도쿄, 치바, 교토는 해외 컨벤션 전시회에 참가하고 있으며, 후쿠오카는 쿠마모토뷰로와 함께 한국의 도시와 연계를 취하는 등 해외 컨벤션 유치를 추진하고 있다.

실제로 컨벤션의 운영·진행을 담당하고 있는 PCO는 1964년 도쿄올림픽의 개최 시에 번역업무를 담당한 것에서 출발하여, 점차로 컨벤션의 기획에서 운영, 회의 개최에 관한 서비스의 수배 등 역할이 전문적이면서 총괄적으로 바뀌었다. 1960년대에는 개인 경영의 4개사가 있었으나, 최근 PCO 업계에는 대형 여행사가 자신들의 노하우를 살려서 참가하여 국제회의의 컨벤션 비즈니스를 추진하고 있다. 그런데 지역에 따라 컨벤션 시장규모와 개최율이 상이하여 지역에 뿌리를 내린 PCO가 많지 않아 대형 PCO사의 지사가 지역 개최를 담당하고 있다.

기타, 컨벤션 관련 조직에는 국토교통성을 비롯하여, 외무성, 문부과학성, 경제산업성, 환경성 등 다수의 관청이 관계성을 갖고 있다. 관광청이 신설됨으로써 일본의 컨벤션 산업이 적극적이면서 구체적인 추진을 시작하였다. JNTO와 JCCB의 역할에 관한 인터뷰조사의 결과, 양 조직이 적절한 역할을 하고 있다고 생각하지 않는다는 답변이 많았다. 그리고 국내의 컨벤션 홍보를 소홀히 하고 있다는 지적도 있었다.

컨벤션의 인재육성에 관해서는 컨벤션 업계를 비롯하여 고등교육기관에서는 확실한 프로그램의 추진이 이루어지지 않고 있었다. 일반적으로 인재육성에는 약 3~4년이 걸린다고 한다. 그 사이에 국가의 지원을 받아 우수한 인재를 확보하여 유치에 성공을 거두고 있는 아시아 국가를 상대한다고 했을 때, 현재의 일본의 컨벤션 체제가 경쟁에서 성공을 거둘 수 있을지 생각할 필요가 있다.

제6부에서는 컨벤션 개최도시의 컨벤션 수용체제에 대하여 고찰하였다.

삿뽀로시는 인센티브투어를 적극적으로 추진하면서 「컨벤션 시민 공개 프로그램」을 통해 컨벤션의 인식을 확대시키고 있다. 또한 지역의 「NPO법인 컨벤션 삿뽀로 네트워크」라는 민간 서포트 조직이 존재한다. 한편, 센다이시는 토호쿠지역의 유일한 전용 컨벤션 시설인 센다이국제센터의 존재감이 크며, 토호쿠대학을 중심으로 국제학술 컨벤션의 유치에 중점을 두고 있다. 그렇지만 1,000명 이상 수용이 가능한 대규모 시설과 전시장이 없기 때문에 국제회의와 전시회의 수배가 어렵고, 행정부 담당자의 시책에는 현장의 실태와 조금 떨어진 경향이 있다. 센다이시의 컨벤션은 국제화를 지향하고 있으나, 담당자의 교체에 의해 인맥과 노하우의 축적이 이루어지지 않고 있다는 과제가 남아 있다.

한편, 치바시는 수도권의 도쿄·요코하마와 연계하면서 해외 뷰로와 협력을 하고 있으며, ㈜마쿠하리메세와 치바의 국제화에 힘을 쏟고 있다. 도쿄는 일본의 최대 컨벤션 개최도시로, 시설과 호텔 등의 컨벤션 수용체제의 정비를 비롯해 민간 차원의 컨벤션 강연회가 빈번히 개최되고 있어 컨벤션에 관한 관심이 높다. 요코하마는 미나토미라이21지구와 ㈜퍼시픽요코하마의 건설과 함께 IT·바이오·환경을 테마로 한 도시정책과 연관된 중·대형 컨벤션 유치에 임하고 있으며, 요코하마시의 적극적인 지원을 볼 수 있다.

중부지역의 유일한 컨벤션 전문 시설을 보유하고 있는 나고야시는 환경·의료·공학계열·물건 만들기 등과 관련 있는 컨벤션 유치에 주목하고 있으며, 컨벤션을 활용한 나고야시의 이미지 향상과 마을 만들기를 항상 고려하고 있다.

간사이지역의 교토시는 세계적인 관광도시로서의 이미지가 높으며, 국제 컨벤션 유치와 문화유산을 활용한 프로그램을 개발하는 등 교토의 특색을 살린 전략을 세우고 있다. 오사카시는 인센티브투어에 중점을 두고 있으며, 국제회의 유치가 저조한 경향이 있으나, 오사카국제회의장의 가동율은 높으며, 다양한 이벤트가 많이 개최되고 있다. 고베시는 일본의 컨벤션 도시의 선구자로, 포트아일랜드에 컨벤션 기능을 집중시켜, 고베시의 도시전략에 맞춰 컨벤션 사업을 전개하고 있다. 또한 국제평화문화도시를 표방하고 있는 히로시마시는 컨벤션 수용체제가 정비되어 있음에도 불구하고, PCO와 통역자, 관광산업이 뿌리를 내리지 못하였기에 추부와 시코쿠 지역의 컨벤션 관계자와 연계하면서 컨벤션 사업을 추진하고 있다.

큐슈지역의 중추도시인 후쿠오카시는 컨벤션존을 형성하기 위해 컨벤션 시설의 건설과 후쿠오카뷰로를 행정부가 적극적으로 지원하고 있으며, 「아시아의 교류 거점」이라는 도시상을 내걸고 아시아의 도시들과 협력하고 있다.

가나자와시는 전용 컨벤션 시설이 없음에도 불구하고, 문화시설을 회의장으로 활용하여 컨벤션을 유치하고 있으며, 관광지도 이동이 편리하고 아담하다. 따라서 공공시설과 호텔 등 지역과 연계한 컨벤션 체제를 구축하고 있는 것이 특징이다. 또한 마쓰에시는 가나자와시와 동일하게 마쓰에시내의 호텔과 컨벤션 시설의 수용 능력을 고려한 상태에서 컨벤션 유치에 임하고 있는데, 특히 (재)쿠니비키메세는 시설의 관리운영뿐 아니라 시마네현과 마쓰에시의 뷰로로써의 역할도 수행하고 있다.

이상에서, 대도시는 대형 컨벤션과 국제 컨벤션의 유치를 대상으로 하고 있으며, 중핵도시와 기타 도시는 지역의 컨벤션 환경에 맞춰 중소형의 국제·국내 컨벤션을 대상으로 유치활동을 하고 있는 것을 알 수 있다. 또한 요코하마와 고베를 제외한 대다수의 도시는 컨벤션을 추진하는 데 있어서 도시의 비전과 정책에 기초하기보다는 지역의 컨벤션 환경에 맞추고 있으며, 뷰로의 활동에 의존하고 있다. 각 도시는 현재의 수용체제, 즉 컨벤션 시설과 뷰로에 의해 어느 정도의 컨벤션의 개최와 유치가 이루어지고 있어, 시설과 규모의 확장보다는 현 상태를 유지하려는 경향이 있는데, 이것에서 시설의 정비에 새로운 투자와 인재육성이 이루어지고 있지 않다는 현상을 엿볼 수 있다.

2. 해결해야 할 과제들

이상에서 나타난 과제를 다음과 같이 정리할 수 있다.

첫째, 관계자 및 시민의 컨벤션에 대한 인식이 낮고, 시민의 이해를 얻기 위한 노력이 보이지 않는다. 컨벤션 사업이 시작된 처음보다도 컨벤션의 인식이 얕으며, 특히 지역 진흥을 위한 컨벤션이라는 의식이 지역의 산업계와 시민에게까지 확대되어 있지 않다. 그 원인으로는 국내의 컨벤션의 홍보 및 시민의 이해를 얻으려는 작업을 소홀했기 때문으로 보인다. 그러므로 도시 전체가 환영하는 컨벤션의 개최가 어렵고, 지역 주민의 협력과 지원을 얻기도 힘들다. 관계자 및 시민의 이해를 얻는 것은 컨벤션 개최에 있어서 질 높은 호스피탈리티(Hospitality)를 제공하는 것이며, 그리고 인식의 확대에 의해 우수한 인재의 유입도 가능할 것으로 보인다.

둘째, 컨벤션시책과 사업의 추진에 지속성 및 일관성이 결여되어 있으며 실행이 늦다. 다시 말해, 국가와 도시의 리더와 담당자의 교체로 인해 컨벤션 사업의 시책과 전략이 지속적이고 일관성이 없었다. 게다가 컨벤션 유치의 경쟁이 계속 격화되고 있어 도시의 비전과 전략에 맞춰 독자성을 살려 대상을 선정하는 등 상세한 마케팅 전략이 필요함에도 불구하고 그러한 전략을 갖고 있는 도시가 적다. 그리고 시책을 세우는 데 논의도 중요하지만, 일본의 경우에는 실행까지의 시간이 너무 걸리고 있어, 적절한 시기에 적절한 시책의 실행이 늦어져 컨벤션 유치가 성공하지 못한 경우도 적지 않다.

셋째, 컨벤션 시설의 관리운영에 지정관리자제도가 도입되어, 효율적인 경영이 기대되는 한편, 국제감각이 있는 인재확보가 어려운 실태에 놓여 있으며, 시설의 평가가 가동률과 수익만으로 이루어지고 있다. 특히, 4년 단위의 관리자지정이라는 계약으로 인해, 장기적인 계획의 수립이 곤란하고, 계획과 수익도 4년에 맞춰 계획을 세워야 한다. 따라서 장기적인 계획이 필요한 국제회의의 유치에 적절한 대응이 필요할지 의문이 생긴다.

넷째, 컨벤션 시설의 개보수는 진행되고 있으나 시설의 확장 또는 설비의 지속적인 정비가 늦어지고 있다. 본 연구의 대상이었던 대도시의 시설은 건축된 지 10년에서 20년이 되기 때문에 노후화에 의한 설비의 보수와 신기자재의 도입이 필요하다. 그를 위해서는 시설의 소유자인 현과 시의 지원이 요구되지만, 행정부의 재정이 어려워지는 상황에 의해 확장은 커녕 설비의 정비를 위한 비용의 확보가 어려운 도시들도 적지 않다. 이렇게 시설의 설비에 대한 지속적인 투자가 이루어지지 않는다면, 시설과 함께 기자재의 노후화로 인해 컨벤션 개최에 부적합한 시설로써 이미지가 고정되어 도시의 중핵시설로써의 존재감이 떨어질 것이다.

다섯째, 컨벤션 시설과 뷰로의 최대 과제는 인재부족과 인재육성의 부재이다. 1980년대부터 시작된 일본의 컨벤션 산업은 당시부터 인재육성을 과제로 지적하고 있었음에도 불구하고 약 30년이 지난 오늘날까지 해결되지 않고 있다. 특히, 뷰로는 처음에 컨벤션 사업을 열심히 추진한 담당자가 많았으며, 현과 시로부터도 적극적인 지원을 받았으나, 현재는 전문가의 인적 보충과 행정부의 재정적인 지원이 감소하여, 활발한 활동이 이루어지지 않는 곳도 적지 않다. 그런데 2009년에 관광청이 인재육성에 관한 실태조사를 실시하여, 그에 관한 시책을 강구할 것이라는 발표가 있어 기대를 모으고 있다. 또한 일반적으로 인재육성이란, 해당 국가의 외국어가 가능하고 컨벤션의 스킬이 우수하며, 도시를 방문하는 손님에 대한 환대도 중요하다고 할 수 있다. 그 중에서 가장 중요한 것은 주최자뿐만 아니라 동료 및 관계자와 커뮤니케이션을 취하면서 네트워크를 구축할 수 있는 인재를 육성하는 것이라 할 수 있다.

여섯째, 컨벤션의 평가 기준을 재검토할 필요가 있다. 현재는 JNTO에 의한 국제 컨벤션의 개최건수가 유일한 기준이지만, 컨벤션 업계에서는 그 통계의 정확성에 의문을 갖고 있다. 그 외에 다른 통계와 자료가 없기 때문에 본 연구를 포함하여 많은 연구가 그 통계를 사용하고 있다. 따라서 건수만을 기준하는 것이 아니라 컨벤션의 경제적, 사회적, 문화적 파급효과의 평가기준을 만들어내는 것도 필요하다고 보인다.

마지막으로 일본인은 상대방에게 자신의 정보를 전달하는 표현력, 즉 발신력이 우수하지 않다는 점이다. 컨벤션 유치 시에는 외국의 도시보다 훌륭한 점과 독특한 점을 강하게 어필하지 않으면 안 되는데, 해외에서의 일본 관광 및 컨벤션 프로모션에 참가하는 각 도시들은 대동소이한 내용으로 프로모션에 참가하고 있어, 주최자에게 강한 이미지를 주지는 못하고 있다. 일본인 중에는 스스로를 어필하거나, 눈에 띄는 행동을 하는 것에 거부감을 느끼는 사람이 많지만, 컨벤션을 비롯하여 국제관광사업에 있어서는 발신력이 뛰어난 도시가 유리하다. 향후, 해외 사업에 관여하는 담당자는 독창적인 어필 방법을 습득하는 노력도 필요할 것이다.

3. 오늘날 일본 컨벤션 산업을 보는 4가지 시각

여기서는 앞에서 제시한 일본 컨벤션 산업의 4가지 시점에 관해 정리하고자 한다.

첫째, 일본의 컨벤션 산업은 왜 확대되지 못했는가에 대해서는 제2부에서 서술하였다. 초기의 컨벤션은 「국제회의」라는 개념으로 수용되어, 「외국인 유치」로 인식되어 관광과 컨벤션이 일체화되었다. 관광과 컨벤션에는 차이가 있음에도 불구하고, 관광의 선전방법으로 양 사업이 전개되어 왔다. 그것에 의해 컨벤션은 하나의 산업으로서 자리 잡지 못하고, 관광사업의 일환으로 수용되어 온 것이 원인 중의 하나로 볼 수 있다. 또한 국내에 컨벤션 산업에 관한 시민의 이해가 결여된 점도 그 원인과 연관 있다고 보인다.

둘째, 일본의 컨벤션 산업은 어떻게 성장하여 왔으며, 각 지역에서 어떤 역할을 해왔는지에 대해서는 제4부, 제5부, 제6부에서 각각 시설, 인재, 각 도시의 동향에 대하여 서술하였다. 1980년대에 일본의 컨벤션 산업은 두드러진 발전을 이뤄, 2000년까지 전국에 컨벤션 시설의 건설과 뷰로의 설치가 추진되는 등 아시아에서는 가장 빠른 시기에 컨벤션 산업을 받아들였다. 특히, 각 도시의 컨벤션은 지역경제의 활성화와 국제교류의 일환으로 자리매김되어 「컨벤션 도시」가 도시의 전략으로 제시되었다. 그런데 지역의 독자성이 결여된 컨벤션 시설이 많이 건설되었고, 마케팅 전략에서도 독특한 측면이 보이지 않는다. 또한 일본 컨벤션 시장은 80~90%가 국내 컨벤션으로 이루어지고 있기 때문에 전략을 필요로 하지 않았다. 대형 국제 컨벤션 유치를 목표로 전략을 세우고 있는 도시는 도쿄, 치바, 요코하마, 고베 등이다. 또한 일본에서 컨벤션 시설에 대한 투자에 있어서 치밀한 파급효과의 예측도 이루어지지 않은 채 「컨벤션 도시」의 이상적인 부문만을 기대하면서 오늘날에 이르고 있다. 그러나 컨벤션 유치의 경쟁이 심화됨으로써 타 도시와 해외 도시의 컨벤션 사업을 참고하게 됨으로써 컨벤션 사업이 이전보다도 전략을 세우는 「컨벤션 도시」로서 살아남을 방법을 찾고 있다.

셋째, 일본의 컨벤션 정책은 어디를 향해 가는가에 대해서는 제3부에서 서술했다. 국가에 의해 강구된 컨벤션 정책은 상세한 전략과 지원책의 수립보다는 기본방침에 관한 것이 대부분이다. 또한 컨벤션에 관한 도시의 정책도 도시전략에 바탕을 둔 것은 적다. 2009년에 관광청은 MICE를 재조명하여, 현장의 실태를 파악한 상태에서 시책을 수립하는 데 MICE관련의 산관민의 협력하에 적극적으로 추진하겠다는 발표가 있었다. 향후 컨벤션 정책은 보다 구체적이고 전략적으로 실행되어 갈 것을 기대해 본다.

넷째, 일본의 컨벤션의 미래는 어떻게 그려질 것인가에 대해서는 제6부와 본 장에서 서술했다. 일본 전체의 컨벤션 비전은 아직 그려지지 않았다. 요코하마시와 고베시와 같이 이미 도시의 컨벤션 비전을 밝히고 추진하는 곳이 있다면, 지금부터 비전을 만들려는 도시도 있다. 앞으로는 컨벤션의 미래는 국가의 지원을 배경으로 도시의 비전을 갖고 전략적인 컨벤션 사업을 추진하는 경쟁력이 강한 도시가 살아남을 것으로 보인다. 특히, 일본의 경우에는 도시 차원의 컨벤션이 중심되어 국가가 협력 및 지원을 하는 형태라고 할 수 있다. 따라서 지역이 보유한 컨벤션의 노하우를 활용하면서, 국가는 정책면에서의 협력 및 지원을 하는 체제가 정비된다면 일본의 컨벤션은 한층 성장을 거둘 수 있을 것으로 보인다.

4. 본 연구의 한계

본 연구는 주로 정령도시를 연구대상으로 하였으므로, 고찰의 결과와 경향이 중핵도시와 중소도시의 컨벤션 사업에 해당된다고 할 수는 없다. 반대로, 중핵도시와 중소도시는 컨벤션의 수용체제가 충분히 정비되어 있지 않기 때문에 대도시보다는 독특한 사업을 전개하고 있을 가능성이 크다. 또한 각 도시의 환경과 경제적·인적 상황이 상이하므로 컨벤션 사업에 있어서 동일한 방법을 도입하는 것은 어렵다. 따라서 앞으로는 보다 많은 컨벤션 도시를 대상으로 한 연구가 실시되어, 일본의 컨벤션 유치에 유효한 정보의 제공과 다양한 사업전개의 분석 등이 필요할 것이다. 이러한 과정은 컨벤션 산업에 대한 관심을 높이는 것이며, 인재육성, 각 도시의 컨벤션 상황을 개선할 수 있는 계기로 작용할 수 있다고 생각된다.

또한 본 연구에서는 연구대상이 일본에 한정되어 있으므로, 세계 및 아시아와 비교되는 일본 컨벤션의 특징을 명확히 할 수 없었다. 향후, 그 특징은 아시아 도시와 일본 도시의 비교를 통해 분명해 제시할 필요가 있다.

• 노경국(2005)『컨벤션 산업의 국제 경쟁력 강화 방안에 관한 연구』
　　경희대학관광대학원,　석사논문
• 부산광역시(2001)『부산관광 컨벤션뷰로의 설립 운영방안』
• 소승진(2002)『컨벤션 산업론』웅진닷컴
• 이은해(2003)『컨벤션 산업의 활성화 방안에 관한 연구 PCO를 중심으로』
　　경기대학서비스경영전문대학원,　석사논문
• 이승기(2003)『컨벤션 전문기구(CVB)의 운영방안에 관한 연구』
　　경기대학대학원,　석사논문
• 이정록 · 이건철(2000)「미국 도시의 컨벤션센터의 운영 실태와 지역경제」
　　『지역개발연구』32호, 전남대학지역개발연구소
• 정세환(2000)『국제회의 전담기구의 설립 · 운영방안』한림대학 국제학대학원,
　　석사논문
• 최승이 · 한광종(1995)『국제회의산업론』자유출판사
• 한국관광공사(2003)『2002세계 국제회의 개최현황』
　　　　　　　(2003)『국제회의 유치 순서』
• 한국관광공사(역) Donald J. MaClaurin and Kevin Leong(2000)
　　「싱가폴의 컨벤션, 전시회산업의 유치 및 시행방법」
　　『Event Management』Vol6
• 한국지방자치단체국제화재단(2008)『유럽의 컨벤션 개최 1위 도시, 빈의 사례를 통한
　　국내 컨벤션 산업의 육성방책』신일문화사

≪일본문헌≫

• 阿久津成一郎(1982)「コンベンション施設の管理と運営」『都市政策』通号 27号

• 淡野民雄(2001)「ラスベガスにおけるエンターテイメント都市としての舞台つくりに
　　関する考察」『西武文理大学研究紀要』第2号

• 五百旗頭眞編(1999)　『戦後日本外交史』有斐閣

• 石川県(2009)『石川県コンベンション誘致推進計画(アクションプラン)(案)』

• 石神隆(1985)「コンベンションの現状と展望」『日本開発銀行調査』通号 80号

• 伊藤真美子(2008)『明治日本と万国博覧会』吉川弘文館

• 石原潤(1987)『定期市の研究』(財)名古屋大学出版会

• 樋口節夫(1977)『定期市』學生社

• 井上博文(2000)「観光地経営に関する研究―欧米における商業会議所及びコンベン
　　ション・ビジターズビューローの実例」『東洋大学短期大学紀要』32号

• 入沢文明・秦正宣(1960)　『観光事業』有斐閣

• ㈱UG都市設計(1984)『金沢コンベンション都市基本調査報告書』

• 梅澤忠雄(1986)「コンベンション都市戦略」『都市問題研究』38号

　　　　　(1988)『コンベンション都市最前線』電通出版社

　　　　　(2000)『コンベンション都市戦略論』東京大学博士論文

• 梅澤忠雄・杉山静夫(2005)「都市間競争を勝抜くためのコンベンション都市戦略」
　　『基礎工』Vol, 33, No.1, 総合土木研究所

• (財)運輸経済研究センター(1988)『コンベンション・データーベースの整備方策
　　に関する調査研究(報告書)』

• 運輸省(1993)『第3回コンベンション振興フォーラム・学術交流型コンベン
　　ション都市仙台「実態調査報告書」』情報伝達研究所

• 運輸省観光局(1958)『観光事業―その使命と問題点―』

• 運輸省国際運輸・観光局観光部(1986)『21世紀のコンベンション戦略』
　　(社)日本観光協会

• 運輸省50年史編纂室(1999)『運輸省五十年史』

- (財)大阪観光コンベンション協会の『平成16年度事業報告』
- (財)大阪国際経済振興センター(1996)『今日と未来、日本と世界を結ぶ—
   インテックス大阪10年の歩み—』
- 大阪コンベンションビューロー・大阪商工会議所
   (1983)『京阪神在住外国人の大阪の都市イメージ調査報告』
   (1984)『東南アジア・コンベンション・シティ調査報告書』
   (1989)『都市活性化のためのコンベンション施設』
- 大阪府商工労働部観光交流課『大阪国際会議場の概要』
- 大塚辰美(1992)「国際コンベンション都市の展開」『都市政策』通号 68号
- 大矢野英次(1999)『観光とコンベンション』同文館出版
- 金沢駅西開発協議会都市計画委員会(1981)『金沢のひとつの未来像』
- 金沢市(1998)『コンベンション施設整備基本調査』
- 片桐祐七郎(1969)『見本市五十年の歩み』見本市五十年の歩み発行所
- 金崎肇(1986)「コンベンション・シティ構想は、金沢の活性化の起爆剤になり
   得るか」『日本海学会誌』第10号
- 環境省(2007)『会議の環境配慮ガイドライン(案)』
- (財)関西交通経済研究センター(1999)『関西における国際コンベンションと観光
   振興の連携に関する調査研究報告書』
- 関西シンクタンクネットワーク研究(1981)『近畿における文化センターの配置と
   構成』総合研究開発機構
- 『観光白書』(1964年～2008年)
- 京大西洋史辞典編纂会(1993)『新編西洋史辞典』東京創元社
- 京都市(2006)『新京都市観光振興推進計画～ゆとり、うるおい、新おこしやす
   プラン21』
- 金錦香(2005)『PCOの動向から見るコンベンションの課題に関する研究—大阪国際
   会議場を事例として』大阪市立大学大学院、修士論文
   (2006)「コンベンション施設の運営と課題」『都市文化研究』大阪市立大学都

市文化研究センター、第8号

   (2007)「(財)千葉国際コンベンションビューローのマネジメント」『日本観光研
   究学会第22回全国大会論文集』日本観光研究学会
- 國雄行(2006) 『博覧会の時代―明治政府の博覧会政策―』岩田書院
- (財)くにびきメッセの提供資料『(財)くにびきメッセの概要』
- 神戸医療産業都市構想研究会(2006)『神戸医療産業都市構想』
- 神戸商工会議所(1993)『コンベンション都市"神戸"の課題と今後の方向』
   (財)神戸都市問題研究所
   (1983a)「コンベンション・シティへの政策」『都市政策』通号 33号
   (1983b)『神戸・コンベンション都市への政策ビジョン』
- 神戸ポートピアホテル20周年記念誌編纂委員会(2001)『ポートピアホテル開業
   20周年記念誌』神戸ポートピアホテル
- 国際観光振興会(1984)『国際観光振興会あゆみ』
                   (1988)『国際コンベンション振興システム開発調査』
- (特)国際観光振興会(1995)『コンベンション法解説』株式会社アイシーエス 企画
   (独)国際観光振興機構
   (1964年～2007年度)『コンベンション統計』
   (1999)『国際会議マニュアル』
   (2007)『平成18年度 年次報告書』
   (2008)『JNTO国際観光白書』
- (財)国立京都国際会館企画調整部(1986)『京都国際会館20年の歩み』
- 小西龍一郎・中鉢令児(2003)「シンガポールの観光振興におけるコンベンション政策
   の役割に関する研究」『都市学研究』通号 40号
- コンベンション総合研究所(2006)『国際会議、国際文化・スポーツイベント
   等を通じた観光交流拡大のための市場調査』
- コンベンション都市研究委員会(1987)『コンベンション都市京都への提言』
- 崔東日(1999)「韓国におけるコンベンション現状と発展課題に関する研究」『桜美林

　　国際学論集』第4号
• 佐久間健治(1983)「日本における国際会議の諸課題」『都市政策』通号 33号
• 佐藤あずさ(2004)『日本通訳産業研究』早稲田大学大学院博士論文
• 佐藤哲哉(2001)「日本におけるコンベンションの特徴と趨勢」『日本観光研究学会
　　第16回全国大会論文集』日本観光研究学会
　　(2002a)「世界のコンベンション市場の動向」『立教大学観光学部紀要』4号
　　(2002b)「コンベンション分野の需要と供給の諸側面－ヨーロッパの見本市市場」
　　『九州産業大学商経論叢』43号
• 札幌市コンベンション推進委員会(1984)『札幌コンベンション都市づくり調査
　　報告書』
• (財)札幌国際交流プラザの提供資料『第16回国際顕微鏡学会議開催による札幌市
　　経済への波及効果』
• (財)自治体国際化協会(ニューヨーク事務所)(2007)『アメリカにおける地方政府
　　所有のコンベンション施設の管理・運営の手法について』
• (財)静岡総合研究機構(1988)『コンベンション機能集積促進調査報告書』
• 白幡洋三郎(1996)『旅行ノススメ』中央公論社
• 清成忠男(1985)「コンベンション・シティ論」『地域開発』通号 247号
　　　　(1988)「コンベンション・シティの課題」『都市問題』79号
• 鈴木謙一(1982)「コンベンション都市の可能性」『都市政策』通号 27
• 鈴木勝(2008)「世界観光競争力ランキングと観光立国日本」『大阪観光大学紀要』
　　第8号
• (財)仙台観光コンベンション協会『仙台圏域における主なコンベンション
　　環境の変遷』
• (社)全国公立文化施設協会(2006a)『公立文化施設の活性化についての提言』
　　(2006b)『公立文化施設における指定管理者制度導入状況に関する調査報告書』
• 総務省の国勢調査(2009年度 9月基準)
• 滝野昭子・濱田浩一・大川あゆみ(1997)「国際コンベンション都市をめざす関西」

『関経連四季報』通号 48号
- 高寄昇三(1983)「コンベンションの経済効果」『都市政策』通号 33号
- 駄田井正他(1995)「コンベンションと都市づくり」『久留米大学産業経済研究』
  第36巻
- 駄田井正編著(2001)『21世紀の観光とアジア・九州』(財)九州大学出版会
- 多方一成・田渕幸親(2001)『現代社会とツーリズム』東海大学出版会
- 種村諄三(1983)「北方圏構想とコンベンション」『都市政策』通号 33号
- 田部井正次郎(1997)『コンベンション―新時代のためのガイド』㈱サイマル出版会
- 田村紀雄(1988)「コンベンション都市の条件」『都市問題』79号
- 近浪廣(2001)『裏方は花道つくりて花を見ず』日本コンベンションサービス㈱
- (財)中国産業活性化センター(1993) 『松江地域振興計画調査報告書
  (松江コンベンション都市づくり基本構想調査)』
- 是常福治(1983)「神戸・コンベンション都市の現況」『都市政策』通号 33号
- 出井信夫(2007)『指定管理者制度』学陽書房
- 寺前秀一(2006)『観光政策・制度入門』株式会社ぎょうせい
- (財)東京観光財団(2009)『平成21年度事業計画』,『2009年度第1回「MICE
  人材育成講座」』
- ㈱東京ビッグサイト(2007)『東京ビッグサイトで開催される展示会等による経済波及
  効果等測定調査報告書』
- 長谷政弘(2002)『観光学辞典』同文館出版
- 中内力(2004)『選択―すべては出会いから生まれた』神戸新聞総合出版センター
- 内藤嘉昭(1995)「コンベンションをめぐる諸問題とその将来性」『都市問題』86号
- 中村宏(2006)『戦前における国際観光(外客誘致)政策』神戸学院法学 第36巻 2号
- (財)名古屋観光コンベンションビューロー(2001)『10周年記念誌』
- (財)名古屋観光コンベンションビューロー(2001)『国際学術会議がもたらす経済
  効果分析』
- 名古屋市ビジターズ戦略ビジョン策定懇談会『名古屋・世界的な交流拠点都市を

めざして』(財)名古屋市・(財)名古屋観光コンベンションビューロー

- 西尾壽男(1975)『観光の現状と課題』(財)日本交通公社
- 新野幸次郎(1983)「産業構造とコンベンション」『都市政策』通号 33号
- (社)日本イベント産業振興協会(2004)『イベント・マネジメント』
- 日本興業銀行産業調査部編(1995)『コンベンションビジネスの現状と課題』
- 日本交通公社(1962)『50年史, 1912-1962』
- 日本交通公社社史編纂室(1982)『日本交通公社七十年史』日本交通公社
- 日本国際見本市委員会(1954)『日本国際見本市報告書』
- 野崎四郎(2004)「観光・コンベンションのアメリカの事例と経済効果」『産業総合研究調査報告書』10号
- 野崎太郎(1975)『観光経営論』法律文化社
- 野勢伸一(1982)「都市と文化開発ーその経済効果」『都市政策』通号 27号
- 南条道昌(2000)「国際コンベンション都市への条件」『URC都市科学』福岡都市科学研究所
- 橋爪紳也監修(2005)『日本の博覧会ー寺下勍コレクション』平凡社
- 東野明(1983)「コンベンション都市・大阪をめざして」『都市問題研究』35号
- 広島市企画調整局(1985)『メッセ・コンベンションシテイづくり基本構想に関する調査報告書』
- 福岡コンベンションビューロー(1988)『北米・カナダ・コンベンション視察団報告書』
- 福岡市(1987)『福岡市コンベンション・シテイづくり基本構想』
- 藤原英喜(2003)「アメリカ観光産業におけるコンベンション事業」『北方圏』夏
- 藤原英喜・田澤佳昭(2003)「コンベンション概念のアメリカにおける展開」『道都大学紀要』経営学部
- 藤原威一郎(1994)「コンベンション法」『時の法令』大蔵省
- 藤村正之(2001)『非日常を生み出す文化装置』北樹出版
- 本田義明他2人(1996)「コンベンション開催の経済波及効果に関する研究」『福井大

　　　　学工学部　研究報告』第44巻

- 前田勇編(1998)　『現代観光学キーワード事典』学文社
- 真栄城守定(1993)「コンベンション産業論序説」『琉球大学教育学部紀要』第43集
　　　　(1995)「コンベンション経済効果に関する考察」『琉球大学教育学部紀
　　　　要』第46集
- 松井澄(1983)「コンベンション・シティとコングレス・オーガナイザー」『都市政策』
　　　　通号 33号
- 松尾匡(2008)「久留米地域におけるコンベンションの経済波及効果」『久留米大学
　　　　産業経済研究』第48巻 第4号
- 株式会社幕張メッセ(2007)『平成18年の幕張メッセコンベンション開催における
　　　　千葉県への経済波及効果』ちばぎん総合研究所
- 幕張メッセ建設工事記録誌編集委員会(1990)『幕張メッセ建設工事の記録』
　　　　千葉県企業庁
- 幕張メッセ推進協議会(1986)『首都圏新時代―国際交流拠点づくりが進む幕張』
- 見田宗介・栗原彬・田中義久(2002)『社会学事典』弘文堂
- みなと経済振興懇談会(1987)『コンベンション都市ヨコハマの機能強化に向けて』
- 村山元英(1985)「新しい産業観光都市の形成」『運輸と経済』
- Mabel k(1986)『City Culture and International Competition-Field Studies of
　　　　Convention Center in the United States-』東京国際大学論叢教養学部編(通号
　　　　34)
- 山路勝彦(2008)『近代日本の植民地博覧会』風響社
- (財)横浜観光コンベンションビューロー『ANNUAL REPORT 2008・平成20年
　　　　度年次報告書』
- 横浜市(2007)『横浜市観光交流推進計画(改訂版)』
- 吉田光邦編(1985)『図説万国博覧会史、1851〜1942』思文閣出版
- 吉見俊哉(1992)『博覧会の政治学』中公新書
- 米山俊直(1996)「都市のイメージ」『都市のたくらみ・都市の癒しみ』日本放送

出版協会

≪영문문헌≫

- Davidson Rob & Cope Beulah : *Business Travel*, Edinburgh, Pearson Education. 2003

- Davidson Rob & Rogers Tony : *Marketing Destinations and Venues*, Oxford, Butterworth-Heinemann. 2006.

- Fenich George G. : *Convention Tourism*, NewYork, The Haworth Press. 2002.

- Nelson Robert R. : *Current Issues in Convention and Exhibition Facility Development*, NewYork, The Haworth Press. 2004.

- McCabe Vivienne & Poole Berry & Weeks Paul & Leiper Neil : *The Business and Management of Conventions*, Sydney, John Wiley & Sons Australia,Ltd. 2000.

- The Brookings Institution : Space Available : *The Realities of Convention Centers as Economic Development Strategy*. 2005

- Rogers Tony : *Conferences, NewYork*, Addison Wesley Longman. 2003.

- Rogers Tony : *Conferences and Conventions*, Oxsford, Butterworth-Heinemann. 2003.

- Weber Karin & Chon Kaye : *Convention Tourism*, NewYork, The Haworth Press. 2002.

≪기타≫

- 『朝日新聞』 1949年 5月 30日(東京版), 1953年 8月 13日(東京版)
  1957年 9月 19日, 1959年 9月 18日, 2004年 3月 31日
- 『大阪朝日新聞』 1929年 9月 4日, 1935年 5月 5日
- 『大阪毎日新聞』 1929年 10月 24日~11月10日, 1929年 10月 30日~31日
  1940年 5月 5日

- 『神戶新聞』2007年 3月 28日
- 아쿠로스후쿠오카『시설 이용 안내』
- (재)삿뽀로국제교류플라자『인센티브 플래너 삿뽀로 / 북해도』
- (재)히로시마관광컨벤션뷰로(2005)『히로시마 컨벤션 가이드』
- (재)후쿠오카관광컨벤션뷰로 팸플릿

≪인터넷상의 문헌자료≫

- 오사카시「2007년 오사카시 관광동향 조사」

  (http://www.city.osaka.lg.jp/yutoritomidori/cmsfiles/contents/0000009/9413/h19.pdf)
- 크리스토신문

  (http://www3.ocn.ne.jp/~mattsun/nikki.tokusyu-NCC-bouryoku.html#top)
- 가나자와시 산업국 관광교류과(2007)「가나자와시 관광 조사결과 보고서」

  (http://www.kanazawa-kankoukyoukai.gr.jp/images/kankouchousa-2007)
- 「관광입국 추진 기본계획」

  (http://www.mlit.go.jp/kankocho/kankorikkoku/kihonkeikaku.html)
- 「관광입국 추진 전략」

  (http://www.kantei.go.jp/jp/singi/kanko2/suisin/working/dai4/gijisidai.html)
- 「교토시 관광조사 연보」

  (http://kaiwai.city.kyoto.jp/raku/kanko_top/kankochosa.html/)
- 히로시마시「2008년 히로시마시 관광동향」

  (http://www.city.hiroshima.jp/www/contents/1168575728341/files/H20kankodokou.pdf)
- 마쓰에시「2007년 마쓰에시 관광백서」

  (http://www.city.matsue.shimane.jp/kankou/h19_hakusyo/04.pdf)
- 「MICE추진방책검토회」

  (http://www.mlit.go.jp/kankocho/news07000004.html)
- 「미나토미라이21사업개요」

  (http://www.city.yokohama.jp/me/toshi/mm21/gaiyo/)

- 「요코하마시를 방문하는 관광객 실태에 관한 조사」

  (http://www.city.yokohama.jp/me/keizai/kankou/kanko/plan/csr_gaiyou.pdf)

≪그 외의 홈페이지≫

- 한국관광공사(http://www.knto.or.kr)
- 서울관광마케팅㈜(http://www.miceseoul.com/index/indexmain.php)
- 도에이우즈마사영화촌(http://business.toei-kyouto.com/halls.html)

건국대 아시아콘텐츠연구소
동아시아 모더니티 03

일본의 컨벤션 도시를 가다

1판 1쇄 인쇄 2017년 10월 10일
1판 1쇄 발행 2017년 10월 15일

지은이 김금향

발행인 양원석
본부장 김순미
편집장 김건희
디자인 RHK 디자인연구소 남미현, 박진영
해외저작권 황지현
제작 문태일
영업마케팅 최창규, 김용환, 이영인, 정주호, 양정길,
　　　　　　　이선미, 신우섭, 이규진, 김보영, 임도진

펴낸 곳 ㈜알에이치코리아
주소 서울시 금천구 가산디지털2로 53, 20층 (가산동, 한라시그마밸리)
편집문의 02-6443-8842　　**구입문의** 02-6443-8838
홈페이지 http://rhk.co.kr
등록 2004년 1월 15일 제2-3726호

ISBN 978-89-255-6245-2 (03300)